调解系列丛书

调解理论与实务研究(2024)

侯怀霞　刘　勇　赵园园　主编

上海交通大学出版社
SHANGHAI JIAO TONG UNIVERSITY PRESS

内容提要

　　调解既是多元纠纷解决机制的重要组成部分,也是党和国家工作大局的重要组成部分,更是加强和创新社会治理、推进国家治理体系和治理能力现代化的重要举措。本书为论文集,主要涵盖"调解理论研究"和"调解实务探索",包括人民调解应对法治社会建设的重点调适、新时代人民调解的功能重塑、大城市调解的法治化和市场化、"赵树理调解模式"在基层社会治理中的运用、商事调解与国际商事调解制度的完善、家事纠纷调解、诉调对接机制、智能化在线纠纷调解、调解文化的传承与发展等。主要读者为调解理论与实务的从业人员等。

图书在版编目(CIP)数据

　　调解理论与实务研究. 2024 / 侯怀霞,刘勇,赵园园主编. -- 上海:上海交通大学出版社,2024.9
(调解系列丛书). -- ISBN 978-7-313-31590-8

　　Ⅰ. D925.114.4

　　中国国家版本馆 CIP 数据核字第 2024UR2673 号

调解理论与实务研究(2024)
TIAOJIE LILUN YU SHIWU YANJIU(2024)

主　　编:侯怀霞　刘　勇　赵园园

出版发行:上海交通大学出版社　　　　　　地　　址:上海市番禺路 951 号

邮政编码:200030　　　　　　　　　　　　电　　话:021 - 64071208

印　　制:苏州市古得堡数码印刷有限公司　经　　销:全国新华书店

开　　本:710 mm×1000 mm　1/16　　　印　　张:21.25

字　　数:301 千字

版　　次:2024 年 9 月第 1 版　　　　　　印　　次:2024 年 9 月第 1 次印刷

书　　号:ISBN 978 - 7 - 313 - 31590 - 8

定　　价:88.00 元

前　言

　　人民调解既是多元纠纷解决机制的重要组成部分,也是党和国家工作大局的重要组成部分,更是加强和创新社会治理、推进国家治理体系和治理能力现代化的重要举措。2010年8月,全国人大常委会通过《中华人民共和国人民调解法》。2013年11月,党的十八届三中全会提出"完善人民调解、行政调解、司法调解联动工作体系,建立调处化解矛盾纠纷综合机制"。2014年10月,党的十八届四中全会强调"健全社会矛盾纠纷预防化解机制","加强行业性、专业性人民调解组织建设,完善人民调解、行政调解、司法调解联动工作体系"。2015年12月,中共中央办公厅、国务院办公厅印发《关于完善矛盾纠纷多元化解机制的意见》(中办发〔2015〕60号);2016年3月,十三五规划纲要再次强调"完善调解、仲裁、行政裁决、行政复议、诉讼等有机衔接、相互协调的多元化纠纷解决机制";2019年1月15—16日,习近平总书记在中央政法工作会议上强调,要深化公共法律服务体系建设,加快整合律师、公证、司法鉴定、仲裁、司法所、人民调解等法律服务资源,尽快建成覆盖全业务、全时空的法律服务网络。2021年2月19日,习近平总书记主持召开中央全面深化改革委员会第十八次会议,审议通过了《关于加强诉源治理推动矛盾纠纷源头化解的意见》。《中共中央、国务院关于全面推进乡村振兴加快农业农村现代化的意见》(2021年中央一号文件)要求加强乡村人民调解组织队伍建设,推动就地化解矛盾纠纷。中共中央印发的《法治中国建设规划(2020—2025年)》

则强调应积极引导人民群众依法维权和化解矛盾纠纷,坚持和发展新时代"枫桥经验",充分发挥人民调解的第一道防线作用,完善人民调解、行政调解、司法调解联动工作体系,全面开展律师调解工作。完善调解、信访、仲裁、行政裁决、行政复议、诉讼等社会矛盾纠纷多元预防调处化解综合机制,整合基层矛盾纠纷化解资源和力量,充分发挥非诉纠纷解决机制作用。党的十九届四中全会提出完善正确处理新形势下人民内部矛盾有效机制,坚持和发展新时代"枫桥经验",畅通和规范群众诉求表达、利益协调、权益保障通道,完善信访制度,完善人民调解、行政调解、司法调解联动工作体系,健全社会心理服务体系和危机干预机制,完善社会矛盾纠纷多元预防调处化解综合机制,努力将矛盾化解在基层。党的十九届五中全会要求正确处理新形势下人民内部矛盾,坚持和发展新时代"枫桥经验",畅通和规范群众诉求表达、利益协调、权益保障通道,完善信访制度,完善各类调解联动工作体系,构建源头防控、排查梳理、纠纷化解、应急处置的社会矛盾综合治理机制。

与顶层制度设计遥相呼应,在社会矛盾突出、社会纠纷多发的大背景下,人民调解充分展现了其强大的生命力,在社会基层治理中发挥着不可或缺的重要作用。人民调解以非诉方式化解矛盾纠纷,具有灵活便捷、成本低、效率高、社会关系修复程度高等特点及优势,在法理、事理、情理相结合中做到"事心双解",实现"案结、事了、人和"。同时,调解的专业化、职业化成为人民调解现代转型的重要趋势,家事、劳动、物业、医疗、道路交通、商事等行业性、专业性人民调解组织如雨后春笋般出现,具有法学、医学、保险等知识背景逐渐成为人民调解员的基本要求。

尽管调解实务发展如火如荼,但国内关于人民调解的学术研究却并不令人满意。人民调解理论研究于20世纪80年代曾兴起一时,之后,随着法律万能主义思潮影响和司法改革的深入逐步被边缘化。尽管近年来随着国家对和谐社会建设的重视,以及对多元化纠纷解决机制的强调又受到青睐,但总体而言,人民调解的学术研究仍旧较为薄弱,缺乏深刻、有较高指导意义的理论。同时,人民调解的发展方向与转型路径也如雾里看花,甚至实务界和理论界各执一词,争议不休。

正是在这种背景下,上海政法学院人民调解专业启航。就像人民调解本身所面临的争议一样,社会上对人民调解专业也有不同的看法,有人看好,也有人唱衰。新生事物大概从来如此。然而,让我们欣喜的是,经过数十年如一日的不懈努力和坚守,上海政法学院调解学院侯怀霞教授牵头的教学与研究团队殚精竭虑、辛勤耕耘,人民调解专业建设已经结出累累硕果:调解原理与实务系列教材逐步推出,渐成体系;实践教学基地星罗棋布,从上海走向全国,理论与实践协同创新,探出新路;一年一度的“全国人民调解理论与实务研讨会”风雨兼程,已走过十二个春秋,承办方由司法行政部门扩展至人民法院、公安机关,与会者范围越来越广、影响越来越大,社会溢出效益良好;“金牌调解员技能大赛”从上海走向全国,再走向世界,该赛事吸引了国内外众多高校学子踊跃报名,积极参加;每年的“一会一赛”同频共振、相得益彰、共同发力,传播调解理念、传承调解文化、宣传调解法治,赢得了良好的社会声誉;国家社科基金重点项目“医患纠纷人民调解模式研究”顺利结项;《调解理论与实务研究》已结集出版七册,其中上海政法学院师生撰写的论文占了半壁江山;人才培养方面,截至2024年6月,法学调解专业已有九届毕业生,他(她)们奔赴祖国各地,从事调解或与调解相关的工作,成为调解战线的生力军。

《调解理论与实务研究(2024)》将是我们编辑出版的第八本,共收录29篇论文,所有这些文章都遴选自第十一届全国调解理论与实务研讨会会议论文,作者围绕会议主题“以调解促治理的发展与完善”,结合新时代“枫桥经验”与基层社会治理展开研讨、撰写论文、各抒己见。论文作者来自理论界与实务界,包含众多上海政法学院师生的作品。

尽管有改进之处,但瑕不掩瑜,我们仍满怀希冀。苏力先生曾说:“制度形成的逻辑并不是如同后来学者所构建的那样是共时性的,而更多是历时性的,制度的发生、形成和确立都是时间流逝中完成的,是在无数人在历史活动中形成的。”从这个意义上来说,我们又何尝不是在创造人民调解的历史。若再联想到人民调解作为“东方之花”的特色,《调解理论与实务研究》

也许多少又有了一些费孝通先生所言的"各美其美,美人之美,美美与共,天下大同"功用与意蕴。

　　果真如此,幸甚至哉。

侯怀霞

2024 年 8 月 8 日

目 录

"赵树理调解模式"在基层社会治理中的运用与意义

刘勇　韩学文 *

摘　要： 沁水县位于山西省东南部，全县总面积 2 676 平方公里，辖 7 镇 5 乡 182 个行政村 10 个社区，总人口 21 万。2014 年被联合国地名专家组命名为"千年古县"，是当代"铁笔圣手"人民作家赵树理的故乡。中国特色社会主义进入新时代，公安机关如何应对面临的新形势和新挑战？如何贯彻落实"派出所主防"的职能定位？沁水县公安局坚持党建引领，挖掘基层社会治理本质，将"树理"文化精粹融入新时代"枫桥经验"，创新实践"赵树理调解模式"，源头治理，标本兼治，打造基层社会治理的新样板。

关键词： 枫桥经验；赵树理调解；源头治理；实践探索

一、基层社会治理中公安机关面临的形势和挑战

维护一方稳定、守护一方平安、服务一方百姓是党和人民赋予公安机关的神圣职责和光荣使命。公安派出所作为公安工作的基石，在确保基层社会治理规范有序、人民安居乐业、社会和谐稳定中发挥着至关重要的作用。随着城镇化和市场化的深入推进，社情民情发生深刻变化，各类经济形式多元并存，社会分工日益细化，各种服务需求旺盛，以及利益关联的交汇错综

---

* 刘勇，山西省沁水县人民政府副县长、公安局局长；韩学文，山西省沁水县公安局嘉峰派出所所长。

复杂,使得基层社会矛盾难以识别和处理,预防矛盾扩大化、复杂化和危机化,成为确保社会安全稳定、和谐发展的重要时代课题。在新的历史时期,公安机关作为基层社会矛盾调解中的重要一环,如果因循守旧、墨守成规,继续沿用"事后诸葛亮"的调解模式,倾向以"完成任务"为目的"和稀泥"式解决问题,只"退烧不治病",矛盾调解方法和技巧缺乏科学性、针对性和可操作性,盲目追求效率,调解方法简单,注重"调解了"忽视"解决了",就难以让群众"打开心结",实现标本兼治。如何回应人民群众期盼,充分发挥公安派出所定分止争的第一道屏障作用,寻找新路径、破解新问题,成为重要而紧迫的任务。

公安机关作为社会治理的重要职能部门,在治理体系和治理能力建设中应当做出表率。习近平总书记强调,基层是社会和谐稳定的基础,要完善社会矛盾纠纷多元预防调处化解综合机制,把党员干部下访和群众上访结合起来,把群众矛盾纠纷调处化解工作规范起来,让老百姓遇到问题能有地方"找个说法",切实把矛盾解决在萌芽状态、化解在基层,来访群众是考官,信访案件是考题,群众满意是答案。

2023年2月,公安部印发《加强新时代公安派出所工作三年行动计划(2023—2025年)》,明确提出要积极实施主动警务、预防警务,将公安派出所工作重心转移到源头防范管理等基层基础工作上来。站在新时代历史起点,准确把握公安工作改革的阶段性特征和规律性特点,公安部党委提出"党委领导、部级抓总、省级主责、市县主战、派出所主防"的思路,明确不同层级的职能定位,构建职能科学、事权清晰、指挥顺畅、运行高效的职能体系。中央书记处书记、国务委员、公安部部长王小洪强调:"派出所作为公安机关的派出机构,处于维护安全稳定第一线,要强化主防理念、落实主防责任,把工作重心放在源头防范管理等基层基础工作上。"[1]

随着新时代社会主要矛盾发生新变化,社会矛盾众多、各类纠纷频发。一是矛盾纠纷呈现类型多元化、主体多元化、内容复合化、调处疑难化、矛盾易激化等特点;二是基层人民群众对公安机关的惯性依赖程度不断攀升,期望值日益提高;三是单位部门职责边界不清,交叉重叠,转办分流多,难以解决根源性问题,矛盾扩大升级势必再回到公安机关;四是部分群众为实现利益最大化,利用上访、媒体或网络力量制造焦点,形成舆论效应,增加处置难度;五是受到家庭生活、婚恋情感、经济压力等影响,部分群众采用极端手段解决问题现象日益增多。

总之,新时代公安工作面临着执法领域更加广泛、执法环境更加开放、社会公众对公安工作关注度不断提高、涉警舆情极易形成热点、公安执法风险进一步增大等挑战。顺应基层社会治理环境复杂化的趋势,需研究落实"派出所主防"责任,探索创新治理模式,理性对待社会关注,治理关口下沉前移,一站式接收、一揽子调处、全链条解决,把风险隐患消灭在街头巷尾、乡村田野之中,把矛盾化解在群众的茶余饭后、米面油盐之间,降低执法风险,探索更优的解决办法,才是公安机关最好的应对策略。

二、"赵树理调解文化"的传承与创新

赵树理,原名赵树礼,1906 年出生在山西省沁水县嘉峰镇尉迟村。赵树理创作了许多反映农村社会生活、深受广大群众欢迎的小说,开创了文学"山药蛋派",成为中华人民共和国文学史上重要的文学流派之一,被誉为现代小说的"铁笔圣手",代表作有《三里湾》《小二黑结婚》《李有才板话》等。

赵树理笔下的人物语言生动自然,充满丰富的情感和精神内涵。赵树理为农民写作,以农民的语言描绘农民生活,作品融入对农民的挚爱情感,真实地反映农民的思想、情绪、意识、愿望及审美要求,新词旧用,俗语妙用,传神幽默,呈现出一种原汁原味的"本色美"和"农村味"。无论是在赵树理文学作品中,还是在赵树理现实生活中,都蕴藏着调解民间矛盾纠纷的深奥哲理和朴素智慧。赵树理始终站稳人民阶级立场,践行群众工作路线,把握群众矛盾根源,使用群众生活语言,依靠群众集体力量,胸怀对农民的赤子之心,与农民进行精神对话,农民听他、爱他、信他。

新时代"枫桥经验"的灵魂在于以人民为中心,本质在于人民主体性。赵树理调解文化与新时代"枫桥经验"内涵高度契合,传承与创新赵树理调

解文化既是基层社会治理的需要,也是新时代的现实要求。为贯彻落实习近平总书记"要加强和创新基层社会治理,使每个社会细胞都健康活跃,将矛盾纠纷化解在基层,将和谐稳定创建在基层"的重要指示精神,沁水县公安局嘉峰派出所立足"未病先防、已病防变、病愈防复",因时制宜、因地制宜,将"树理文化"融入基层社会治理大局,深度挖掘赵树理"上土炕说土理、用土办法解决土事情"的调解理念与方法,结合新时代"枫桥经验"创新实践、探索总结,形成了"赵树理调解模式"。概括起来就是"四个一",即一种理念、一项机制、一组方法、一套流程。

(一)一种理念:要"树礼"更要"树理"

把"树理文化"与新时代"枫桥经验""三治理念"融会贯通,提炼出"要树礼、更要树理"的调解新理念。赵树理从"树礼"更名为"树理",追求的是真理、法理、规律。"树礼"是纠纷化解矛盾的基础,"树理"是成功化解矛盾纠纷的途径。坚持"树礼"更要"树理"的理念,促进矛盾纠纷实质性化解,推动群众利用法治思维、法治方式控制事态,就地解决问题,既追根溯源,又尊重规律,实现源头治理。

(二)一项机制:"三长会商"联动机制

"三长会商"联动机制是由派出所牵头,联合镇法庭、司法所,通过调处联动、信息共享、联席办公、司法确认,建立的源头治理、优势互补、联动联调的解纷机制。成立"3+N"(妇联、民政、治保会、网格员、专职村干部等)会商小组,制定了完善的矛盾纠纷流转衔接、联合化解、周通报、月研判、法律宣传、业务培训"六项机制",形成了功能互补、条块联合、程序衔接、多元预防调处的基层社会治理新机制。

(三)一组方法:"五先五后""四理六象"

赵树理留下了很多广为流传的调解故事。沁水公安结合当地实际,活化赵树理艺术化作品,对照回归现实生活,在传承中创新,在创新中完善,先后挖掘创新出"五先五后""四理六象"等系列调解方法,用老百姓的话、老百姓的理解决老百姓的事,运用法治思维、法治方式解决问题,营造出基层社会治理的和谐环境和良好氛围。

1."五先五后"定方法

结合赵树理调解艺术,创新"五先五后"工作法,即"先看戏后说事""先算账后了事""先放气后说理""先把脉后治病""先戴帽后和好"五种调解方法。在调解实践中,使矛盾纠纷调解更加顺畅、更加彻底。

2."四理六象"作标尺

结合赵树理文学艺术,从矛盾纠纷当事人中归纳出四类人:"无理搅三分"(性格倔强、自知没理,却不让步);"得理不饶人"(性格强势、咄咄逼人、寸步不让);"说理不走理"(口是心非、道理通透,却不执行);"较真认死理"(性格固执、不知变通、钻牛角尖)的"四理"人物。此外,我们还从赵树理的文学作品《三里湾》中,总结出"常有理""惹不起""铁算盘""能不够""小反倒""糊涂涂"[2]六类具有鲜明特征的典型人物形象。

法律是成文的道德,道德是内心的法律。在调解过程中,沁水公安结合社会主义核心价值观,因材施教、因势利导,用四种人物和六类形象进行道德教化,让调解对象在无形中领悟,对号入座,幡然醒悟,达到"德润人心""四两拨千斤"的效果。

(四)一套流程:"三环七步"

在创新"五先五后""四理六象"调解方法的基础上,沁水公安把调解方法进行链条式的延伸,前展至案件调解前,后延至案件调解后,创新"三环七步"调解流程,扩展提前主动发现＋事后溯源治理。

"三环",即调解前、调解中、调解后三个环节;"七步",即"广辟来源、受理流转、谈话调查、分析会诊、多元化解、结案分流和深化治理"七个步骤。调解前:"广辟来源、受理流转",主要是广泛发现矛盾、分类归口处理,体现的是主动发现、科学分流。调解中:"谈话调查、分析会诊、多元化解",主要是进行把脉问诊、吃透案情,三长会商、多元调解是调解成功的关键环节,体现的是多元化解。调解后:"结案分流和深化治理",主要是立足"未病先防、已病防变、病愈防复"三个层面,对矛盾纠纷二次分流和深化治理,体现的是对矛盾纠纷的源头治理。"三环七步"不仅是调解的流程,而且是基层社会治理的法宝。从"广辟来源"到"深化治理"体现了"主动警务和预防警务",

"问题解决"和"治理改善"是"三环七步"的核心,全链条闭环覆盖,激发了社会活力,实现了对警源、访源、诉源的有效治理和综合治理。

三、"赵树理调解模式"在公安警务机制改革中的实践和探索

"赵树理调解模式"形成了具有鲜明时代特色的"党政动手,依靠群众,预防纠纷,化解矛盾,维护稳定,促进发展"基层社会治理新经验。2022 年 3 月,沁水公安创新的"赵树理调解模式"经沁水县委、县政府专题研究决定在全县推广应用,沁水县司法局、法院、检察院建起了"赵树理调解室",随后,沁水县人大、工会、妇联、税务机关也相继建起"赵树理调解室",全县派出所、司法所、法庭、乡镇调委会、村(社区)调委会、专业性调委会、企业调解等组织广泛使用,形成纵向到边,横向到底,覆盖全县所有乡村的基层社会治理新格局。当年全县纠纷类警情下降了 37%,矛盾调解成功率提升至 98%,群众满意度大幅提升,并连续三年实现了"民转刑、刑转命"案件和群体性案事件零发生,群众获得感、幸福感、安全感连续 11 年位居全省前 10,两次荣膺全省第一。2022 年,沁水县荣获"2017—2020 年平安山西建设示范县"称号。

沁水公安"赵树理调解模式"用"树理"文化滋养,引领和推动基层社会治理各项工作,制定完善矛盾纠纷流转衔接、联合化解、周通报、月研判、法律宣传、业务培训"六项机制",形成了功能互补、条块联合、程序衔接、多元预防调处化解的基层治理新机制。以民主与科学的法治精神,全流程管理,全方位监督,从理念上、机制上、方法上、流程上创建了矛盾纠纷调处新机制,丰富了基层社会治理理论,走出一条基层社会治理的新路径。浙江新时代枫桥经验研究院院长金伯中给予充分肯定:沁水公安创立的"赵树理调解模式"体现了新时代"枫桥经验"与地方实际相结合、中华优秀传统文化与现代基层社会治理相结合,是践行新时代"枫桥经验"的创新成果,是推进基层社会治理的重要经验。[3]

(一)"赵树理调解模式"是主动警务和预防警务的生动实践

坚守人民立场,践行群众路线,依靠群众的力量,主动排查化解矛盾,倾

力实施主动警务、预防警务。沁水公安实施"一村一警"战略,建好力量图、绘好任务图、布好作战图,建立"五访五谈五必议"工作机制,即发现问题"访"(人口变动家庭必访、特殊人群必访、新兴业态必访、复杂场所必访、有影响的自媒体从业人员必访);解决问题"谈"(特定对象必谈、主体责任不落实必谈、突出风险隐患必谈、易转化矛盾必谈、反诈专员不履职必谈);治理问题"议"(涉人员滋事必议、涉辖区发案必议、涉安全事故必议、涉稳事端必议、涉急难愁盼必议),从源头上消除各类不安全、不稳定因素,彰显多元化化解矛盾、全时空守护平安、零距离服务群众的重要职责。

(二)"赵树理调解模式"是化解矛盾的高效手段

"赵树理调解模式"是新时代"枫桥经验",将非诉讼纠纷解决机制推向前沿,以群众喜闻乐见的方式进行调解,不仅要"树礼",更要"树理",为涉事群众细算政治账、经济账、亲情账、名誉账,处理化解各类常见民间纠纷得心应手,基层群众的满意度不断提升。"庭、站、点、员"四位一体调解,"面对面"法律服务,让群众办事依法、遇事找法、解决问题用法、化解矛盾靠法的氛围更加浓厚。依托大数据赋能,对辖区各类治安风险隐患信息建立动态"全息档案",对各类基础要素和风险隐患实现精准掌控,对警情、舆情、访情、异常矛盾情况及重点人员动态预警,全盘掌控,实现数据流与业务流、管理流深度融合,确保平安不出事、矛盾不上交、平安不出事、服务不缺位。

(三)"赵树理调解模式"是防止矛盾激化的"减震器"

弘扬中华民族"真、善、美"传统美德,充分挖掘"树理文化"思维方法、调解技巧和艺术,"先看戏后说事""先算账后了事""先放气后说理""先把脉后治病""先戴帽后和好",讲究方法,把握时机,开诚布公,谈心交心,消解了群众对立情绪,缓解了社会矛盾冲突,最大限度地减少不和谐因素,避免事态扩大化和不良后果的发生,找到法律与群众情感的平衡点,调出的是邻里和睦、社会和谐。依托"一村一警"机制,老百姓"有事找警察""见得到人、说得上话、办得了事"。

(四)"赵树理调解模式"是整合社会资源的平台

由党支部牵头,基层调解组织为主体,县行业专业性、乡镇区域调委会为两翼,社区民警、驻村辅警、老党员、调委会、网格员、反诈专员、巡防队员、共享保安分工明确,村民、老党员全员上阵,"人熟、地熟、事熟",形成了社会资源多元参与的预防调处化解平台,上下沟通,左右协调,打牢了公安工作最广泛、最可靠、最牢固的群众基础。

(五)"赵树理调解模式"是和谐警民关系的总抓手

把构建和谐融洽的警民关系作为首要任务,警民之间由"管理"与"被管理"转变为"服务"与"被服务",加强了警民互动,增加了公安工作的透明度,保障了人民的知情权、参与权、表达权、监督权。充分与群众交流互动,问需于民、问政于民、问计于民,听民声、解民忧、暖民心,拉近了与群众的距离,增强了与人民群众的感情,增进了警民之间的相互理解、支持和信任,营造了公平、公正、公开、文明的执法环境。

(六)"赵树理调解模式"是警源治理的重要组成部分

找准各类警情的"矛盾源""风险源",将公安工作从事后被动兜底向事前事中主动治理转变,让各类风险隐患发现在早、处置在小。推动警力下沉、警务前移,有效运用资源社会力量多元化协同治理,形成"整体联动覆盖、职责任务明确、点线面圈成网"的一体化、专业化、多元化防控思路,让问题解决在萌芽状态。

(七)"赵树理调解模式"是"自治、法治、德治"综合运用

以自治为基础,以法治为根本,以德治为引领,建立健全党委领导、政府负责、社会协同、公众参与、法治保障、科技支撑的现代乡村社会治理体制。以"礼"架起与群众沟通的桥梁,以"德"筑牢与群众相互信任的基石,以"法"调出基层社会治理的广阔天地,推动政府治理、社会调节、基层群众自治实现良性互动,彰显自治活力、德治正气和法治精神,打造基层社会治理的新高地。

2023年6月25日,山西省副省长、公安厅厅长李成林对"赵树理调解模式"作出批示:"各地市要借鉴学习,推进枫桥式公安派出所创建"。"赵树理调解模式"被编入中共山西省委宣传部与山西广播电视台联合推出的六集电视理论片《再赶考新担当》专题片,并列入2022年山西省宣传思想工作要

点,成为国家广播电视总局 2022 年的重点节目。

【参考文献】

[1] 公安部. 加强新时代公安派出所工作三年行动计划(2023—2025 年). [EB/OL].
    [2024‐08‐15]. https://www.gov.cn/xinwen/2023-03/29/content_5748938.htm.
[2] 董大中. 赵树理全集(第 2 辑)[M]. 太原:北岳文艺出版社,2018:55.
[3] 金伯中. 新时代枫桥经验论要[M]. 杭州:浙江人民出版社,2022:84‐86.

人民调解应对法治社会建设的重点调适

侯怀霞　钟立琰*

摘　要：法治社会与法治国家、法治政府共同构成我国法治建设的三个面向，人民调解作为我国民间纠纷化解和社会治理的主要方式，在法治社会建设和实现过程中占有重要地位，是法治社会建设的榜样和重要的实施途径。法治社会建设对人民调解提出了新要求，人民调解应重点对法治社会建设从以下三方面进行调适：一是调解人员法律素质的提升；二是调解行为的规范化；三是调解结果的法律认可。面向法治社会的人民调解在未来有着美好的前景，其实施和发展任重道远。

关键词：人民调解；法治；法治社会；纠纷解决

法治社会建设与法治国家、法治政府建设一起，构成我国当下法治建设的总体，这是法治建设的基本要求。一个国家共同体的内部，即国家、政府、社会全方位的法治化不仅是自上而下的，而且需要自下而上对法治的遵从、信仰，从某种意义上来说，这是法治的内在要求。所以，我们国家自20世纪末法治入宪，并重视国家法治、政府法治以来，又加上了社会法治。《法治社会建设实施纲要（2020—2025）》指出："法治社会是构筑法治国家的基础，法治社会建设是实现国家治理体系和治理能力现代化的重要组成部分。建设

* 侯怀霞，上海政法学院调解学院院长，教授；钟立琰，山西省运城市盐湖区人民法院院长。

信仰法治、公平正义、保障权利、守法诚信、充满活力、和谐有序的社会主义法治社会是增强人民群众获得感、幸福感、安全感的重要举措。"

作为基层民间纠纷解决主要方式的人民调解,需要应对这一法治建设新形势,并从组织及其人员、行为及其过程到最终的调解结果进行面向法治社会建设的调适。

一、人民调解应契合我国当下的法治社会建设

在新的历史时期,随着社会转型和发展所引发的矛盾纠纷逐渐增多,民众对矛盾纠纷调解的需求也随之增加,而且"调解在中国整体的'正义体系'中所占的位置十分关键并远远超过西方的调解",一方面,中国的调解是中华法系的特色之一;[1]另一方面,更为重要的是,国家和社会对调解的重视程度,无论是社会制度建设还是人财物的配置,我国的调解近年来都有了长足的发展,不仅调解的适用主体多元化,适用的范围逐步扩大化,而且形式、方式等也更加多样化、模式化,各领域、各地区的调解取得了卓越的成效,也积累了诸多值得推广的经验。调解应该走向规范化和制度化。

21世纪以来,西方现代调解开始呈现职业化发展趋势,欧美各国施行调解员职业认证制度,跨国、跨地区的调解培训、调解经验交流日益频繁,各种网络调解不断涌现,正式形成的各种规范性立法也开始出现。2001年美国颁布《统一调解法案》;2002年欧盟制定了规范调解行为的绿皮书,2004年又出台了《欧洲调解员行为法》。

范愉教授在《当代世界多元化纠纷解决机制的发展与启示》一文中指出,当代世界各国和地区ADR发展的共同趋势之一就是"法制化和规范化","而如何将民间、非正式和传统的纠纷解决机制纳入法治的框架,始终是非西方国家法治与社会发展的重要课题"。[2]我国著名学者俞可平先生也曾指出:"法治是治理的基本要求,没有健全的法制就没有善治。在社会治理的领域内,实现治理有效必须仰赖法治的积极建设及其功能的充分释放。法治本身的价值和功能也因此得到更进一步的明确和凸显。"[3]

按照《法治社会建设实施纲要(2020—2025)》的规定以及"2035年基本

建成法治社会"的目标要求,法治社会建设需要"弘扬法治精神,建设社会主义法治文化,增强全社会理性法治的积极性和主动性,推动全社会尊法学法守法用法,健全社会公平正义法治保障制度,保障人民权利,提高社会治理水平,为全面建设社会主义现代化国家,实现中华民族伟大复兴的中国梦筑牢坚实法治基础。"从在基层社会的历史地位来看,人民调解无疑是践行和落实此纲要的重点领域。

就我国目前状况而言,人民调解法治化的路径首先要从人员法律素质、行为规范化、结果法律化三方面展开。

二、人民调解员法律素质提升

尽管《中华人民共和国人民调解法》(简称《人民调解法》)中明确规定了"人民调解员应当由公道正派、热心人民调解工作,并具有一定文化水平、政策水平和法律知识的成年公民担任""县级人民政府司法行政部门应当定期对人民调解员进行业务培训",但是根据学者的实地调查,在当代中国,调解人员多是村庄的干部,具有一定的威望,同时与本村村民关系紧密;即使在城市,被邀请进行调解的人士也常常是纠纷双方都认识、认可和尊重的人士。[4]这些调解人员未必具有一定的法律素质,即使有也未必符合纠纷化解之所需。

基于我国一直以来经济、政治、文化等各种因素的原因,包括人民调解委员会在内的基层群众性组织,普遍存在人才匮乏、业务能力和水平不足的问题。随着20世纪末法治入宪,我国对法治建设的推进,法治人才培养工作也随之大力加强,无论是数量上还是质量上都有明显的改善,国家法治、政府法治建设所需的法治人才得到大量的填补,甚至基本得到满足,这些法治成就进而促进了法治社会的建设和形成。纵观社会生活的方方面面,我们会发现具有法治意识、懂得利用法律武器维护自身合法权益、依据法律处理各种社会关系的现象比比皆是。当人们生活周围的环境发生改变时,人们的行为方式和基本要求也会发生改变,或者说必须随之改变。当法律经常出现在民众的生活中时,人们对待法律的态度也会有所改变,开始重视和信任法律。

近年来,人民调解人员的法治素养在不断提升,不再局限于传统的居委会熟人调解,不再局限于谈谈感情、讲讲人情世故,而是在调解过程中逐步重视法律对社会关系的调整作用。从法律的角度分析权利义务关系,明确法律责任和法律后果,深度结合情、理、法,利用调解的灵活性,最大限度地做到情、理、法的结合。在基层熟人社会中做到这一点非常重要。因为是熟人或半熟人社会,纠纷当事人以及其所处的社会群体之间,大家的关系既不能纯粹地基于法律,强行地划清权利义务界线而不顾人情世故,也不能单纯地依据人情世故,毕竟老传统、旧习惯在新时代已经不合时宜。所以,作为基层社会组织的人民调解委员会在调解处理民间纠纷的过程中,必须把握好情、理、法的度。

从人民调解员的知识背景与解纷技能等方面来看,目前中国调解与之前的调解活动并无本质差别。[5]未来随着人民调解的进一步发展和规范化,尤其是统一大调解的实施,提升调解人员的法律素质、要求调解员必须具有一定的法律职业水平是有必要且非常可能的。当然,人民调解员在具备法律素养的同时还需要具备一定的社会学、心理学、人际关系学等方面的知识,成为扎根于基层的适应法治社会建设和需求的综合性人才。

2018年,中央政法委、最高人民法院、司法部、民政部、财政部、人力资源和社会保障部联合印发《关于加强人民调解员队伍建设的意见的通知》,要求"加强人民调解员职业道德、法治理念和社会主义核心价值观""做好法治宣传教育工作,注重通过调解工作宣传法律、法规、规章和政策,提高公民法治意识"。该规定为人民调解人员法律素质的提升提出了政策依据和保障。《法治社会建设实施纲要(2020—2025)》也明确要求"充分发挥领导干部带头尊法学法守法用法对全社会的示范带动作用""发挥人民团体和社会组织在法治社会建设中的作用""依法有效化解社会矛盾纠纷"等,这些要求的落实和实现很大程度上依赖作为行为主体的人自身法律素质的养成和提升。

规范化、职业化发展是一个行业走向成熟的标志。随着法治社会建设的逐步发展,以及各领域调解的发展完善,调解的统一化越来越明显,随之而来的是调解的规范化和专业化。未来的人民调解员或者所有领域从事调解的人员,应当是具有包括法律素养在内的专门职业人员。作为专业的纠纷解决方式,为适应社会发展之城市化、陌生化趋势,调解需求会越来越突出,调解人员的法律素质提升毋庸置疑是首要的。

三、人民调解行为的规范化

虽然《人民调解法》对人民调解从人财物、工作制度规范等诸多方面进行了规定,但是这些规定大多只是一种宣示,现实中能否或是否将其落实是非常令人担忧的。法律规定的理想与现实的距离似乎还比较遥远,人民调解法律的完善、增加该法的操作性和可执行性,以及对实施效果的评估考核等,都将是未来必须要完成的任务。

有学者曾指出,从人民调解的实际运行状况来看,基层人民调解委员会与地方司法所经常混同为一个机构,只是挂了两块不同的牌子而已,而且人民调解只是基层司法所承担的"法制宣传、法律服务、安置帮教、社区矫正"等繁杂功能中的一项。再加上目前我国基层司法所大多存在财政不独立、人员流动频繁、缺编缺员严重的情况,导致基层行政调解与人民调解混同不分,人民调解的民间性、群体性、自治性特色只停留在规范层面上,人民调解实践严重行政化,并未显现出专业化、职业化发展的清晰迹象。[6] 随着近年来包括法学在内的各种专业人才培养规模的扩大,甚至一些专业院校开设了专门的人民调解专业或学院,为人民调解的专业化提供人才储备,而在国家层面则颁布了不少关于纠纷解决多元化、充分发挥调解作用的法律、法规和政策,为调解的进一步发展和专业化、职业化提供了契机和希望。

在人民调解专业化、职业化的过程中,调解行为的规范化非常重要,从某种意义上讲,其具有决定性作用。毕竟按照程序正义原理,正义的程序不仅是实体正义实现的保证,而且其本身就具有独立的价值和意义,是对程序参与主体人格尊严尊重的表现。在人民调解领域,行为的规范化一方面可以加强其正式性和严肃性,进而提升其对纠纷当事人的影响力和执行力;另一方面,则体现在人民调解对社会的影响力上。一个规范化、制度化的人民调解程序既可以促使民众对其产生信任感,从而较为积极地参与纠纷的调解,达成调解协议,也能够积极履行调解协议。

四、人民调解结果的法律认可

为了实现人民调解的正式性和一定的权威性,促使纠纷当事人遵守诚信原则信守承诺,提高调解效率,对经过正式调解程序而达成的调解协议,应该从法律的角度予以认可,即认可调解协议所具有的法律效力。对此,《人民调解法》第 31 条规定:"经人民调解委员会调解达成的调解协议具有法律约束力,当事人应该按照约定履行。人民调解委员会应当对调解协议的履行进行监督,督促当事人履行约定的义务。"虽然上述规定赋予了调解协议法律约束力以及当事人的履行义务,但是并未明确当事人不履行调解协议的法律责任或者其他的不利后果,没有对调解协议的当事人形成遵守诚信原则履行协议的压力,使协议约束力打了折扣,也导致人民调解本身的正式性、严肃性打了折扣,不利于民众对法治社会所需之诚信品质的养成。

在我国当下的人民调解制度中,对人民调解协议进行司法确认是主要的法律认可途径或方式。按照现行《人民调解法》第 33 条的规定:"经人民调解委员会调解达成协议后,双方当事人认为有必要的,可以自调解协议生效之日起三十日内共同向人民法院申请司法确认,人民法院应当及时对调解协议进行审查,依法确认调解协议的效力。人民法院依法确认调解协议有效,一方当事人拒绝履行或者未全部履行的,对方当事人可以向人民法院申请强制执行。人民法院依法确认调解协议无效的,当事人可以通过人民调解方式变更原调解协议或者达成新的调解协议,也可以向人民法院提起诉讼。"2011 年最高人民法院审判委员会通过《最高人民法院关于人民调解协议司法确认程序的若干规定》,2012 年修正的《中华人民共和国民事诉讼法》增加了对调解协议司法确认程序的相关规定。通过司法确认制度一方面实现了诉调无缝对接;另一方面,提升了人民调解的威信力,促进社会和谐,弘扬传统的和合文化,促进矛盾化解机制的多元互补。[7]

本文所述人民调解协议的法律认可,一方面,赞同上述《人民调解法》第31条对人民调解协议法律效力的认定,以及第33条对人民调解协议进行司法确认的规定,前者为调解协议提供了法律意义上的权威性,后者为调解协议加持了来自国家司法机关的保障,这两方面足以提升人民调解及其调解协议的正式性、严肃性和权威性;另一方面,这样的规定显得较为冗余,毕竟经过人民调解的正式程序所达成的调解协议,本质上是一种非常标准和典型的合同,而对合同效力的认可,以及对合同内容的自觉全面履行,应是一个法治社会的基本行为规范。基于此种基本法治常识,将调解协议作为民事合同对待,并按照《民法典(合同编)》的相关规定加以处理就是非常恰当的。这也在一定程度上解决了调解协议"确认制度的出台本身即源自国家理性一种'致命的自负',它清晰地显示出公权力向私域空间一种非理性的强势渗透及对私权利自治的习惯性不信任","极可能蜕变成国家法对民间法、权力意志对私权自治的一种宰制"[8]所存在的问题。

五、结语

中国不能成为诉讼大国,要重点抓源头治理,要抓前端,治未病,要将非诉机制挺在前面。基层社会治理的核心在"源",而不在"诉",要重视矛盾纠纷的源头治理,而不是矛盾纠纷发生后诉讼;最高人民法院也曾指出,要将诉调对接的"调"向前延伸,按照《人民调解法》规定的职责加强对人民调解业务指导,将"抓前端、治未病"做得更实。

为此需要采取各种方式及时化解矛盾纠纷,人民调解就是一种实践证明在化解民间纠纷、修复社会关系、维护和实现社会和谐方面非常有效的方式。新的历史时期,"枫桥经验""廊坊经验"等调解实践经验也已证明了这一点。在最高人民法院、各级人民法院以及司法行政部门指导下的人民调解,其法治水平无疑会有显著提升。

然而,有学者撰文指出:"在政府主导进行的基层治理法治化进程中,本土资源的固有优势彰显出现代法治侵入之艰难。法律制度了解容易,但法治要成为普通民众在生活中普遍遵循的规则和普遍现实的一种生活方式实属不易。普通民众法治文化培育,既要加强法治教育,更要强化法治实践。"[9]作为有着古老美誉的东方经验,人民调解提高对法治的重视和践行无疑是法治社会建设的榜样和主渠道。面向法治社会的人民调解在未来有着美好的前景,其实施和发展任重道远。

【参考文献】

[1] 黄宗智. 再论调解及中西正义体系融合之路[J]. 中外法学,2021(1).

[2] 范愉. 当代世界多元化纠纷解决机制的发展与启示[J]. 中国应用法学,2017(3).

[3] 俞可平. 没有法治就没有善治:浅谈法治与国家治理现代化[J]. 马克思主义与现实,2014(6).

[4] 黄宗智. 再论调解及中西正义体系融合之路[J]. 中外法学,2021(1).

[5] 邓春梅. 中国调解的未来:困境、机遇与发展方向[J]. 湘潭大学学报(哲学社会科学版),2018(6).

[6] 邓春梅. 中国调解的未来:困境、机遇与发展方向[J]. 湘潭大学学报(哲学社会科学版),2018(6).

[7] 邓春梅. 人民调解司法确定制度的正当性反思[J]. 湘潭大学学报(哲学社会科学版),2014(6).

[8] 邓春梅. 人民调解司法确定制度的正当性反思[J]. 湘潭大学学报(哲学社会科学版),2014(6).

[9] 梁平. 基层治理的践行困境及法治路径[J]. 山东社会科学,2016(10).

我国医疗纠纷第三方调解协议司法确认程序选择与规则重构[*]

艾尔肯^{**}

摘　要: 医疗纠纷调解协议司法确认是法院按照当事人的申请进行司法审查后,对于真实合法有效的医疗纠纷调解协议作出确认的裁定,并赋予其强制执行的效力。本文对调解协议司法确认程序涉及的医疗纠纷调解协议的性质、调解协议的司法审查机制、司法确认程序的立法与实践、司法确认程序的适用、司法确认救济机制进行深入分析,归纳总结了司法确认制度在运行中存在的问题,并提出完善的建议,以优化司法确认程序,实现医疗纠纷第三方调解机制与诉讼制度的有效衔接,增强医疗纠纷第三方调解协议的社会公信力,促进医疗纠纷快速解决,为司法确认程序成为解决医疗纠纷和维护社会稳定的重要制度提供有力的法律保障。

关键词: 医疗纠纷第三方调解机制;调解协议;民事和解合同;司法确认程序;"诉调衔接"机制

在民事案件日益复杂化、新型化、多元化的现实背景下,司法确认程序作为诉讼与非诉讼程序相衔接的桥梁日益受到重视,目前已成为司法实务界和理论界努力尝试和探索的方向。我国最高人民法院总结地方法院对调

---

　* 本文系国家社科基金一般项目"中国医疗纠纷第三方调解立法研究"(项目编号: 19FFXB062)的阶段性成果。

　** 艾尔肯,法学博士,辽宁师范大学法学院教授,主要研究方向:民商法学、医事法学。

解协议进行司法确认的改革经验,吸收和巩固了多元化纠纷解决机制改革的成果,并于2009年7月24日公布施行的《最高人民法院关于建立健全诉讼与非诉讼相衔接的矛盾纠纷解决机制的若干意见》(简称《诉讼与非诉讼衔接机制司法解释》)、2011年3月23日发布的《最高人民法院关于人民调解协议司法确认程序的若干规定》(简称《人民调解协议司法确认程序司法解释》)确立了司法确认制度,同时在2010年8月28日公布的《中华人民共和国人民调解法》(简称《人民调解法》)中得到体现。2012年8月31日修订的《中华人民共和国民事诉讼法》(简称《民事诉讼法》)在特别程序中增订了调解协议司法确认程序,在法律层面确立了调解协议司法确认制度,对第三方调解活动结果的调解协议有了监督与确认的机制。实行司法确认程序是为了增强调解协议的约束力,经过法院司法确认的调解协议确定的义务即具有可强制执行性。在当前我国开展民事诉讼程序繁简分流改革的背景下,创新调解协议司法确认程序、运用国家司法权赋予医患双方达成的调解协议强制执行的效力、实现医疗纠纷调解与司法程序的有效衔接,应在理论上辨析和探究调解协议司法确认制度,正确解读和适用调解协议司法确认机制的程序规则,并针对现实中存在的问题提出进一步优化司法确认程序的建议,以促进医疗纠纷调解协议司法确认程序得以完善,更好地发挥医疗纠纷第三方调解机制的作用,促进医疗纠纷人民调解机制的发展,进一步完善医疗纠纷非诉讼解决制度,弘扬人民调解法治精神。

一、医疗纠纷调解协议的性质

根据民事法律行为实行的私法自治原则,民事主体只要不违背法律和社会的公共利益,均可依其独立意志建立、变更、消灭民事权利义务关系。法律应当确认该自主行为的效力和约束力,以维护和保障意志独立、行动自由进而尊重独立人格。医疗纠纷调解协议是在调解机构的主持下,医患双方在自愿的基础上,通过平等协商,就发生的纠纷达成的以财产利益为主要内容的协议。因此,有关法律法规、司法解释及规范性文件,将医疗纠纷调解协议的性质确定为民事合同。医疗纠纷调解协议具有民事合同的特性体现在如下三个方面。

（一）医疗纠纷调解协议是一种民事和解合同

在罗马法中，和解协议是指当事人就争议和疑问通过互相让步而达成的协议。[1]史尚宽先生认为，和解谓当事人约定互相让步，以终止争执或防止争执发生之契约。[2]因此，和解合同所体现的意思自治原则与纠纷解决机制的融合与发展是和解、调解契约化的理论基础。发达国家和地区的民事法律明确规定，当事人之间达成的和解协议是一种民事合同。虽然我国的民事法律未明确规定和解合同，但是有关法律、司法解释及行业性规范从不同的角度规定了调解协议的法律性质和效力，在实践中和解合同得到了普遍认可。2002年9月16日发布的《最高人民法院关于审理涉及人民调解协议的民事案件的若干规定》(简称《人民调解协议民事案件司法解释》)第1条规定："经人民调解委员会调解达成的、有民事权利义务内容，并由双方当事人签字或者盖章的调解协议，具有民事合同性质。当事人应当按照约定履行自己的义务，不得擅自变更或者解除调解协议。"《人民调解法》第31条第1款规定："经人民调解委员会调解达成的调解协议，具有法律约束力，当事人应当按照约定履行。"《诉讼与非诉讼衔接机制司法解释》第20条规定："经行政机关、人民调解组织、商事调解组织、行业调解组织或者其他具有调解职能的组织调解达成的具有民事合同性质的协议，经调解组织和调解员签字盖章后，当事人可以申请有管辖权的人民法院确认其效力。"《医疗纠纷人民调解指引(试行)》第48条规定："经医疗纠纷人民调解委员会调解达成的调解协议，具有法律约束力，当事人应当履行。"这些规定采取直接或间接的方式描述了调解协议是一种"民事合同"，即民事主体之间就财产利益或者某些身份利益所自愿达成的协议具有民事和解合同的性质。从形式上看，在医疗纠纷人民调解协议的形成过程中，医调委在尊重事实和法律的基础上居中调解，只是帮助医患双方形成解决医疗纠纷的合意，而非依职权决定解决医疗纠纷的方案，所以，医疗纠纷人民调解协议本质上是双方当事人在互相让步的基础上所形成的解决彼此间民事纠纷的合意，在民法上此种合意即为民事和解契约。实际上，医调委的调解工作也仅限于促成医患双方达成合意,调解协议是医患双方对自身权利的处分行为,凸显的仍然是双方当事人的意思自治,并未超出民事和解合同的范畴。所以,在调解机构主持下,当事人达成的调解协议与基于双方合意而形成的普通的民事合同有所不同,医疗纠纷第三方调解协议具有民事和解合同的性质。

(二)医疗纠纷调解协议是具有第三方介入因素的民事和解合同

随着我国多元化纠纷解决机制的建立和发展,医疗纠纷解决的目标已经逐渐上升为构建国家与社会共治型的纠纷治理体系。依据《人民调解法》第2条的规定:"人民调解是指人民调解委员会通过说服、疏导等方法,促使当事人在平等协商基础上自愿达成调解协议,解决民间纠纷的活动。"在医疗纠纷中,医患双方处于信息不对等的地位,为了保护处于弱势地位的患方能够取得与医方平等对话的权利,应当介入一个与当事人双方无利害关系而又不隶属于任何机构的第三方组织居中调解医疗纠纷。医疗纠纷人民调解是在医调委的主持下,遵循平等、自愿的原则,居于公正的立场对医患双方展开调解工作,为解决医疗纠纷而达成的具有民事权利义务内容的一种非诉讼纠纷解决机制。在现实生活中,当事人之间缔结一般的民事合同不存在调解机构介入的问题,而医疗纠纷调解是在调解机构的介入和主持下,对医患双方达成的调解协议设置司法审查、司法确认、强制执行等程序,可以进一步强化调解协议的法律效力。因此,调解机构的介入是人民调解协议有别于一般民事合同的显著特点之一,即医调委以独立的、公正的第三方角色参与纠纷的调解,医患双方本着自愿协商达成的协议,在医疗纠纷调解协议的签订、法律效力等方面不同于一般的民事合同,体现了患方、医方、调解机构共同努力的结果,因此具备准司法的特性。

(三)医疗纠纷调解协议是当事人自觉履行的民事和解合同

和解是双方当事人以平等协商、相互妥协的方式和平、自行解决纠纷。和解协议在本质上是一种契约,对于双方当事人具有契约上的约束力。因此,在和解合同有效成立后,当事人之间的法律关系依和解合同即告确定,双方均应受该合同约束,并自觉履行约定的义务。从实体法规则看,为了遵守调解法律制度,尊重双方当事人之间达成的调解协议,经调解机构的调解,医患双方就争议事实、赔偿数额达成协议的,应当自觉履行。《中华人民共和国民法典》(简称《民法典》)第 465 条规定:依法成立的合同,受法律保护;依法成立的合同,对当事人具有法律约束力。《人民调解法》第 31 条规定:"经人民调解委员会调解达成的调解协议,具有法律约束力,当事人应当按照约定履行。人民调解委员会应当对调解协议的履行情况进行监督,督促当事人履行约定的义务。"《医疗纠纷人民调解指引(试行)》(简称《调解指引》)第 49 条规定:"经医疗纠纷人民调解委员会调解达成的调解协议,具有法律约束力,当事人应当履行。"《调解指引》第 50 条还规定了医调委督促当事人履行达成的医疗纠纷调解协议,并记录调解协议的履行情况。从程序法规则看,为了保证调解协议的自觉履行并更好地发挥作用,可采取制作调解协议书的形式将达成的共识确定下来,进而对双方当事人产生法律约束力。《人民调解法》第 28 条规定:"经人民调解委员会调解达成调解协议的,可以制作调解协议书。"第 29 条第 2 款规定:"调解协议书自各方当事人签名、盖章或者按指印,人民调解员签名并加盖人民调解委员会印章之日起生效。调解协议书由当事人各执一份,人民调解委员会留存一份。"《医疗纠纷预防和处理条例》第 39 条第 1 款规定:"医患双方经人民调解达成一致的,医疗纠纷人民调解委员会应当制作调解协议书。调解协议书经医患双方签字或者盖章,人民调解员签字并加盖医疗纠纷人民调解委员会印章后生效。"医疗纠纷调解协议形成的基础是医患双方的自愿及合意,双方当事人理应遵守诚信,履行和解协议。但在道德失范、诚信缺失的现实面前,欠缺了国家强制力的和解协议能否被自动履行常存有疑问。[3]事实上,第三方调解机制在解决医疗纠纷中能够发挥多大的作用,关键在于调解协议的效力是否得到了有效保障。[1][4]在调解机构的调解下开展的医疗纠纷调解活动及调解活动形成的结果,离不开道德规范和法律规范等一般的社会准则,需要通过适用司法确认制度,赋予调解协议强制执行的效力,进而提升医疗纠纷调解协议履行的效率。

二、医疗纠纷调解协议的司法审查机制

所谓司法审查是指法院受理当事人关于调解协议司法确认的申请后,

对医患双方达成的调解协议进行审查进而做出是否确认其效力的判断。设立调解协议效力司法审查制度的目的在于通过赋予调解协议法律效力，保证案结事了，体现"诉调对接"的价值。在调解机构的主持下，医患双方达成的调解协议只具有《民法典（合同编）》规定的约束力，不具有法定强制执行的效力。因此，调解协议的司法审查是进行司法确认的前提条件，即只有经过法院对调解协议审查之后，才能裁定是否予以司法确认。为了树立司法确认制度的权威性，保障医疗纠纷调解协议执行工作的顺利展开，2002 年 11 月 1 日起施行的《人民调解协议民事案件司法解释》对民事案件进行司法审查的相关规定，应当适用于医疗纠纷第三方调解协议的司法审查。

（一）医疗纠纷调解协议司法审查的方式

法院适用司法确认程序对医疗纠纷调解协议进行审查，可以分为两种类型：一是形式审查。形式审查是对调解协议中被申请确认的事实是否属于法院的管辖范围、是否超过申请期限、当事人是否具有相应的行为能力等事项进行的审查。医疗纠纷主要涉及患者的生命权、健康权，加之医疗纠纷具有特殊性和专业性等特征。所以，形式审查的内容不足以保证医疗纠纷调解协议司法确认的公平、公正，很难做到保护当事人的权益。二是实质审查。实质审查不仅要审查程序性事项，而且要审查调解协议是否当事人双方的真实意思表示，即是否违反法律和行政法规的强制性规定、是否损害国家和集体的利益以及第三人的合法权益、是否损害公共秩序和善良风俗等。《诉讼与非诉讼衔接机制司法解释》《人民调解协议司法确认程序司法解释》规定，法院应当对调解协议进行实质审查，主要审查的内容包括：调解协议是否合法和自愿、是否有损公序良俗、执行内容是否明确等。赞成实行实质审查的观点认为，在调查调解协议中医患争议的焦点时，只有核实医患之间的责任比例、明晰纠纷事实、审查确定赔偿标准等，才能真正做到调解协议司法确认的合法、合理、公正、公平。从发达国家和地区以及我国法院的实际操作来看，对调解协议进行司法审查主要有如下三种方式。

1. 医疗纠纷调解协议书面审查

法院对申请人提出的调解协议司法确认申请，只需审查调解所依据的证据等材料,并以此为基础裁定是否确认调解协议。例如,我国台湾地区《乡镇市调解条例》第 26 条规定:乡、镇、市公所应于调解成立之日起 10 日内,将调解书及卷证送请交付或管辖之法院审核。此项规定要求法院对乡、镇、市公所送交审核的调解书进行实体审查,审查的内容包括:是否违法、是否违背公共秩序或善良风俗。[5]目前,一些地方的法院在实务中也采取这种审查方式,法官可以依据相关书面材料裁定有效与否。例如,2018 年 5 月 28 日,山东省菏泽市司法局联合菏泽市中级人民法院发布的《关于建立人民调解协议司法确认工作的实施意见(试行)》规定,法院对人民调解协议的审查内容包括:对当事人身份、行为能力及其参与协商的过程进行审查,只是围绕材料是否齐全做出审查,材料齐全则作出裁定,材料不齐全则要求当事人将材料补充齐全再作出裁定;对调解协议内容的合法性进行审查,审查调解协议的内容是否明确、具体和规范,是否违反法律、行政法规的强制性规定和社会公共利益等内容。根据审查结果,对人民调解协议作出确认或者不予确认的裁定。[6]

2. 医疗纠纷调解协议法庭审查

调解协议庭审审查是指法官审查书面材料,要求当事人到法院接受询问和说明有关情况。《诉讼与非诉讼衔接机制司法解释》第 23 条规定,法院审理申请确认调解协议案件,应当面询问双方当事人是否理解所达成协议的内容、是否接受因此而产生的后果、是否愿意由法院通过司法确认程序赋予该协议强制执行的效力。这一规定采用的是调解协议庭审审查方式,即实行双方当事人同时到庭程序。2022 年 4 月 10 日修订的《最高人民法院关于适用〈中华人民共和国民事诉讼法〉的解释》(简称《民事诉讼法司法解释》)第 356 条第 1 款规定:法院审查相关情况时,应当通知双方当事人共同到场对案件进行核实。由于司法审查人民调解协议实质上牵涉司法权、社会组织自治权和公民私权利的冲突及协调关系,所以,一般情况下应当采取开庭的方式进行审查。但是也有学者认为,法院审理司法确认案件与审理普通的适用简易程序的案件不同,司法确认案件应当采取审查而非审判的审理方式,非特殊情况无需开庭审理,应以询问双方当事人为主。[7]

3. 医疗纠纷调解协议综合审查

医疗纠纷调解协议综合审查方式采取以书面审查为主,当面询问为辅的方式,例如 2008 年 1 月 1 日起施行的《定西市中级人民法院关于人民调解协议诉前司法确认机制的实施意见(试行)》第 5 项规定:"审查以书面形式进行,必要时可以询问当事人。"在《人民调解协议司法确认程序司法解释》中规定的审查方式就属于此种类型;该司法解释第 6 条规定:"人民法院受理司法确认申请后,应当指定一名审判人员对调解协议进行审查。人民法院在必要时可以通知双方当事人同时到场,当面询问当事人。当事人应当向人民法院如实陈述申请确认调解协议的有关情况,保证提交的证明材料真实、合法。人民法院在审查中,认为当事人的陈述或者提供的证明材料不充分、不完备或者有疑义的,可以要求当事人补充陈述或者补充证明材料。当事人无正当理由未按时补充或者拒不接受询问的,可以按撤回司法确认申请处理。"据此,经法院审查,医疗纠纷调解协议符合司法确认条件的,直接作出确认的裁定书即可;如果当事人提供的材料不充分,可要求当事人补充提供相关材料;如果当事人无特殊原因不参加当场询问的,应当按照撤回司法确认之申请处理。对医疗纠纷调解协议进行司法审查的目的是巩固调解成果,及时解决医疗纠纷,这要求法院采取灵活的方式审查医疗纠纷调解协议司法确认案件。在实践中,调解协议司法审查存在着如下两个方面的问题。

第一,法院对调解协议的审查流于形式。目前,法院对医疗纠纷调解协议相关材料的审查过于简单、流于形式,既不利于查明一些违法、违背公序良俗的调解协议,也不利于强制执行工作的顺利开展。为了树立法院的司法权威,确保调解协议反映当事人的真实意愿,防止恶意调解、欺诈调解等现象发生,法官应当对调解协议在达成过程中是否存在不平等、不公正,以及调解协议的内容是否违反强制性规范等问题进行实质性审查;注意审查调解协议中约定的权利义务严重不对等的情况,究其原因可能是医疗机构存在医疗过错,企图通过高额赔偿逃避行政责任。对于类似情况,应当驳回当事人的司法确认申请,并及时向卫生行政部门上报,对于情节严重,可能构成犯罪的,应当向公安机关举报。

第二,司法审查形式的规定不明晰。《民事诉讼法》只规定了调解协议司法确认制度,对调解协议司法审查确认标准没有作出规定。实践中,法院对于司法确认审查方式究竟是采取书面审查还是采取庭审审查完全取决于有无必要的做法,有损法治原则。笔者认为,调解协议司法确认程序强调的是简易快速处理,经法院书面审查后,对于案情相对简单、符合确认条件的案件应当直接作出有效裁定,不具备确认条件的案件裁定驳回;对于可能存在虚假调解或者审判人员认为需要重点审查的司法确认案件,应当当面重点询问,以庭审审查方式为主,辅之以必要的实体审查及证据调查后再作出有效或者驳回的裁定。一般而言,在医疗纠纷调解协议司法确认审查形式上,适合采取书面审查方式为主、当面询问为辅的方式,这既体现了书面审查和法庭审查相结合的审查原则,也符合司法确认程序的性质。

（二）医疗纠纷调解协议司法审查的内容

在调解协议司法审查内容上,应当坚持非诉讼程序的本质要求,注意审查医疗纠纷人民调解的流程是否正当、责任认定方式是否适宜、赔偿标准是否合法、有无考量医患双方的具体情况。具体来说,法院对医疗纠纷调解协议的司法审查主要包括如下两个方面的内容。

1. 调解协议内容具有可执行性

调解协议内容具有可执行性是指调解协议给付之内容必须明确、可行,即依据调解协议约定一方当事人的给付必须客观上能够实现。如果调解协议给付的内容不能具体确定,调解协议约定的给付内容在客观上就不能实现,不宜由法院通过司法确认程序裁定赋予调解协议强制执行的效力。因为司法确认最主要的功能就是赋予调解协议强制执行的效力,如果调解协议没有给付的内容,没有强制执行的可能性,也就失去了该制度存在和适用的价值。因此,申请司法确认的调解协议的给付内容不仅要求是"明确的",而且要求给付内容是"精确的"。[8]在司法确认程序中,法院主要是对调解协议内容的可执行性和调解协议的实体瑕疵进行审查。《人民调解协议司法确认程序司法解释》第 7 条第 5 项规定,内容不明确、无法确认的案件,法院不予确认调解协议的效力。医疗纠纷调解协议司法确认的主要目的在于使医患双方达成的调解协议获得现实的强制执行力。如果执行的内容不明确,或者约定不具有可执行性,例如在医疗纠纷调解协议中规定医方承担"赔礼道歉""消除影响、恢复名誉"的民事责任形式,法院确认该调解协议的效力也就没有实际意义。因此,法院在裁定是否予以司法确认时,应当围绕调解协议所约定的给付义务是否明确、是否适用于强制执行等方面进行审查判断,这是司法确认赋予调解协议以强制执行力的内在要求。

2. 调解协议实体内容有效

实体内容有效是指当事人达成的调解协议指向的给付行为不违背法律的强制性或禁止性规定、公共秩序和善良风俗。依据《人民调解协议司法确认程序司法解释》第 7 条第 1—4 项规定,法院受理司法确认案件的申请后,审查调解协议是否违反强制性规定、侵害国家利益、社会公共利益、案外人合法权利以及损害公序良俗。《医疗纠纷人民调解指引(试行)》第 48 条规定:"医疗纠纷人民调解协议内容不得违反法律法规的规定;不得侵害国家利益、社会公共利益和第三方的合法权益;不得违背社会公序良俗。"依据上述规定,法院对医疗纠纷调解协议实体内容的有效性审查,主要包括两个方面。

一是审查调解协议是否违法。医疗纠纷调解协议违法的情形主要包括:调解协议违反自愿原则、调解协议违背当事人的真实意愿、调解协议显失公正、调解组织或者调解人员强迫调解或者与医疗纠纷存在利害关系等;调解协议违反法律或者行政法规的强制性规定、侵害国家利益和社会公共利益、调解协议中是否包含国有财产流失的条款、侵害当事人的合法权益;调解协议是否涉及追究当事人刑事责任的情形,例如医方造成的医疗损害责任是否构成《刑法》规定的医疗事故罪;患方是否采取"医闹"行为、破坏财产、伤害医务人员等扰乱医疗秩序、损害医疗机构的财产权益以及其他违法犯罪行为;医疗纠纷调解机构及调解人员有无其他严重违反职业守则和道德准则的行为,例如接受当事人一方或双方的请客送礼等。

二是审查调解协议是否违背公序良俗。法院审查确认调解协议时,除了审查调解协议是否违法之外,还应当审查调解协议是否损害了公序良俗。因此,公序良俗原则在司法实践中应用十分广泛,并在民事司法实践中具有重要意义。我国台湾地区"民事诉讼法"第 402 条第 1 项第 3 款自 2003 年修订后的内容已经明确:公序良俗包括实体法上和程序法上的公序良俗。[9]我国《民法典》第 8 条明确规定:"民事主体从事民事活动,不得违反法律,不得违背公序良俗。"此项原则性规定不仅是实体法规则,而且也可以适用于民事程序法。法院应当审查调解协议中是否存在违背公序良俗和社会公德、有伤风化、扰乱社会经济秩序、损害社会公共利益的情形。

有必要指出的是,《医疗纠纷预防和处理条例》和《医疗纠纷人民调解指引(试行)》均未对医疗纠纷调解协议的条款作出规定,也未规定医调委对调解协议出现错误时应当承担的责任。一旦出现调解协议存在瑕疵,就会导致未被司法确认,当事人将难以寻求司法救济,这就要求医调委制作高质量的调解协议书,并且谨慎审查调解协议书的内容,确保不存在不予确认调解协议效力的情形。笔者认为,在法律法规缺失的情况下,除了调解协议书存在不予确认的情形外,如果存在直接影响调解协议效力的情形,例如当事人姓名或名称错误、赔偿金额书写不一致等,法院应当要求医调委予以修改或补充。如果存在不影响调解协议效力的其他格式错误,例如医调委在调解协议上盖章未签字的,不影响司法确认程序的进行,法院可以直接作出司法确认的裁定。在目前尚未制定统一规则的情况下,应当由各地以规范性文件的形式,或者法院与医调委以会议纪要等形式确定医疗纠纷人民调解协议司法审查的具体情形和程序。

三、调解协议司法确认程序的立法理论

司法确认程序是指对符合法律规定的非诉讼调解协议,法院按照当事人的申请进行司法审查后,赋予具有明确性给付内容的非诉讼调解协议以强制执行力的程序机制。医疗纠纷调解协议司法确认是指有管辖权的法院依照当事人的申请,对医患双方达成的调解协议进行审查,认为调解协议内容真实合法有效,作出确认的裁定并赋予其强制执行的效力。《民事诉讼

法》明确规定调解协议司法确认制度,赋予非诉讼和解或调解协议司法强制执行的效力,实现了第三方调解机制与诉讼制度的有效衔接,为医疗纠纷人民调解机制发挥作用提供了有力支持。纵观我国调解协议司法确认程序形成和发展历程,医疗纠纷调解协议司法确认程序的立法理论包括如下四个方面的内容。

（一）调解协议司法确认程序的发展历程

1. 司法解释确立调解协议司法确认程序

我国关于调解协议司法确认程序的建立与适用,源于最高法院发布的司法解释。2002年11月1日起施行的《人民调解协议民事案件司法解释》第1条规定了当事人之间达成的调解协议具有民事合同性质,采取列举的方式规定了调解协议无效、可变更或者撤销的情形。2004年11月1日起施行的《最高人民法院关于人民法院民事调解工作若干问题的规定》(简称《法院民事调解工作规定司法解释》),对当事人达成的调解协议进行司法确认和不予确认的情形作出了规定,开创了法院有权对当事人之间达成的调解协议依法进行司法确认的先河。2009年7月24日起施行的《诉讼与非诉讼衔接机制司法解释》第23条规定了法院通过司法确认程序赋予调解协议强制执行的效力。2011年3月30日施行的《人民调解协议司法确认程序司法解释》,明确规定了调解协议司法确认程序的条件和适用范围,使司法确认程序更具操作性。2016年6月28日,最高法院发布的《关于人民法院进一步深化多元化纠纷解决机制改革的意见》第31条指出,经行政机关、人民调解组织、商事调解组织、行业调解组织或者其他具有调解职能的组织调解达成的具有民事合同性质的协议,当事人可以向调解组织所在地基层法院或者法庭依法申请确认其效力。最高法院通过发布司法解释规范调解协议的审查与确认方式,为实行医疗纠纷调解协议司法确认制度提供了法律依据。

2. 法院试行调解协议司法确认制度

为了提升医疗纠纷调解机构的权威,支持和保障医疗纠纷人民调解工作,对医疗纠纷调解协议约定的权利义务进行审查,赋予有效的调解协议以强制执行的效力,各地法院发布的司法性文件开展实践性操作试验,确立了调解协议司法确认制度,对于建立健全"诉调衔接"机制产生了重要影响。2007 年 1 月,甘肃省定西市中级人民法院创设适用调解协议司法确认制度,解决了长期以来人民调解"调而难结"的问题。由于"定西经验"不经启动诉讼程序,直接赋予调解协议强制执行力的操作模式成功调处了大量的民事纠纷,既节约了司法资源,又激发了人民调解制度的活力,取得了良好效果,继而被各地法院以建立试点或者直接效仿的方式予以实践。2009 年 11 月 1 日施行的《厦门市中级人民法院关于非诉讼调解协议司法确认的实施意见(试行)》第 4 条采取列举的方式规定了司法确认机制的适用对象,该实施意见第 8 条还规定了当事人在申请司法确认时应签署相应的承诺书。2010 年 11 月 19 日施行的《江苏省高级人民法院关于调解协议司法确认程序若干问题的意见(试行)》在第 17—22 条中详细规定了法院对调解协议予以确认和不予确认的情形,强调法官的释明权以增强对申请人的程序保障。2011 年 6 月,上海市各区成立了医调办和医调委,在医调委的调解下,医患双方达成的调解协议,借助医调办和医调委的力量进行司法确认,实现了医疗纠纷的"诉调对接"机制。可以说,依据有关法律法规及司法解释的规定,各地医调委与法院合作尝试和实践医疗纠纷调解协议司法确认制度,改革创新"诉讼对接"机制,对医疗纠纷调解协议进行审查确认,赋予了调解协议强制执行的效力,推动了医疗纠纷人民调解机制的有效运行和持续发展。

3. 调解协议司法确认程序的法律规则

2010 年 8 月 28 日公布的《人民调解法》第 33 条第 1 款规定:"经人民调解委员会调解达成调解协议后,双方当事人认为有必要的,可以自调解协议生效之日起三十日内共同向人民法院申请司法确认,人民法院应当及时对调解协议进行审查,依法确认调解协议的效力。"这一规定以法律的形式就调解协议的司法确认予以确定,赋予调解协议法律约束力,由法院固定调解结果,提升了调解的权威性和公信力。2012 年 8 月 31 日修订的《民事诉讼法》第十五章"特别程序"中增订"确认调解协议案件"的两个条文明确规定了调解协议司法确认制度,为构建调解协议司法确认程序要件和执行效力的制度体系提供了法律依据。据此,《医疗纠纷预防和处理条例》规定了医疗纠纷调解协议的司法确认规则,该条例第 39 条第 2 款规定:"达成调解协议的,医疗纠纷人民调解委员会应当告知医患双方可以依法向人民法院申请司法确认。"《医疗纠纷人民调解指引(试行)》第 51 条规定:"医疗纠纷调解协议达成后,医疗纠纷人民调解委员会应当告知当事人,可以自调解协议生效之日起 30 日内共同向人民法院申请司法确认,经过司法确认有效的调解协议具有强制执行力。"

2021 年 12 月 24 日修订的《民事诉讼法》进一步完善了"确认调解协议案件"程序的规定,扩大了调解的主体范围,明确了司法确认的管辖法院,标志着司法确认制度从此前的探索期进入发展期。具体说,现行《民事诉讼法》第 201、202 条规定的调解协议司法确认的具体内容包括:一是申请司法确认调解协议的范围,包括人民调解协议和其他依法达成的调解协议;二是申请司法确认的时间,自调解协议生效之日起 30 个工作日内提出申请;三是司法确认程序的启动方式,采取当事人共同申请;四是司法确认管辖,由邀请调解组织开展先行调解的法院,当事人住所地、调解组织所在的基层法院,调解协议所涉纠纷的中级人民法院管辖;五是司法确认文书的形式采用裁定书;六是法院驳回申请裁定的后果,裁定书具有终局的效力,当事人可以通过调解方式变更原调解协议或者达成新的调解协议,或者向法院提起诉讼。根据《民事诉讼法》确立的调解协议司法确认程序,《民事诉讼法司法解释》在"十七、特别程序"(第 351—358 条、第 372 条第 2 款)和"二十一、执行程序"(第 460 条对司法确认程序的规则框架予以直接性的补强),为全面推行医疗纠纷调解协议司法确认制度提供了法律依据。可以说,我国有关法律法规、司法解释及规范性文件规定的调解协议司法确认程序,对司法确认案件的申请、管辖、不予受理及裁定驳回申请等具体适用规则作出了细致规定,实现了医疗纠纷调解机制与诉讼制度的有效衔接,为医疗纠纷非诉讼解决机制的构建奠定了良好的基础。

(二)调解协议司法确认程序的性质

从法理层面对司法确认程序予以精准的定性分析,对于正确认识、构建和运行该制度,使该制度起到指引和理性约束作用具有重要的意义。自从司法确认制度实施以来,法学界和司法实务界对该制度的性质及定位众说纷纭。当前学界对司法确认程序的性质,在认识上存在不同的看法,即主要围绕着是诉讼程序还是非诉讼程序两种不同的观点展开。

1. 司法确认程序是简易程序

简易程序是指基层法院及其派出法庭审理简单的民事案件所适用的一种独立的第一审诉讼程序。诉讼程序遵循辩论主义、处分原则、公开原则和直接言词原则,当事人获得充分的程序保障。司法确认程序授权法院对非诉讼调解协议进行司法审查属于诉讼制度的范畴,而诉讼制度则属于立法保留的事项。[10]从规范层面看,按照法律的规定,双方当事人达成调解协议后共同到法院申请司法确认,为法官参照适用《民事诉讼法》中关于简易程序的规定审理案件创造了条件。因此,在实行司法确认制度的初期,《诉讼与非诉讼衔接机制司法解释》第 23 条规定:"法院审理司法确认案件适用《民事诉讼法》有关简易程序的规定。"《人民调解协议司法确认程序司法解释》第 6 条规定:"法院在审查中,认为当事人的陈述或者提供的证明材料不充分、不完备或者有疑义的,可以要求当事人补充陈述或者补充证明材料。"这些规定均表明,最高法院已将司法确认程序视为简化或加快的争讼程序看待。[11]按照上述司法解释的规定,司法确认程序被归为争讼程序的组成部分,法院按照简易程序审理司法确认案件。

2. 司法确认程序是非诉讼程序

非诉讼程序是对诉讼以外的其他各种纠纷解决方式、程序或制度的总称。非诉讼程序不适用辩论主义,而是实行职权主义,处分原则、公开原则、直接言词受到限制,当事人的程序保障较弱。随着我国司法确认制度的不断完善和成熟,司法确认是非诉讼程序成为当前学术界的主流观点。科学合理的程序设计能够充分发挥实体法规范的效用,使各种案件获得公正裁判结果的形式保障。在法律上设置司法确认程序的目的在于,强化诉讼外调解协议的效力,保证双方当事人能够及时履行所达成的调解协议,提升纠纷解决的效率。同时将司法确认程序纳入非诉讼程序,符合非诉讼程序具有的灵活、迅捷、经济的特点,更能发挥司法确认制度的作用。2012 年修订的《民事诉讼法》专门规定了"确认调解协议案件",将调解协议司法确认定性为非诉讼程序,列入"特别程序"一章之下,改变了司法解释的有关规定,与诉讼法理论以及司法确认制度的目的相符,具有合理性。司法确认程序只是对不存在民事权利义务争议的调解协议予以审查确认。因此,在性质上调解协议司法确认程序属于非诉讼程序。[12]我国调解协议司法确认程序的确立经历了从诉讼程序到非诉讼程序的转化过程。

由于司法确认程序的非诉讼性质,所以针对医疗纠纷调解协议的司法确认,主要审查调解程序的合法性即可,并不需要对医患双方的实体权利义务进行实质审查。在审查过程中可以不开庭,指定一名法官进行书面审查。如果需要补充或核实,可以通知当事人向该法官陈述案情,或者由法官直接进驻医疗纠纷调解机构进行现场确认。但是,法官不能对医疗纠纷案件进行证据调查,也不宜对当事人提起的实体抗辩进行审理。当事人在司法确认程序中对医疗纠纷调解协议提起例如撤销、解除等实体抗辩的,依据《民事诉讼法》第202条的规定,法院应当裁定驳回司法确认申请。经司法审查确认后,法官应当裁定医疗纠纷人民调解协议有效或者驳回。如果当事人发现调解协议事项存在错误,可以向法院起诉撤销该调解协议,以维护自身的合法权益。

（三）调解协议司法确认程序的依据

医疗纠纷人民调解协议不仅是医患双方在自愿的基础上达成的协议,而且经医调委认证和制作调解协议书后具有了一定的公共属性,所具有的约束力不能简单等同于一般的民事合同。但是,医疗纠纷人民调解协议只有确定力,而无强制执行力,在一定程度上削弱了医疗纠纷人民调解的公信力。在法律层面有必要巩固医疗纠纷第三方调解的成果,赋予其相匹配的法律效力,即采取司法确认程序,赋予第三方调解协议强制执行的效力。按照《人民调解法》第33条的规定,只有双方当事人共同申请并获得司法确认后,才能直接向法院申请强制执行。由于调解协议司法确认的结果是形成新类型的执行依据,可能影响司法确认程序中执行依据的确定。因此,针对医疗纠纷人民调解协议司法确认案件进入强制执行程序后的依据,究竟是以调解协议还是以司法确认裁定书作为执行依据？或者是否可以以二者结合的形式作为执行依据？在理论界主要有如下三种不同的观点。

1. 调解协议论

调解协议论认为，司法确认案件的执行依据是调解协议，司法确认裁定书并不是司法确认的执行依据。因此，司法审查确认的目的只是赋予第三方调解协议强制力，经法院审查、核准后，凡是符合合同构成要件的调解协议即可成为医疗纠纷第三方调解案件的执行依据。依据《人民调解法》第33条的规定，法院应当及时对调解协议进行审查，依法确认调解协议的效力。据此，可以将"经法院审查的调解协议"理解为医疗纠纷人民调解协议强制执行的依据。我国台湾地区的"乡镇市调解条例"第27条规定："经法院核定之民事调解，与民事确定有同一之效力；以给付金钱或其他代替物或有价证券之一定数量为标的者，其调解书得为执行名义。"[13]此项规定要求调解协议经法院"核定"后就可以成为执行依据，即调解书具备了执行名义和功能。在一些法院的试点探索中，依据当事人的申请，对调解协议的内容进行合法性审查，符合司法确认条件的，在调解协议书上签署确认意见，加盖法院公章，赋予调解协议执行的效力。

2. 确定裁定论

确定裁定论认为，调解协议本身不是合法的执行依据，法院作出的确认调解协议的裁定书是生效的法律文书，构成执行依据。例如，《定西市中级人民法院关于人民调解协议诉前司法确认机制的实施意见（试行）》第1项规定，人民调解委员会、行政机关等非诉讼调解组织对当事人之间的矛盾纠纷调解达成协议后，经当事人申请，法院审查认为协议合法有效的，出具法律文书确定该调解协议，赋予该调解协议以强制执行的效力。根据《民事诉讼法》第231条第2款的规定，调解协议是私文书，不属于"由人民法院执行的其他法律文书"，调解协议书只是制作司法裁定书的基础和依据，其内容有可能不是全部而是部分被裁定书予以确认。当事人申请强制执行时，可以将该医疗纠纷人民调解协议作为司法确认裁定书的附件一并提交。因此，调解协议书本身并不是法院的执行依据，只有生效的法律文书才能构成执行依据,即医疗纠纷人民调解协议的司法确认裁定书才是具有执行效力的法律文书。

3. 双重结合论

双重结合论认为,单一的调解协议或司法确认裁定书都不能构成调解协议确认案件的执行依据,司法确认裁定书和调解协议共同作为执行依据。人民调解协议经法院司法确认仅具有契约的属性,而法院作出的司法确认书本身仅具有形成或宣示的性质,并不具备具体的给付内容,不能单独作为执行依据。所以,应当将人民调解协议和法院作出的确认书二者合并作为当事人申请执行的依据,法院的执行依据为《民事诉讼法》第 231 条第 2 款规定的"由人民法院执行的其他法律文书"。医疗纠纷调解协议的性质是民事合同,调解协议司法确认书不具有具体的给付内容,二者皆不能单独作为司法执行的依据,必须将医疗纠纷人民调解协议和司法确认裁定书结合起来,才能构成法律规定的"由人民法院执行的其他法律文书"。

上述三种理论结合医疗纠纷第三方调解协议的制度目的和实际效用,就司法确认案件进入执行程序依据的不同观点所进行的表述,皆有其合理之处。根据《民事诉讼法》第 202 条的规定,对于调解协议司法确认程序的执行依据采取的是确定裁定论的观点,即医疗纠纷调解协议司法确认案件的执行依据是法院作出的确认调解协议有效的裁定书,调解协议本身不能作为执行的依据。因此,可通过司法确认程序对医疗纠纷调解协议进行审查和确认,对调解协议中可执行的内容进行适当补正,将医疗纠纷调解协议的内容转换为司法确认裁定书的内容,使司法确认书成为生效的法律文书,并作为医疗纠纷调解案件的执行依据,就具备了法律规定的执行条件。

(四)调解协议司法确认程序的效力

由于非诉讼调解协议自身没有强制执行的法律效果,迄今为止亦不是法定的执行依据。在法律上明确司法确认的调解协议具有准司法的性质实现了第三方调解机制与诉讼制度的有效衔接,为当事人解决医疗纠纷提供了简便、快捷的司法救济途径,极大提升了医疗纠纷第三方调解机制的社会作用和公信力。根据《民事诉讼法》及相关司法解释的规定,医疗纠纷调解协议司法确认程序的法律效力主要涉及如下三个方面的问题。

1. 调解协议司法确认法律文书之形式

法院制作的法律文书既是行使司法权的一种重要的表现形式，也是司法机关具有的专业性、权威性的体现。在实践中，应当制作何种法律文书来确认调解协议，对于规范和完善调解协议司法确认程序具有重要的意义。我国《民事诉讼法》确定的法律文书形式有四种：判决书、调解书、裁定书和决定书。《人民调解协议司法确认程序司法解释》和《诉讼与非诉讼衔接机制司法解释》均规定，调解协议司法确认法律文书的形式是确认决定书或不予确认决定书。2012 年修订后的《民事诉讼法》规定，司法确认是法院基于双方当事人共同申请赋予调解协议强制执行力的非诉讼程序，将法院的司法确认裁判形式确定为"裁定"，改变了上述司法解释的规定，实现了法律文书表述的一致性。在医疗纠纷调解协议司法确认程序中，医患双方自愿提出司法确认申请的，采用裁定书的形式作出司法确认后，不能按照一般的诉讼程序提起上诉或适用再审程序，这符合调解协议司法确认的实际情况，体现了双方当事人的利益需求。

2. 调解协议司法确认裁定之结果

医疗纠纷调解协议经法院审查确认后，即具有了强制执行的效力。《民事诉讼法》第 202 条规定："人民法院受理申请后，经审查，符合法律规定的，裁定调解协议有效，一方当事人拒绝履行或者未全部履行的，对方当事人可以向人民法院申请执行；不符合法律规定的，裁定驳回申请，当事人可以通过调解方式变更原调解协议或者达成新的调解协议，也可以向人民法院提起诉讼。"据此，医疗纠纷调解协议司法确认的裁定，主要产生两种法律后果：一是医疗纠纷人民调解协议符合法律规定的，法院裁定调解协议有效，赋予其强制执行的效力。2016 年 7 月 1 日实施的《最高人民法院关于人民法院特邀调解的规定》（简称《法院特邀调解规定司法解释》）第 25 条第 2 款规定："经司法确认的调解协议，一方当事人拒绝履行或者未全部履行的，对方当事人可以向人民法院申请执行。"由于司法确认的客体或标的是医疗纠纷调解协议的效力，经法院审查后，调解协议符合司法确认条件的，则作出有效的司法确认裁定,调解协议由此获得了强制执行的效力。二是医疗纠纷调解协议经法院审查后,认为不符合司法确认条件的,裁定驳回申请。经法院审查认为调解协议无效裁定驳回的,当事人申请司法确认的目的未能实现。《民事诉讼法》之所以规定裁定驳回申请而不是裁定调解协议无效,主要是考虑法院裁定驳回当事人的申请后,还可以采取补救措施,即可以再次协商变更原调解协议或者达成新的调解协议。对于法院裁定驳回司法确认的申请,当事人可以采取两种救济途径:一是申请医调委重新进行调解,在变更原调解协议或者就有关争议达成新的调解协议之后,再向法院申请司法确认;二是直接提起诉讼,请求法院适用审判程序解决既存的医疗纠纷。

3. 调解协议司法确认裁定书之既判力

既判力是指法院一经作出判决,双方当事人均不得以同一事实再行争执的确定力。它包括积极的既判力和消极的既判力两种类型:积极的既判力是指后诉中法院作出裁判以确定判决所确认的事实为基础,不可再行争执,即既决事项禁止重复争讼的效果;消极的既判力是指前诉确定判决已处理的争议,后诉不可再提出,即产生一事不再理的效果。随着医疗纠纷处理法治化的深入,第三方调解机制成为解决医疗纠纷主渠道的情况下,医疗纠纷调解协议司法确认的既判力问题也显现出来。但是,我国现行立法对调解协议司法确认裁定的特殊性没有作出充分规定,导致司法确认裁定的既判力程序保障措施存在诸多的缺失与不足。大陆法系民事诉讼通说认为,司法审查确认不具有积极的既判力,主要有两方面的原因:一是在第三方调解机构的支持下,基于双方当事人的合意而形成的调解协议的内容不一定是案件的客观事实,也不可能整体反映案件事实。如果司法确认的协议内容成为将来法院裁判的基础,那么,双方当事人很可能在调解过程中以避免在将来的诉讼中处于不利地位,存在顾虑而不会做出让步,最终可能无法协商一致,达成调解协议。二是如果必须以前诉内容为依据,那么,法官在进行司法审查时,因顾及错案追究制而进行彻底的"审查",最终成为变相的"审判",有悖于司法审查制度的初衷和程序设计。因此,学术界认为,调解协议司法确认裁定不具有积极的既判力。

现在争议的焦点主要表现在司法确认是否具有消极的既判力,对此存在着两种不同的观点:一是司法审查确认不具有消极的既判力,认为司法审查确认是一种预防日后引起争议的非诉讼程序,其程序设置简单,缺少充分的程序保障,迥异于严格的民事诉讼程序,故调解协议司法确认不具有消极既判力的效果;二是调解协议司法审查确认具有消极的既判力,认为司法确认作为"诉调衔接"制度的重要环节,其目的是赋予调解协议强制执行力,给予第三方调解机制相匹配的效力支持,有效定分止争,安定实体法律关系。从现实需求看,既判力是通过法律赋予的,是否赋予司法确认裁定以既判力,关键看两点因素:一是赋予既判力是否有利于公正地解决纠纷;二是赋予既判力是否有效率地解决纠纷。为了保证经第三方调解和司法确认后的实体法律关系得到安定,节约司法资源,满足多元化纠纷解决机制的需要,应当赋予医疗纠纷第三方调解协议的司法确认裁定书以消极的既判力,即一方当事人无故反悔提起诉讼,应当按照一事不再理原则予以驳回。

笔者认为,赋予调解协议司法确认的消极既判力,对于医疗纠纷第三方调解机制的构建具有三个方面的作用:

第一,能够实现医疗纠纷第三方调解协议司法审查确认的制度目的。赋予调解协议司法确认裁定书以消极的既判力,能够巩固和扩大医疗纠纷人民调解制度的实践成果,顺利完成诉讼与调解的衔接,实现调解协议司法确认的制度目的,高效化解医患矛盾纠纷,推进医疗纠纷第三方调解机制及司法确认制度的应用和发展。

第二,对医疗纠纷第三方调解制度和司法确认制度起到遵守和尊重的作用。调解协议的基础是医患双方的自愿及合意,双方当事人理应遵守诚信,体现为对调解制度的尊重,自觉履行调解协议。调解协议司法确认具有的消极既判力与禁止一事再诉的原理密不可分,当事人既然向法院申请司法确认就表示认可司法确认后调解协议的强制效力,所以,可起到尊重司法确认制度、禁止就此案件再行争议的作用。

第三,保障当事人的实体处分权和程序选择权。赋予调解协议司法确认裁定书以消极的既判力,即使在调解过程中存在医患双方为达成调解协议而做出的妥协、让步甚至让渡部分权利等情况,经司法确认后的医疗纠纷调解协议不会成为今后法院判决内容的前提,也不会侵害双方当事人的实体处分权和程序选择权。

四、医疗纠纷调解协议司法确认程序的适用

(一)调解协议司法确认程序之告知义务

如果当事人不履行达成的调解协议或者反悔,采取诉讼途径或仲裁方式解决医疗纠纷,必然会造成司法资源或仲裁资源的浪费。《医疗纠纷预防和处理条例》第 39 条、《医疗纠纷人民调解指引(试行)》第 51 条规定当事人双方达成调解协议的,医调委应当告知医患双方可以依法向法院申请司法确认,即当事人就医疗纠纷达成调解协议时,医调委有义务告知医患双方可以申请司法确认。实践中,调解协议司法确认问题存在着三种情形:一是由于调解协议可以得到全面履行,对调解协议无需进行司法确认;二是所有调解协议全都经过司法确认,目前大多数医调委都要求进行司法确认;三是根据调解协议的具体情况,经医调委的调解员告知后,由当事人自愿选择是否进行司法确认。在实践中,对所有调解协议都不进行司法确认或者都进行司法确认是不正常的现象,而第三种情形应当是一种正常的状态。根据天津医调委提供的统计资料,在医调委调解成功的案件中,经司法确认的调解协议占比为 40%;一般是医疗机构选择进行司法确认的积极性较高,存在患方不进行司法确认就不签订人民调解协议书的情况。医疗机构以不申请司法确认就不签订调解协议书的做法是有悖于《民事诉讼法》《人民调解法》《医疗纠纷预防和处理条例》以及《医疗纠纷人民调解指引(试行)》的有关规定,必须在医疗纠纷调解中予以纠正。从法律的规定看,虽然司法确认不是人民调解的必经程序和组成部分,但是调解员应当向双方当事人告知调解协议司法确认程序,如果不告知,就违反了依法调解原则。为了确保医疗纠纷调解协议对当事人产生约束力,并巩固医调委的调解工作成果,应当确立司法确认程序告知义务,即调解员在调解达成协议并制作调解协议书

时,应当主动、明确地向医患双方介绍司法确认制度的功能,详细告知司法确认程序、时限和需要提供的材料等,由双方当事人根据案件的具体情况做出选择,必要时为当事人申请司法确认提供便利,引导当事人进入司法确认程序,赋予人民调解协议强制执行的法律效力。

(二)调解协议司法确认案件之申请程序

我国《民事诉讼法》确立了调解协议司法确认的申请条件,该法第 201 条规定:"经依法设立的调解组织调解达成调解协议,申请司法确认的,由双方当事人自调解协议生效之日起三十日内,共同向下列人民法院提出:(一)人民法院邀请调解组织开展先行调解的,向作出邀请的人民法院提出;(二)调解组织自行开展调解的,向当事人住所地、标的物所在地、调解组织所在地的基层人民法院提出;调解协议所涉纠纷应当由中级人民法院管辖的,向相应的中级人民法院提出。"这一规定包括两项内容:一是调解协议生效后,当事人应当共同向法院提出司法确认的申请;二是调解协议达成后,双方当事人认为有必要的,应当在调解协议生效之日起 30 日内向有关法院申请司法确认。为了给双方当事人提供全面的救济,灵活确定申请司法确认的法定期限,申请期间遇有法定正当理由而耽误的,依据《民事诉讼法》第 86 条、《人民调解协议司法确认程序司法解释》第 5 条第 1 款的规定,当事人可以申请顺延 10 个工作日。《民事诉讼法司法解释》第 353 条规定,当事人申请司法确认调解协议,可以采用书面形式或者口头形式。该《司法解释》第 354 条还规定:当事人申请司法确认调解协议,应当向法院提交调解协议以及与调解协议相关的财产权利证明等材料。《调解协议司法确认程序司法解释》第 11 条规定:"人民法院办理人民调解协议司法确认案件,不收取费用。"据此,法院免费办理医疗纠纷调解协议司法确认案件,不需要当事人支付费用,在一定程度上降低了双方当事人解决医疗纠纷的成本,有利于鼓励当事人对达成的调解协议申请司法确认;同时节约了司法资源,减轻了法院审判工作的压力,发挥了医疗纠纷人民调解机制与法院司法权相衔接的制度优势。《民事诉讼法》强调司法确认程序的启动必须由双方当事人共同申请,此种方式或许体现了法官对涉及人民调解协议的案件心存悬疑的态度,使申请主体的范围受到限制,不利于法院开展调解协议司法确认工作。为了放宽申请司法确认主体的苛刻条件,应当通过立法明确规定如下两个方面的问题。

1. 确立并完善单方当事人申请调解协议司法确认制度

我国《民事诉讼法》对人民调解协议采取由双方当事人申请确认而非法定确认的选择性制度设计,旨在鼓励当事人自觉履行,强调合意和自愿申请,有利于节约司法资源。但是,医疗纠纷人民调解协议是在医患双方自愿的基础上达成的结果,在法律上规定共同申请无非再一次确认双方当事人的合意,既不符合程序效益原则,也忽视了调解组织的见证职能,降低了调解协议的效力。司法确认程序能够在一定程度上识别和判断当事人当初的负担意思是否有瑕疵,并据此做出相应处理,即无须双方表达同意法院处置的意思,只要任一方有此意思就可引发程序的启动。[14]从实现制度目的、完善"诉调衔接"的角度出发,应当确立单方的程序启动权,即通过允许单方当事人申请法院启动司法确认程序,提高人民调解和司法确认对于当事人的吸引力,发挥司法对医疗纠纷人民调解协议的支持作用,激发医调委在化解医疗纠纷、缓解医患矛盾、维护社会和谐等方面具有的潜能。

2. 赋予医疗纠纷调解机构申请司法确认的权利

虽然医患双方经过调解达成了调解协议,但不排除双方当事人仍处于对立的情绪和状态中。此时,一方当事人要求另一方共同申请司法确认在实践中存在着较大的难度。如果有一方或双方不履行调解协议,则会导致医调委所作的调解工作落空,不利于社会纠纷管理资源的充分利用和保障。新加坡对调解协议的司法确认采取调解机构直接移送法院审核的方式,无须当事人向法院申请审核。为了保证国家司法权的及时介入,达到保障调解协议的效力和履行的效果,减少当事人反悔,保障医疗纠纷调解组织的工作成果以及司法确认制度的权威性,我国应当借鉴新加坡的做法,如果调解协议不存在可变更、可撤销、无效的情形,或者当事人没有明确表示将要采取诉讼途径或仲裁方式解决纠纷的,除了当事人共同申请司法确认外,应当赋予调解机构申请办理司法确认的权利,经双方当事人同意后由调解组织直接移送法院进行司法确认,实行"一站式"司法确认机制。[②][15]

（三）调解协议司法确认案件之管辖

关于调解协议司法确认案件的管辖问题,最高法院发布的《人民调解协议司法确认程序司法解释》第2条规定:"当事人申请确认调解协议的,由主持调解的人民调解委员会所在地基层人民法院或者它的派出法庭管辖。人民法院在立案前委派人民调解委员会调解并达成调解协议,当事人申请司法确认的,由委派的人民法院管辖。"《人民法院组织法》第17条规定,基层法院包括县法院和市法院;自治县法院;市辖区法院。通常情况下,由医疗纠纷调解机构所在地的基层法院管辖调解协议司法确认案件。根据《医疗纠纷人民调解指引(试行)》第8条第1款关于医调委的名称应当由"所在地行政区划""医疗纠纷""人民调解委员会"三部分内容依次组成的规定,确定调解机构所在地是调解组织住所地,可以具体到某市、某区、某县的医调委。对于不属于法院受理的调解协议,应当告知当事人按照相应的程序解决;对于不属于本法院管辖的,应当告知当事人向有管辖权的法院提出申请。我国新修订的《民事诉讼法》第201条进一步明确了调解协议司法确认管辖的具体情形:一是调解机构接受法院的邀请先行调解的纠纷,无论是何种层级的法院,即应当向作出邀请的法院提出司法确认申请;二是调解机构自行调解的纠纷,当事人可以向其住所地,当事人对异地达成的调解协议既可以向其所在地的基层法院申请司法确认,也可以向调解机构所在地的基层法院提出司法确认申请;三是调解协议所涉及的纠纷应当由中级人民法院管辖的,如果当事人一方为外国人或者在该辖区有重大影响,按照《民事诉讼法》第19条的规定,当事人应当向相应的中级人民法院提出司法确认申请。根据《民事诉讼法司法解释》第351条的规定:"申请司法确认调解协议的,双方当事人应当本人或者由符合民事诉讼法第六十一条规定的代理人依照民事诉讼法第二百零一条的规定提出申请。"该《司法解释》第352条还规定:"调解组织自行开展的调解,有两个以上调解组织参与的,符合民事诉讼法第二百零一条规定的各调解组织所在地人民法院均有管辖权。双方当事人可以共同向符合民事诉讼法第二百零一条规定的其中一个有管辖权的人民法院提出申请;双方当事人共同向两个以上有管辖权的人民法院提出申请的,由最先立案的人民法院管辖。"据此,《医疗纠纷人民调解指引(试行)》第20条规定,同一医疗纠纷涉及数个医疗机构,当事人分别向不同医调委申请调解的,由当事人选择其中一个医调委进行调解;未能确定的,由最先收到调解申请的医调委受理。依据上述法律法规、司法解释及规范性文件的要求,由医疗纠纷调解机构所在地的基层法院管辖医疗纠纷调解协议司法确认案件的做法,只是方便法院进行指导和监督,而未考虑方便当事人启动和参与司法确认程序,所以,有关调解协议司法确认管辖的表述应当为:"当事人申请确认调解协议的,由医疗纠纷人民调解委员会所在地基层人民法院或者其派出法庭管辖。调解协议司法确认不得违反《民事诉讼法》关于级别管辖和专属管辖的规定。"如此规定,就能够合理地规范医疗纠纷调解协议司法确认的管辖问题。

(四)调解协议司法确认案件的范围

当事人可以就哪些调解协议申请司法确认,这是法院启动司法确认程序的前提。目前我国关于调解协议司法确认案件受理范围的依据主要有《人民调解协议司法确认程序司法解释》《民事诉讼法司法解释》《医疗纠纷人民调解指引(试行)》等。虽然这些司法解释及调解指引规定的具体内容不尽相同,但都是从否定的角度对调解协议的适用范围予以限定。具体说,《人民调解协议司法确认程序司法解释》第7条规定了对调解协议不予确认的具体情形。依据《民事诉讼法司法解释》第355、358条关于调解协议司法确认裁定不予受理和裁定驳回申请的具体规定,《医疗纠纷人民调解指引(试行)》第23条明确规定,一方当事人申请调解,对方当事人明确拒绝的;当事人已经向法院提起诉讼并且已被受理的(法院委托调解的除外);当事人已经申请卫生行政主管部门调解并且已被受理的(卫生行政主管部门委托调解的除外);当事人及其委托代理人拒绝提供个人真实有效身份证明和应当提供的材料的;其他不宜由医调委调解的案件,医调委不予受理,已经受理的,终止调解。也就是说,只要存在《民事诉讼法司法解释》规定的对调解协议效力不予受理或者应当裁定驳回申请的情形,或者存在《医疗纠纷人民调解指引(试行)》规定的医调委不予受理的情形,就不能进行司法确认,无论是医方还是患方均有权采取诉讼方式请求撤销或变更医疗纠纷调解协议。

笔者认为,应当进一步细化和完善医疗纠纷调解协议司法确认案件的受理范围,并明确两个方面的问题:一是只有在调解组织主持下达成的调解协议才能申请司法确认。依据主持调解的主体不同,调解可以分为机构调解和个人调解。《民事诉讼法》第201条规定,经过依法设立的调解组织达成调解协议,申请司法确认的,双方当事人共同向法院提出司法确认申请。虽然这是关于调解协议司法确认案件管辖的规定,但是该规定蕴含了只有机构组织主持调解达成的调解协议,才能进入司法确认程序。医患双方自行达成的调解协议或者调解员私自主持调解达成的调解协议,都不能申请司法确认。二是扩大适用调解协议司法确认案件的范围。当事人申请司法确认的调解协议的范围,应不限于医疗纠纷人民调解协议,还应当包括卫生行政调解协议、鉴定调解协议、保险调解协议以及其他调解组织调解达成的调解协议。

五、医疗纠纷调解协议司法确认救济机制

制度的设计不可回避的是对于过错的补救,司法确认程序同样需要补救措施。司法确认案件具有快速立案、即时结案的特征,在方便当事人的同时,也必然具有容易出错的弊端。法院确认调解协议效力的裁定书送达双方当事人后即发生法律效力,一方当事人拒绝履行的,另一方当事人可以依法申请法院强制执行。但是在司法确认裁定书不能上诉和申诉的情况下,因审查不严而导致司法确认裁定结果出现错误,造成国家利益、社会公共利益及当事人的权益受到损害时应如何提供相应的救济?现行的法律法规及相关司法解释都没有作出明确的规定。为了给调解协议司法确认错误裁定提供救济,有些地方法院进行了有益的尝试。例如,甘肃省定西市中级人民法院发布的《关于人民调解协议诉前司法确认机制的实施意见(试行)》第8条规定:"人民法院确认调解协议后,当事人提出申诉或人民检察院提出抗

诉的,经审查,原确认确有错误的,人民法院应采用决定书撤销原确认书。确认书被撤销后,当事人以原纠纷起诉的,人民法院应依法予以受理。"可见,甘肃省定西市中级人民法院在当事人提出申诉或者检察院提出抗诉后,对司法确认错误案件采取撤销的方式进行救济。随着医疗纠纷调解协议司法确认案件的不断增多,司法确认错误裁定的救济程序亟待完善。在司法确认错误裁定救济立法缺失的情况下,依据司法确认裁定涉及的利益关系不同,对于司法确认错误裁定书应当采取如下两种救济措施。

（一）调解协议司法确认裁定错误对当事人权益损害的救济

依照非诉讼程序的一般法理,非诉讼裁定所形成的法律文书不具有既判力。经法院审查,有证据证明司法确认存在错误,当事人可以向法院申请撤销错误裁定书,作出正确的司法确认裁定。经法院审查确认原裁定确有错误的,应当撤销原确认裁定书。《人民调解协议司法确认程序司法解释》第10条规定:"案外人认为经人民法院确认的调解协议侵害其合法权益的,可以自知道或者应当知道权益被侵害之日起一年内,向作出确认决定的人民法院申请撤销确认决定。"这一规定只是确立了案外人申请撤销的除斥期间,而没有规定当事人申请撤销错误确认裁定的救济机制。医疗纠纷人民调解协议经司法确认赋予其强制执行的效力,而对该裁定出现错误时给予救济的主体主要是医疗纠纷的当事人,即患方和医方,一般不会涉及对案外人权益的保护问题。如果双方当事人发现司法确认存在错误裁定的情形,可以援引上述规定申请撤销错误确认裁定书,此种方式具有其合理性和可行性。因为司法确认的核心是赋予调解协议具有强制执行力,出现错误裁定时损害利害关系人的权益也是因为其具备强制执行力。《民事诉讼法司法解释》第372条第1款规定:"适用特别程序作出的判决、裁定,当事人、利害关系人认为有错误的,可以向作出该判决、裁定的人民法院提出异议。人民法院经审查,异议成立或者部分成立的,作出新的判决、裁定撤销或者改变原判决、裁定;异议不成立的,裁定驳回。"这一规定不仅适用于当事人向法院提出申请撤销错误裁定的情形,而且应当适用于当事人、利害关系人未在法定期限内提出异议,如果法院发现适用司法确认程序的裁定确有错误时,应参照《民事诉讼法》规定的审判监督程序有关内容作出新的裁定撤销原裁定的情形。我国应当在法律上建立否认错误司法确认裁定强制执行力的救济程序,当司法确认裁定书出现错误时,采取否认其强制执行力的方式进行救济。此种救济程序的内容应当包括:管辖法院的确定、当事人申请的期间、申请的方式、提交证据材料、审查程序、裁定结果以及例外情形下的救济途径等规则。

（二）司法确认裁定错误对国家利益、公共利益损害的救济

《宪法》第 129 条规定:检察机关是国家的法律监督机关。《民事诉讼法》第 14 条规定:"人民检察院有权对民事诉讼实行法律监督。"该法第 242 条规定:"人民检察院有权对民事执行活动实行法律监督。"检察机关有权对法院在民事诉讼中是否依法行使审判权进行监督,既包括对民事实体法律秩序的监督,也包括对诉讼法律适用的监督。检察机关作为国家利益和公共利益的代表,通过监督权的行使来监督法院的司法确认行为,当然这种法律监督应当以医疗纠纷调解协议司法确认裁定是否损害国家利益(公立医疗机构的利益)和社会公共利益(广大患者的利益)为限。为了体现我国"依法纠错"的司法理念,《民事诉讼法》第 205 条规定:"各级人民法院院长对本院已经发生法律效力的判决、裁定、调解书,发现确有错误,认为需要再审的,应当提交审判委员会讨论决定。"据此,因调解协议司法确认错误裁定可能造成国家利益、公共利益损害的,法院应当依职权启动审查程序。在法院应当启动而不启动时,检察机关可以向法院提出对于错误司法确认裁定书进行审查的检察建议。2011 年 3 月 10 日,最高人民法院、最高人民检察院发布施行的《关于对民事审判活动与行政诉讼实行法律监督的若干意见(试行)》第 3 条规定了检察机关对于已经发生法律效力的判决、裁定、调解,如果出现法律规定的情形,有向当事人或者案外人进行调查核实的权利。该《司法解释》第 7 条还规定,地方各级检察院对已经发生法律效力的民事判决、裁定、调解,经检察委员会决定可以向同级法院提出再审检察建议。这些规定赋予检察机关对民事诉讼活动的调查权,对调解协议司法确认错误裁定书提出检察建议,拓宽了检查监督的范围和途径,体现了检察权扩展到

对民事调解和民事执行的监督。各级检察机关发现同级法院在确认医疗纠纷调解协议案件中有违法或错误裁定的情形,在法院不主动纠正错误、撤销错误裁定书的情况下,应当向法院提出检察建议,经法院审查确实存在错误裁定的,应当裁定撤销原确认裁定书。

综上,在民事诉讼社会化的背景之下,在遵循调解制度和诉讼程序的原理和运行规律的基础上,应当充分利用司法确认程序具有的免费适用和实行一审终审的制度优势。一方面,运用第三方调解方式化解医疗纠纷,对当事人达成的调解协议通过司法确认的方式赋予其执行的效力,鼓励医患双方选择第三方调解方式解决医疗纠纷,有利于优化司法确认程序,进一步保障医疗纠纷第三方调解机制的发展;另一方面,经过司法确认后的人民调解协议即具有了强制执行的效力,能够调动调解员的工作积极性,不断提高调解员运用法律有效化解纠纷的能力,避免签订调解协议后当事人反悔或不履行义务情形的发生,有助于树立调解员的威信和医调委的公信力。司法确认程序既是有效实现人民调解之成果的坚强后盾,也是实现非诉讼调解机制现代化发展的重要环节。我国现行的法律法规及相关司法解释规定的司法确认制度反映了调解协议具有的准司法性,为运用第三方调解机制解决医疗纠纷后可能出现的问题提供了完善的路径。在司法确认程序改革中,引领医疗纠纷第三方调解机制的发展,根本是需要完善相关立法。但不可否认的是,目前关于医疗纠纷调解协议司法确认的有关规定与民事诉讼制度存在着不协调之处,有些规定难以与现有的司法确认程序相衔接。因此,应当结合专业性调解组织调解纠纷的实际情况,由最高法院制定更为完备和详尽的实施细则,对调解协议司法确认规则加以具体化、明确化,建立完善的调解协议司法确认制度,实现第三方调解机制与诉讼程序的有效对接,最大限度地满足医疗纠纷多元化解决的现实需求。

【注释】

① 例如,2014 年 5 月 24 日 8 时许,龚某因精神分裂症入住某市第一人民医院治疗,5 月 28 日凌晨 1 时 30 分突发病危,该医院立即予以抢救,经抢救无效,龚某于凌晨 5 时

15分宣告死亡,死因为猝死。医院及时通知其家属。家属得知后与众多亲友于当日下午3时20分赶到医院,对医院提出的猝死持有异议。当日下午4时,医调委指派调解员介入纠纷协调。经过调解员的沟通与劝解,医患双方达成协议,并于6月1日签订《医患纠纷调解协议书》:"(1)医院一次性补偿患者99 999元。(2)双方承诺本协议为最终解决方案,本协议生效后,该医患纠纷终结。(3)本协议生效后,患方今后不再以任何理由另行向医方主张任何权利。(4)患方无论以何种形式提出重新处理,患方同意先将医院已支付的补偿款99 999元返还给医方。以上内容为双方真实意思表示,符合法律规定,双方自签字后生效。"双方当事人签字当日,患方即领取了全部补偿款。2015年5月25日,患方又以医疗行为存在严重过错、调解协议违反法律规定为由,将医院起诉至法院。要求撤销调解协议,由医院赔偿死亡赔偿金、抚养费、精神损害抚慰金等共计1 324 827元,扣除已付的99 999元,尚应赔偿1 224 828元。某市第一人民医院答辩意见认为,医院对龚某采取的医疗行为符合诊疗常规,医院不具有过错。双方当事人签订的调解协议合法有效且已履行。一审法院审理后认为,经医调委调解达成的、有民事权利义务内容的,并由双方签字或者盖章的调解协议具有民事合同性质。当事人应当按照约定履行自己的义务,不得擅自变更或者解除调解协议。患方要求撤销调解协议的诉讼请求缺乏事实和法律依据,不予支持。患方不服一审判决,提起上诉。患方认为,调解协议的签订主体明显有误,虽然有死者配偶签字,但没有死者父母在协议书上签名确认。该调解协议确定的赔偿数额与医疗损害赔偿费用的依据和计算标准相差甚远,存在显失公平的情形。二审法院审理后认为,双方当事人经某市医调委主持调解,自愿达成调解协议,并已实际履行。该调解协议应当是双方当事人真实的意思表示,合法有效。本案并不是医方存在过错而向患方赔偿的纠纷,不存在赔偿数额不合理而造成显失公平的情形,故驳回上诉,维持原判。

② "一站式"司法确认机制是指司法机关提前介入人民调解程序,对人民调解组织的调解活动全过程进行业务指导,并对人民调解活动中出现的不合法、不规范等问题进行纠正。此项司法确认的运行模式旨在建立法官全程指导制度,建立全程无缝对接的工作机制以及开启司法确认便捷通道。

【参考文献】

[1] [意]彼得罗·彭梵得. 罗马法教科书[M]. 黄风译,北京:中国政法大学出版社,1992:393.

[2] 史尚宽. 债法各论[M]. 北京:中国政法大学出版社,2000:857.

[3] 于锐. 和解合同研究[M]. 北京:法律出版社,2017:255.

[4] 侯莉芳,徐青松. 已达成的调解协议能撤销吗[J]. 卫生与法,2017(6):80.

[5] 向国慧. 调解协议司法确认程序的完善与发展:结合《民事诉讼法》修改的思考[J]. 法律适用,2011(5):14.

[6] 山东司法. 菏泽市司法局联合中级人民法院建立调解司法确认工作机制[EB/OL]. [2019 - 12 - 23]. https://www. thepaper. cn/newsDetail_forward_2102544.

［7］ 翟小芳,张倩晗. 构建符合国情的人民调解协议司法确认制度：兼评《最高人民法院关于人民调解协议司法确认程序的若干规定》[J]. 法学杂志,2011(S1)：282.

［8］ 王国征. 调解协议司法确认程序研究[M]. 北京：中国人民大学出版社,2019：132.

［9］ 薛永慧. 公序良俗原则在台湾法院认可大陆法院判决实务中的适用[J]. 台湾研究集刊,2020(3)：31.

［10］ 刘加良. 司法确认程序的生成与运用[M]. 北京：北京大学出版社,2019：63-64.

［11］ 周翠. 司法确认程序之探讨：对《民事诉讼法》第194—195条的解释[J]. 当代法学,2014(2)：94.

［12］ 刘敏. 论优化司法确认程序[J]. 当代法学,2021(4)：74.

［13］ 王玄览,苏玉菊. 论医疗纠纷第三方调解协议司法审查的完善[J]. 中国卫生事业管理,2019(12)：921.

［14］ 马丁. 论司法确认程序的结构性优化[J]. 苏州大学学报(法学版),2021(4)：136.

［15］ 刘国承. 人民调解协议"一站式"司法确认机制的实践与思考[J]. 中国司法,2018(12)：63-64.

新时代"枫桥经验"的探索与实践：
以云南省昆明市呈贡区人民法院为例

佴澎　黄婷　马侃　黄莎*

摘　要：当前我国纠纷数量及纠纷形态业已发生显著改变，使全国各个基层法院陷入"诉讼爆炸""案多人少"的困境中，因此在倡导源头治理的背景下，如何构建高效的多元化纠纷解决机制、充分发挥新时代"枫桥经验"的内生动力，助推缓解人案矛盾再度引起各基层法院的关注和重视。云南省各级法院近年来着力搭建"一站式"解纷平台、打造诉调对接中心，形成诉内诉外分层过滤解纷模式，为新时代"枫桥经验"提供了实践样本和可复制的经验。通过观察呈贡区人民法院多元解纷的实践模式，总结分析这种模式的实践样态和成效，对进一步探索新型解纷模式有研究价值。

关键词：诉前调解；特邀调解；诉调对接；纠纷化解

2021年2月，中央全面深化改革委员会第十八次会议审议通过的《关于加强诉源治理推动矛盾纠纷源头化解的意见》强调："法治建设既要抓末端、治已病，更要抓前端、治未病。要坚持和发展新时代'枫桥经验'，把非诉讼纠纷解决机制挺在前面，推动更多法治力量向引导和疏导端用力，加强矛盾纠纷源头预防、前端化解、关口把控，完善预防性法律制度，从源头上减少诉讼增量"。2021年7月印发的《中共中央、国务院关于加强基层治理体系

---

* 佴澎，云南省法学会兼职副会长，云南财经大学教授；黄婷，云南大学法学院研究生；马侃，云南省昆明市呈贡区人民法院立案庭副庭长、法官；黄莎，云南省昆明市呈贡区人民法院法官助理。

和治理能力现代化建设的意见》再次强调"坚持和发展新时代'枫桥经验'"。[①][1]云南省昆明市呈贡区人民法院以"枫桥经验"为总遵循，以地区民族和谐与社会稳定为主线，形成了诉内诉外分层过滤解纷模式。在院内加强完善"一站式"建设，打造诉讼服务中心、诉调对接中心、执行指挥中心，同时引入特邀调解队伍让诉前调解工作得以实质性开展；院外针对纠纷多发频发的商圈——呈贡区斗南花卉市场，联合各部门共同打造了"两室一点"的花花世界解纷平台；实现了从"司法一元解纷"向"大调解解纷"的迈进，不断创新"枫桥经验"。

一、昆明市呈贡区人民法院诉前调解建设现状

"诉前调解"即是对诉至法院的纠纷在正式进入诉讼程序前按照一定标准进行分流后，在不动用正式审判资源的前提下通过非司法手段使其尽可能得以成功调解。具体而言，当纠纷诉至法院时，一些适合或可以调解的纠纷并不被立即立案，而是在当事人的同意下，由立案庭的法官根据案件类型或性质将其分流给附设在法院内的多元化调解主体或立案庭法官进行调解，促进纠纷向诉讼外其他解决方式有效分流，减少进入诉讼程序的纠纷，从而达到缓解法院"人案矛盾"的目的。[2]诉前调解制度作为我国多元化纠纷解决机制中的重要组成部分与重大改革措施，云南省昆明市呈贡区人民法院推广"枫桥经验"的同时，不断对本土实践经验进行积累，在诉前调解中形成了特邀调解＋诉调对接、人民调解＋诉调对接的运行模式。

（一）特邀调解队伍入驻法院

特邀调解队伍是承接法院诉前委派调解的坚实基础，是多元化纠纷解决机制的重要抓手。从人员配置上，呈贡区目前入驻在法院的特邀调解组织共有5家，其中包含1家公证调解中心、3家基层法律服务所及区人民调解委员会，5家组织共23名特邀调解员参与诉前委派调解工作；同时还选聘11名专职调解员负责道交、家事等类案纠纷诉前调解工作。从人才选择上，法院选聘的23名特邀调解员经验丰富、业务水平过硬，且具有独特的地

缘性及乡土本色,熟悉该区域的民风民情,能高效地开展调解工作。

合理分案,层层解纷。法院诉讼服务中心根据特邀调解组织的人数,每人以10件依次轮分的方式进行初次分案;在法定期限内,经当事人双方同意,将适宜再次调解的案件进行二次流调,分流到其他调解组织。在展开具体调解工作中,一方面,特邀调解组织在思想上始终坚持公平公正,不偏不倚;以"事实为根据,以法律为准绳",运用法治思维、法治方式化解矛盾;另一方面,在调解技巧上,借助民风民俗、换位思考的方式从"情""理""法"多角度逐一纾解各方当事人的心结;通过以案释法、类案处理比较的方式引导公民知法守法。

调解形式上,充分利用互联网技术的发展形成线上线下的调解模式,针对不能到达法院调解工作室的申请人,准予通过视频远程调解的方式,申请人通过注册"多元调解"微信小程序进入人民法院调解平台参与调解,特邀调解员登录人民法院调解系统主持调解工作,调解结束后及时制作调解笔录,上传调解录制视频,对调解协议书进行线上签字确认,通过互联网的手段达到了线下调解的成效。在特邀调解组织业务水平建设上,法院为特邀调解组织的调解员分别指派固定的法官进行业务指导,调解员在具体个案中不能准确运用的法律规定、事实争议、调解方案的可行性和合法性能面对面地与法官进行反馈、讨论;对于所涉案情复杂、社会影响较大的案件,法官能及时参与调解工作,推动高效、公正地化解纠纷。由此可见,特邀调解队伍入驻法院加强了调解员与法官的互动,不仅利于调解员调解业务能力的提高,而且利于诉前调解工作在司法参与下高效推进,形成从特邀调解组织初次解纷、二次流调到法官参与的双向解纷模式。

截至2023年6月30日,昆明市呈贡区人民法院移送诉前调解案件共5 000多件,进入调解4 000多件,调解成功2 100多件,调解成功率达到36%。虽然呈贡区法院特邀调解队伍数量不及其他四区的一半,但调解成功率却位居全市基层法院前列,诉前委派调解将30%的案件化解于诉讼之外,有效缓解了法院"案多人少"的矛盾,可见,该院诉前委派特邀调解模式在高效运转,形成了可复制、可推广的模式。

（二）诉前调解普遍性与强制性相结合

云南省昆明市呈贡区人民法院开展诉前调解工作相较于传统调解的独特之处在于，保证当事人自愿性的前提下，在正式立案前普遍性、强制性调解。[3]普遍性及强制性体现在呈贡区法院将诉至法院的 97% 的民商事案件都归入诉前调解的范围中。在诉讼服务中心的门口立有温馨指示牌：告知当事人法院平均一年受理案件数量，实时更新的案件受理数量，提示急于解纷的案件当事人可选择诉前的特邀调解组织进行调解；当事人将起诉状交至立案窗口时，立案工作人员与当事人进行诉前调解沟通，签署《诉前调解告知书》，向当事人解释诉前调解程序、特邀调解组织人员、调解费用、司法确认等，积极引导当事人进行诉前调解。当事人签署诉前调解同意书后案件将流转至特邀调解组织进行调解，此时案件进入诉前调解阶段；只有案件当事人明确拒绝或者经特邀调解失败后的案件才能进入正式的诉讼程序。虽然是普遍性及强制性的结合，但仍然强调在当事人自愿性基础上进行。即使案件进入到调解程序，仍要保护当事人一定的自主性，调解人员的选择、调解协议书的内容及调解程序的终止都应当尊重双方当事人的选择；同时基于节约当事人双方的诉讼时间成本方面考量，诉前调解将在 30 日内结束，对于 30 日内调解不成的案件依法转入诉讼立案程序，经双方当事人申请，可以适当延长调解期限，但最长不得超过 30 日。另外，在诉前调解前附有诉前调解收费告知书，诉前调解成功的案件和经调解后对方自动履行义务的案件收取调解费，调解费的收取标准为本案人民法院应收案件受理费的 35%，可大大降低当事人的诉讼成本。

（三）诉调对接机制建设

呈贡区法院坚持和发展新时代"枫桥经验"，立足公正与效率，将调解工作与诉讼有效衔接，发挥调解效能，达到息讼止争的目的，同时赋予调解法律效力。为构建诉调对接机制，呈贡区人民法院于 2021 年建立诉调事务中心，形成 1 名法官＋1 名法官助理＋3 名书记员的诉调对接工作模式，该诉调事务中心直接对接 5 家特邀调解组织，对调解成功的纠纷，经当事人申请对调解协议司法确认的案件，由 1 名法官助理审查后出具"诉前调确"民事裁定书,赋予诉前调解协议法律效力,以保障申请人的合法权益。对当事人即时履行完毕或自行协商撤诉的案件,该中心进行审查后出具准予撤诉的民事裁定书。对调解失败的案件,由调解员将调解失败的原因记录汇报至诉调事务中心,调解事务中心每月进行数据统计。在监督管理方面,诉调事务中心制作特邀调解员名册,对特邀调解员的擅长领域、调解成功率、级别评定进行汇总,以激励监督调解人员。诉调事务中心的建立使法官和调解员得到有效互动,调解员向上直接对接法官,法官向下点对点指导调解员,使双方互联互通,利于平衡公正与效率的关系。

截至 2023 年 6 月 30 日,诉调事务中心出具诉前调解民事裁定书,共计770 件,提高了义务履行方的积极性,避免双方当事人反复调解纠纷久拖不结的后果。我国建立司法确认程序的目的是增强调解协议的约束力,如果义务方不愿履行,权利方可以便捷地获得法院的强制执行救济;在法院承诺强制执行的威力下,义务方的履行积极性显著提高。[4]但由于目前法院缺乏司法确认考核机制使得法官对司法确认工作缺少动力,在一定程度上影响了诉前调解工作的开展。

二、斗南"花花世界"调解工作室运行模式

云南省昆明市呈贡区斗南花卉市场作为全国唯一的国家级花卉交易市场和亚洲第一、世界第二的花卉拍卖中心,该交易市场从事鲜花种植、加工、运输、销售的企业及商户众多,2022 年,斗南花市的总产值突破 900 亿元,就业人数过百万,鲜花产业的迅猛增长及交易流动所引发的矛盾纠纷日趋增加,2022 年进入诉讼的案件超过 400 件。如果能通过就近解决的方式将纠纷化解在诉前,从源头高效化解纠纷,不仅节约了花农、花商之间的诉讼成本及诉讼时间,而且利于缓解法院的诉讼压力、优化营商环境和实现司法公正与效率。

呈贡区人民法院在探索源头治理多元纠纷解决机制的过程中,虽在院内构建了诉讼事务中心、诉讼服务中心、执前和解中心,但窥探其本质,纠纷仍聚于院内诉讼阶段,并未真正达到将矛盾消弭于基层的理想状态。而国

家对于各种民间性纠纷解决机制包括符合社会需求的私力救济和市场化机制，应在适度鼓励提倡的同时加以规范和引导，培养和发展社会自治与自律机制的作用。一旦民间社会与政府及司法机关在纠纷解决方面达成了共识，一个多元化机制的建构就必将成为现实，并将成为法治秩序与和谐社会的基础。[5]呈贡区人民法院联合多部门共同在昆明呈贡斗南国际花卉市场打造"花花世界"诉前调解工作室及"花花世界"巡回审判点，联合各民间社会组织、党政部门与司法机关共同对诉外分层过滤解纷机制进行创新和探索，深入践行新时代"枫桥经验"。

（一）司法指导，共建多元解纷

"花花世界"调解中心坚持以司法为指导，党委支持为中心。在解纷主体上，统筹各方面资源力量参与治理，形成化解纠纷的合力，并联合斗南街道、社区、花卉行业协会、人民调解委员会、派出所、市场监管所、花卉市场管理方及质检等部门、行业力量共同建立"两室一点"，即诉前调解工作室、"云花联调工作室""花花世界"巡回审判点。联合各方力量，化矛盾于萌芽，解纠纷于诉外；强调基于多方的协同性，而不是司法的单一性，形成"共建、共治、共享"的多元解纷模式；在解纷模式上，打造"人民调解＋诉前特邀调解＋快速立案＋示范审判"的一站式解纷平台，实行线上、线下双轨调解，极大缩短了矛盾化解的时间及成本。司法局挂牌的"云花"联调工作室更具融合性、针对性，它创建调解员＋派出所、调解员＋劳动仲裁、调解员＋花卉管理方、市调解员＋场监管所等调解主体入驻的模式，搭建专业化解纷平台，使大调解得到内外循环，同时发挥地缘、专业、行业优势，将各主体相互联动，资源重新组合，以提升优化营商环境，筑牢基层社会治理格局。"诉前调解工作室"由呈贡区人民法院委派驻院特邀调解组织伟秀法律服务所全年无休进行诉前调解工作，衔接诉调对接工作。伟秀法律服务所的前身为斗南街道法律服务所，成员具有双重身份，既是斗南街道人民调解委员会成员，又是特邀调解组织的成员，因此在"两室一点"的工作中，调解员可利用双重身份的便利参与人民调解和诉前调解，及时向群众解释司法确认，为诉调衔接搭建院外通道，提升纠纷解决速率，使法官及时归纳整理案件争议焦点,对相关的调解协议进行司法确认和出具调解书,提高审判效率。

总之,以审判解决纠纷的方式和诉讼外的纠纷解决方式相互之间是紧密联系的。[6]不把诉讼外的纠纷纳入视野而仅以审判为中心是很难取得成效的,因此,"花花世界"将人民调解+特邀调解与巡回审判融为一体,使司法与大调解共同发力。

(二)源头治理,解纷于诉外

"两点一室"集天时、地利、人和之优势,使纠纷层层过滤于诉外,在各方主体主动排查、发现的基础上,提前介入涉花卉各类矛盾纠纷,及时提供法律咨询服务,推动花卉贸易纠纷的源头治理;并以商圈纠纷化解为轴心,对周边其他各类纠纷进行辐射,构建健康活力营商环境的同时共同建设和谐社区。

在运行机制上,斗南社区街道首先对萌芽阶段的矛盾进行排查疏通,将街道排查到且难以解决的纠纷由街道网格员进行调解,最后形成四种结果:一是达成协议,有些协议可当场履行。二是网格员调解失败的,人民调解委员会进行调解。基于特殊的商业文化特征,邀请专业的花卉拍卖师、品控师、质检师到现场参与调解,经专业人员讲解说明,使矛盾双方迅速理解其问题核心,快速做出合理调解,制定人民调解协议书,再线上、线下对该人民调解协议书申请司法确认。三是对于不接受法院之外调解的案件,在向法院提起诉讼之前,诉前调解工作室(伟秀调解服务中心)的调解员向当事人讲解,当事人同意进行诉前调解的由法院委派的诉前调解组织进行调解,调解成功后出具调解协议书,经当事人申请,由伟秀调解服务中心的调解员将材料送达院内诉调事务中心,由其出具司法确认的民事裁定书,确保该调解协议书的效力,实现了将诉讼化解于院外,当事人即使诉讼也无需到法院诉讼服务中心,在"两点一室"联调工作室即可实现一站式解纷。四是矛盾纠纷在调解失败后,由诉前调解室的调解员有序引导进行诉讼或者将案件转入诉讼。诉前调解员将案件对接指导的法官,使法官能够及时归纳整理案件的争议焦点,便于调高审判效率。当事人向院内递交起诉状时,立案庭无需再将案件列入诉前调解阶段,经审查后,符合立案条件的即可快速立案,在节约当事人诉讼时间成本的同时也减轻了诉调事务中心的工作负担。

从源头治理,促进"三调"并进。协调各方力量,加强矛盾纠纷的源头预防、前端化解。化矛盾于萌芽,有效提升源头治理效果。扩大人民调解适用广度,正确引导人民群众主动选择人民调解。加强特邀调解、法官调解的深度,坚持"调解优先＋调判结合"的工作原则,畅通司法确认、诉调对接及判后执行的渠道,保证依法公正化解纠纷。规范行业调解,充分发挥行业智慧、专业优势,合力建设法治化营商环境。

（三）巡回审判,优化营商环境

"花花世界"巡回审判点在指导诉前调解的同时,通过以案释法的形式,不定期选择具有代表性的案件进行现场审判,并邀请商会组织成员到庭旁听;另外该审判点的设立极大方便了市场主体快速进行诉讼,通过审判点就地审理,便于法官准确了解市场交易规则及当事人的诉讼,从而查明案件事实,拉近了法官与群众之间的距离,打通了院外快裁快审通道。对于多发频发的案件定期组织座谈会,法官现场进行指导,与商户实现面对面交流沟通,规范了市场交易行为,并优化了营商环境。

"两室一点"调解工作室截至目前已调处纠纷近 24 件,其中 17 件在调解过程中自行和解,5 件当场履行,2 件经诉前调解后出具了司法确认裁定书。相信在各方主体的共同努力下,"两室一点"将持续发挥大调解活力。

源头治理离不开多元主体的共同协作,越是跨界、复杂、关联的矛盾纠纷,越是有激化、溢出、蔓延等风险,越需要政府科学判断、精准施策,动员社会力量广泛参与。发挥各方优势、形成利害相关的社会治理共同体符合新时代"枫桥经验"的精神,也契合源头治理的现实需要。[7] 在新时代的伟大征程中,云南省昆明市呈贡区人民法院"将非诉讼纠纷解决机制挺在前",始终以人民为中心,坚持和发展新时代"枫桥经验",联合大调解力量,运用法治思维和法治方法多元共治,探索出具有地方特色、利于社区和谐稳定的实践路径。

【注释】

① 增强乡镇(街道)平安建设能力。坚持和发展新时代"枫桥经验",加强乡镇(街道)综

合治理中心规范化建设,发挥其整合社会治理资源、创新社会治理方式的平台作用。

【参考文献】

［1］ 中共中央、国务院关于加强基层治理体系和治理能力现代化建设的意见［N］. 人民日报,2021-07-12.

［2］ 左卫民.通过诉前调解控制"诉讼爆炸":区域经验的实证研究［J］.清华法学,2020(4):90.

［3］ 左卫民.通过诉前调解控制"诉讼爆炸":区域经验的实证研究［J］.清华法学,2020(4):99.

［4］ 马丁.论司法确认程序的结构性优化［J］.苏州大学学报(法学版),2021(4):123.

［5］ 范愉.多元化纠纷解决机制［M］.北京:清华大学出版社,2005:5.

［6］ 棚濑孝雄.纠纷的解决与审判制度［M］.王亚新,译.北京:中国政法大学出版社,2004:8.

［7］ 王斌通.新时代"枫桥经验"与矛盾纠纷源头治理的法治化［J］.行政管理改革,2021(12):69.

家产制传统与家事纠纷的调解

陈雪涛*

　　摘　要： 我们已经习惯用移植的法律概念描述中国的社会事实，但移植的概念会遮蔽深受传统文化影响的部分事实。用本土性知识去考察，能够发现我们特有的法律现象。传统家产制是整体的"家户"对整体的"家产"拥有所有权的制度。"家"具有绵续性，世代更迭户主变化后的家仍具有同一性，家产所有权主体被认为没有发生变动。财产的代际传递，多在父祖生前以转移财产"管理权"而非财产"所有权"的方式逐渐完成，家产制观念仍然影响着今天国人的行为。继承法移植后我们用"赠与"来描述生前进行的财产代际传递，许多所谓"赠与"转移的仍是财产管理权，并无转移所有权的意思表示，不是严格意义上的赠与。意思表示欠缺的"赠与"给司法实务带来许多困惑。传统家产制是家户养老育幼、应对风险的基础，单纯转移财产所有权的"赠与"概念既遮蔽了育幼与养老的延续关系，也遮蔽了家户成员互助的伦理亲情。婚姻家庭关系中被法律概念遮蔽的部分事实，往往涉及当事人的根本利益。在调解过程中，应当重视被法律概念遮蔽的事实，在适用法律和援用民间规范之间做好纠纷的调解工作。

　　关键词： 家产制；继承；赠与；调解

　　考察社会事实的过程中，法律人往往会不自觉地用法律概念代替社会

---

　　* 陈雪涛，山西省曲沃县人民法院研究室主任，山西省法学会地方立法研究会常务理事。

事实。法律概念直接或间接来自日常生活,[1]原本能够与社会事实相吻合且我们今天使用的法律概念多为近代以来的西方舶来之物,用其描述中国社会事实,深受传统文化影响的部分被遮蔽在所难免,这一部分社会事实很难进入法律人的视野。

"家"在传统观念中有着特殊分量,基于"家"而形成的民间习惯深深影响着国人的行为,这是千百年来家户制传统对国人的形塑。家产制是家户制的物质基础,以家产制为切入点,能观察到一些有价值的现象。对传统习惯多一些了解,能更好地完成调解工作。

一、家产的整体性传统

"家户制"是中国学者的原创性概念,是基于本土事实经验提炼出的本土性概念。家户制概念及相关知识的运用,可以使我们获得更宽的视角,有助于分析传统民间规范形成与流变的制度原因和社会原因,使我们能够在中国特有的法与国家、法与社会关系背景下考察民事法律现象。

(一)家户制传统与家的整体性特征

相较于西方家庭,我们的家庭有着更为牢固的组织体特性,家庭成员也具有更为紧密的关系,与此相一致,我们也具有更为强烈的家庭意识。这些特质的形成,与千百年来国家政权对家庭的确认与固化有很大关系。

1. 家户制传统

家户制是传统中国的基础性社会制度,是以家户为基本的社会组织单元。家户制在否定分封的同时使家户和国家间直接建立了联系。"中国的微观社会形态及国家建构一开始便具有自己的特点。一是作为血缘关系载体的'家'长期延续;二是早在春秋战国便实行'分家立户'和'编户齐民',将作为国家政权基本单元的'户'与作为社会基本单元的'家'结合在一起,从而形成特有的'家户制'。"[2]

家户制的内涵包括以家庭为单位的组织方式、以家长为主导的关系模式、以家户为中心的观念意识、以户籍为标的的国家责任。[3]家户制作为社会结构和经济组织形式,必然会对传统中国的法律规范和民间规范产生影响。

2. 家的整体性特征

经过家户制千年形塑的"家"具有整体性特点。

首先，以"家"为单位组织生产、安排生活。农耕文明时期的中国，家庭是最适合组织农耕生产的单位。家户也是家庭成员共同生活、共同消费的基本单位。家户内普遍遵循"男耕女织"的自然分工逻辑，即便是脱离体力劳动的富有家户，在分工上仍然遵循类似"男耕女织"的分工逻辑，男性成员读书应考或外出经商，所谓"耕读传家"，耕与读并列表明采用的仍然是相似的分工逻辑。分工基础上，家庭成员以家户为单位共同生产生活，"同居共爨"，完成养老育幼的代际传承。

其次，以"家"为单位获得较大的"自由"。"家"因自主组织生产而获得了一定程度的自由。家户制之下，个人虽然归属于家户，但摆脱了对贵族的人身依附，农民以家户为单位获得了相对的"自由"。"农民作为生产者是国家的'编户齐民'，是在经济社会政治地位上平等的、具有独立自主身份的'自由人'。"[4]家户制之下的农民获得的自由虽然很有限，但自由度远高于同时期庄园制等制度之下的农奴，庄园制之下农奴对领主有很强的人身依附性。家户制在古代是先进的制度，领先于当时的欧洲，与欧洲黑暗的中世纪形成鲜明对比。

再次，以"家"为单位应对各种风险。家户成为自行组织生产的基本单位，家户制为农民提供了相对的"自由"，同时，家户也因此成为承受风险的基本单位。庄园制会给农奴一定的庇护，而家户制之下的农民没有这样的庇护，只能以家户为单位自行承担各种风险，包括赋税徭役的繁重，也包括天灾人祸的无情。家户的规模一般不大，人力物力有限，自然经济条件下财产积累的速度极其缓慢，就决定了家户应对风险的能力是有限的。在各种风险之下，家户是脆弱的，也是顽强的，脆弱与顽强形塑了国人吃苦耐劳、克勤克俭的精神底色，以"勤"和"俭"的顽强来应对家户的脆弱。

最后，"家"成为绵续性的整体。传统的"家"在代际交替和时间维度上是连续的，代际交替后仍被认为是原来的"家"，具有同一性。家作为社会基本单元,是绵续性的"事业社群",家承担的"政治、经济、宗教等事物都需要长期绵续性的",因而"家必须是绵续的,不因个人的成长而分裂,不因个人的死亡而结束",绵续性的整体的家,与西方家庭截然不同,"西洋的家庭一般是临时的","子女在这团体中是配角,他们成长了就离开这团体"。[5]

近代以来,作为正式制度意义的家户制已经被深刻改变,但是作为有长远影响力的本源性传统,仍显性或隐性地存在于观念、习惯甚至制度中,影响着人的行为。

（二）家产的整体性特征

家产的整体性是与家的整体性相一致的。中国古代所有权制度中,"整体的家"为主体,"整体的家产"为客体,在家产制基础上建构了自洽的一系列法律制度。

1. 家的整体性决定家产的整体性

"整体性的家的观念导致整体性的家产观"。[6]家户以家产为基础完成"寒耕热耘"的物质再生产和"养老育幼"的人口再生产,家户也以家产为物质基础应对各种风险,家产因之具有整体性特征,家产属于"家"这个绵续的整体。费孝通先生曾言:"拥有财产的群体中,家是一个基本群体。它是生产和消费的基本社会单位,因此它便成为群体所有权的基础。"[7]家产是家户的公共财产,家产归属于家户这个整体,"个人拥有的任何东西都被承认是他家的财产的一部分"。[8]

2. 家户制对"户"的确认,划定了"家"的边界,固化了家产的整体性

传统文化中"家"是可大可小的概念,可以指父母子女构成的家,也可以指较广范围亲属构成的家,还可以用来称谓同宗的亲族。从信仰和观念的角度,家的范围甚至可扩大到"已故祖先和未来子孙"。[9]较广范围的家也可以拥有共同的财产,例如宗祠、祭田。可大可小的"家"的概念是我们分析古代中国法律不小的障碍。

借用家户制知识有助于明确民事主体意义上"家"的范围。"户"作为国家确认的赋税缴纳的单元,[10]是基于家为共同生产生活"同居共财"单元的考虑,"户"通过赋税征收与国家直接建立关系,国家也以确认赋税征收单元

的方式明确了家的边界,明确了民事主体意义上"家户"包括的范围。那些较广范围亲属构成的家或缩小范围的"家",不是民事主体意义上的"家户"。

"户"以官府登记为准,户的官方登记确认了"公法"意义上家的范围,"从家户制传统所包含的要素来看,其中包含着'家'与'户'的叠加结构,即自然意义上的'家',同时往往表征为行政意义上的'户'。"[11]"虽然户的产生是出于公法上的需要,但同时法律也赋予户享有户内成员的人身权和户内财产的财产权。"[12]"户"是在自然形成的"家"的基础上的国家规制,以国家力量固化了家户作为民事主体的地位,家产的整体性进而也得到了国家的确认和固化。

3. 经过法律确认的整体性的家产制

家产是"家"这个整体的财产,父祖尊长作为户主,是户的"法定代表人",[13]管理家产但不能将家产视为其私人财物,《大明律集解附例》规定:家产"尊长得掌之,不得而自私也"。其他家庭成员可以使用家产,但不能擅自处分,《大明律集解附例》规定:"卑幼得用之,不得而自擅也。"[14]

家产"尊长得掌之",尊长进行的财产处分也不能不考虑其他家庭成员的意见而私自为之。家产"卑幼得用之",但不能不经尊长同意而自行处分。家庭成员对家产有不同的权利,特别是家户重要的财产——土地,它的使用权、处理权、利益享有权因家庭成员身份的不同而不同。[15]家庭成员按照在家庭中的角色拥有不同的权利,这样的权利与家户内的自然分工相一致,是家户制以"家"为单位组织生产、共同生活的结果,权利分配实则是家产整体性的确认和保障。

(三)家产制与现代共有制度的区别

家产制是特殊形态的财产所有权制度,与现代法律规定的共有制度不同。

1. 家产制以家为本位,共有制度以个人为本位

个人隶属于"家",古代民事法律规范和民间规范是以"家户"为本位,非以"个人"为本位。"中国古代民法以户为主要民事主体,俗称户本位,社会学上亦称家本位。"[16]中国古代还没有经历近代以后"人"的独立过程,法律

不以保障个人权利为目的，自然不会有个人本位的民事法律规范。现代民法是以个人为本位的，共有制度也不例外。

2. 家产的主体是单一的，共有的主体是复数的

家产制以单一的"家户"为主体，家户在所有权主体意义上不再进一步拆分。在古代中国，家庭成员没有独立完整的人格，妇女和子女人格的独立性更为不足，家庭成员无法成为权利主体。"在礼法体制中的古代中国，显然没有法人概念和法人制度。至于原子化的自然人，在家产制下，没有完全独立的财产权和人格权，自然失去了作为主要民事主体的资格。因此，在考察中国古代民事主体时，应立足于家庭而不是其他。"[17]现代共有制度，享有权利的是两个以上的自然人或法人，主体是复数的，而非单一的。

3. 家产的客体是财产的集合体，共有的客体是特定的独立物

家产是家户财产的集合体，既包括房屋、土地等不动产，也包括各种动产。共有的客体是特定的独立物，针对特定的独立物形成共同的所有权。

"共同共有""按份共有"等现代法学概念不能准确描述家产的整体性，不能不加区分地用"共有"概念描述家产。

综上，家庭组织生产、共同生活形成"同居共财"的状态，经过家户制确认与固化，形成独特的财产所有权制度和观念，整体性的"家户"主体和整体性的"家产"客体成为家产制的显著特点。

二、家产的整体性传统与现代继承法的冲突

财产继承制是近代以来移植的西方法律制度，继承制以个人财产制而非家产制为前提。家产的整体性决定了传统的财产传递方式不同于继承制下的传递方式。家产制传统作为观念和民间规范仍然影响着国人的行为，家产制传统与现代财产继承制度的冲突时有发生。

（一）家产制下的财产代际传递方式

家的绵续性决定家产的独特代际传递方式，"为延续家庭，而有家产承受制（独子家庭）、分家制（多子家庭）、立嗣制（无子家庭）等"方式。[18]传统家产制有其独特的运行逻辑，迥异于近现代的财产继承制，家产承受制和分

家制是传统财产代际传递的主要方式。

1. 独子家户的家产承受制

独子家户不存在实质性的分家问题,财产的代际传递也不明显。"家"这一整体一直绵续,家产就一直属于"家"这一整体,家长只是家产的掌管者,"父祖在子孙未成年时掌管家产,在子孙成年后移交家产。哪一辈人都只是这个延续性的家的一部分,无所谓哪个人是家产的主体。"[19]在家户和家产的整体性观念下,父祖生前以转移管理权的方式已经逐步完成了财产的代际传递,这与基于死亡而发生财产传递的继承制有根本区别。

2. 多子家户的分家制

多子家户的分家,可以发生在父祖在世之时,也可以发生在父祖亡故之后。分家是由来已久的财产传递方式。秦在商鞅变法后强推分家制度,"户有二丁以上不分者,倍其赋。"汉以后,随着儒家思想开始占据统治地位,不再强令分家,最后走向用法律手段限制分家,《唐律》规定:"诸祖父母、父母在而子孙别籍异财者,徒三年。"但是,限制分家的法律规定难以落实,"中国古代礼法融合的特点,有时'法'并不是严格的规定,只是提倡而非强制"。[20]"至明朝,分家析产在人们的观念上已经是极为平常、天经地义的事情"。[21]正式的分家或子孙成婚后单独生活而形成事实上的"分家"是常见的民事习惯,分家现今仍大量存在,是我们常见的财产代际传递方式。

(二)家产制下财产代际传递的特点

家产整体性决定家产代际传递有着显著的特点,与继承制相比,家产传递的独特之处表现在以下几个方面。

1. 财产代际传递多在父祖生前进行

父祖生前进行财产传递,与农耕时代家户养老育幼的功能相关。传统农耕时代,以家户为农耕生产单位,男性自幼参与一些辅助性的耕作劳动,随着年龄增长,逐渐拥有耕作的能力,而父祖因年纪增大慢慢失去工作能力,这样的接替是逐渐完成的,家的育幼与养老功能在缓慢的进程中完成转换。与此相一致,财产的代际传递在生前就进行着,表现为父祖从家庭事务中逐渐淡出,子孙逐渐开始"主事",开始主持家庭事务,家产以没有言明的方式在生前进行了传递。

2. 传递的是财产管理权而非财产所有权

"家"具有绵续性,国人心中"家"的理想状态是世代存续下去,即所谓"香火绵续"。"家"并不因世代更迭导致户主变化而变化,以父系姓氏为标示符号的"家"仍然是原来延续的"家",只要财产所有权主体的"家"被为认为没有变化,也就不存在财产所有权主体的变动问题,变动的只是财产的管理者,因而家庭成员个体之间传递的只是财产的管理权。"家长只是把家产从父祖辈手中承接过来再传承下去的血缘链条中一个中间传人","家产不是家长的私产,家长只是家产的管理者和经营决策者,是这一家庭在他那个血缘传承时段的全权代表。"[22]

3. 财产传递过程的缓慢性

家的育幼与养老功能既需要以家产为基础,也需要以家庭成员的互相合作为基础,合作是长时间的,财产的传递也是缓慢的,正如费孝通先生所言,传递的过程通常是一点一点进行的。缓慢性也是家产整体性的另一种体现。

4. 以子孙成婚的方式自然完成分家

累世而居的理想与分家立户的现实总是矛盾的,分家一般是因为经济紧张或代际关系、同代关系紧张。分家也有其他原因,十五代不分家曾受朝廷旌表的义门陈氏,最终是被朝廷强令分家的。累世而居符合儒家的道德理想,"从诸多清代徽州分家文书序言的这部分内容可以看到,一些分家人对'大家庭'观念、理想的'大家庭'样板表示了可望不可及的仰慕。"[23]分家虽然是经常发生的事实,但就儒家道德标准而言,分家并不是光彩的事情,道义上会受到否定性评价。

累世而居是理想,分家是现实的需要,这样的矛盾造成国人对分家事实上的回避态度。有些分家是公开的,甚至有正式契约,许多时候事实上已经分家,但不愿言明。部分分家并不以契约的形式完成,一般以子孙结婚为标志自然形成分家,多子家庭以多次成婚的方式逐次完成分家,分家以婚姻的方式悄然完成,财产的传递也悄然完成。

5. 分家后家产归属的相对模糊性

传统方式分家后，家产的整体性观念仍然对分家后的财产产生影响，费孝通先生曾言"对这些分配所得的权利仍是不完全的，只要他父亲在世，便可以对他使用土地和房屋施加影响"。[24]

这个过程用现代法学观念考察，会发现许多方面是模糊的，财产的传递往往无法用赠与描述，没有明确的"赠与"意思表示。对这种模糊性用传统的观念考察，实际上也是家产整体性的体现。传统的影响力一直及于今日，在分家过程中，并没有对家产进行明确分割。时至今日，普通家庭的子女到结婚年龄时，一般很难以一己之力积累到足够的财产用于完婚，不少普通人家子女成婚是举全家之力的结果，子女婚后所用财产有相当部分是父母积累的。这样的分家往往成为一种分与不分的模糊状态，这个过程中没有关于财产归属的明确意思表示，并没有明确财产归个人所有或小家庭所有。

财产的这种模糊状态，是家庭仍然承担传统养老育幼功能的必然结果，中国父母对子女的抚养和帮助不以子女成年为限，在社会保障不充分的现实条件下，家庭养老是大多数家庭采用的方式，子女对父母的养老也负有远较西方国家为重的义务。这样的现实条件也是家产制传统观念或隐或现一直存在的基础。

（三）继承法与家产制传统的冲突

家产制传统影响下的财产代际传递方式，与个人财产制为基础的现代继承法必然产生冲突。

1. 移植的继承法

"继承"作为法律术语，是近代移植西方法律过程中形成的创造性词汇，[25]中国传统的财产代际传递，一般用"分析、析分、承、继、承受"表示，"宗祧和财产的传递又可统称为'承继'。至于对财产的承继，也可称'承受'。"[26]近代法律移植未直接采用日文词汇"相続"，而是创造了"继承"这一词汇，但也是西方继承制度移植的表现。

自《大清民律草案》及此后的正式立法采用"继承"概念开始，传统的财产代际传递方式与作为国家法的继承制度开始了漫长的纠缠过程。在许多场合,传统的财产传递方式与继承法同时影响着国人的行为,极大增加了问题的复杂性。

2. 移植的继承法与传统财产传递方式的区别

继承制度与传统财产传递方式在许多方面存在根本性的区别,其中重要的区别有:继承只能自被继承人死亡时开始,传统财产传递方式往往是生前进行的;继承制度转移的是财产所有权,传统财产传递方式转移的是财产的管理权。其他方面的区别还有:继承法采用限定继承规则,在家产整体观念下,遵循"父债子还"的规则;继承法遵循"男女平等原则",而传统财产传递方式排除了女性的权利;等等。继承法作为现代法律制度,总体而言是一种进步。

3. 继承法移植的后果:生前财产传递只能用"赠与"描述

继承法移植后,以亡故时间点为界,亡故后的财产传递归于继承法调整,国人大量进行的生前财产传递只能用相近似的概念——"赠与"来描述,这与我们传统的家产观念和财产的代际传递方式并不相符。司法裁判的可接受性经常受到质疑。家产制观念和习惯只要仍然存在于世,"赠与"概念就不可能准确概括中国式的家庭财产传递方式。

(四)赠与规则与家产制传统的冲突

家产制传统仍然影响着人们的行为,家产制传统与"赠与"规则的冲突仍然存在。

1. 普遍存在的生前财产传递

财产传递在生前逐渐完成的民间习惯,其延续的原因不仅在于传统观念的惯性,而且其延续性有现实的基础。在社会保障不充分的条件下,子女长期的教育费用主要由家庭负担,父母养老主要采用家庭赡养的方式,这样,家产整体性观念的基础仍然存在,生前进行的财产代际传递也普遍存在。

在家产制传统观念影响下,继承的概念往往在涉及不动产变更登记时才会被想起,变更登记也仅是对已经形成的事实走法律手续,财产的代际传递在此之前已经完成。

2. 意思表示欠缺的"赠与"

赠与是赠与人将自己的财产无偿给予受赠人,受赠人表示接受赠与的行为,需要有无偿转移所有权的意思表示方得成立,如果欠缺这种意思表示,则赠与不成立。传统的财产传递欠缺的恰好是这样的意思表示。

在整体性家产制观念下,父母子女之间并无清晰的财产个人归属观念,家产统一属于以"家"为单位的整体,财产交给子女,转移的是财产管理权和使用权,而非所有权,父母内心往往不会形成转移所有权的效果意思,自然也不会有"赠与"的表示行为。甚至于财产交给子女,是作为家庭成员的子女在自然而然地使用家产,即便是转移财产管理权的意思表示也是欠缺的。传统观念保留越多的地方和群体,家产的整体性观念越强烈,转移所有权的意思表示越不明确,意思表示欠缺或模糊的"赠与"越是大量存在。

3. "赠与"概念遮蔽的社会事实

"赠与"法律概念遮蔽了家户制传统影响下的社会事实,无偿的"赠与"可能使我们看不到家的整体性观念下的伦理亲情和各种利益平衡,看不到代际之间的互相帮助,养老与育幼的连续关系也被遮蔽而看不到。在高房价的今天,许多家庭中父母为子女购房甘愿倾尽所有甚至负债累累,遵循的仍是家产制的观念和传统的财产代际传递方式,保守的仍是传统的伦理亲情。"赠与"概念切断了家庭内部育幼与养老的延续关系,容易制造家庭矛盾,甚至可能带来一定的社会问题。

(五)赠与规则适用的难题

欠缺转移所有权意思表示的"赠与"并不是严格意义的赠与,赠与法律规范在适用中会产生许多法律难题。

1. 对"赠与"解释的困难

婚姻家庭关系中的"赠与"问题,最高人民法院司法解释多有涉及。2011年施行的《最高人民法院关于适用〈中华人民共和国婚姻法〉若干问题的解释(三)》(简称《婚姻法解释三》)第7条曾在实务中引起较多争议,该条规定:"婚后由一方父母出资为子女购买的不动产,产权登记在出资人子女名下的",可按照《婚姻法》的规定,"视为只对自己子女一方的赠与,该不动产应认定为夫妻一方的个人财产"。

《婚姻法解释三》第 7 条的"视为"多被认为是一种事实推定。事实推定是依照经验法则,基于基础事实而推知待证事实存在的证明方法,按照这种逻辑,基于产权登记的基础事实可以推知"赠与自己子女一方的意思表示"这一待证事实为客观存在,但是,在整体性家产制观念下,转移所有权的意思表示往往并不存在,对不存在的事实推定存在明显不当。此处的"视为"是事实推定的主张存在不足之处。

另外,也不能认为不动产登记在出资人子女名下就当然包含"赠与"的意思。在家产制传统观念影响下,有些不动产登记只是履行法律手续而已,进行登记时考虑的往往只是财产对外的安全,考虑的是财产获得国家确认和保护,不寻求确认财产归家庭内部某个成员个人所有,不能认为不动产登记当然包含"赠与"的意思。

笔者认为此"视为"应当是一种法律拟制,属于"明知该事实为甲,但因法的政策上之需要,乃以之为乙而处理之"[27]的司法方法。司法解释将产权登记情况"视为"对自己子女一方的赠与,将产权登记的事实拟制为赠与行为进行处理,从而为司法实践中难以确证的"赠与"寻找了替代解决方案。

2. "视为赠与"的拟制,不能真正缓解法律适用的困难

将"产权登记"拟制为"赠与"进行处理,表面上解决了国家法与家产制传统的冲突,解决了赠与意思表示欠缺的难题,但是,这与认定事实应当依靠证据的法律原则相悖。以这种方式对各地不一致的民事习惯做统一的法律安排,会导致司法裁判无法考虑地区差异、家庭差异的实际情况,同时也断绝了以证据证明是否属于赠与的可能性,有可能因此产生不公正的结果。

现今不动产登记尚未完全覆盖,大量存在的小产权房无法进行不动产登记,将有一些案件无法用拟制为"赠与"的方式进行裁判。"视为赠与"的拟制不能真正缓解司法裁判的问题。

受家产制传统影响,社会生活中存在大量的生前财产传递,"赠与"不能准确描述的问题目前仍难有较好的解决办法。问题的根源在于沉淀为民间规范的传统与移植的制定法条文有着不同的文化背景,这样的现实难以在

短时间内改变。

三、调解的积极作用

司法裁判援用习惯等民间规范有诸多障碍,调解援用民间规范障碍较少,调解是民间规范发挥积极作用的重要场域。调解过程中重视沉淀为民间规范的传统的作用,既有利于纠纷的解决,也有助于良好社会效果的取得。

（一）调解应充分重视民间规范的作用

按照社会学的观点,民间规范和其他社会规范构成事实上的法秩序。对民间规范我们不能采取回避态度,应当充分发挥民间规范的积极作用。

1. 社会规范多元化的状态将会长期存在

法律不是唯一的社会规范,特别是有法律移植历史的国家,固有法的影响不会立即消失。规范多元化将是长期存在的状态,"官方法与非官方法、法律规则与法律原理(实在的规则与原理的价值)、固有法与移植法"的要素同时存在,"它们结合起来规范人们的行为"。[28]移植西方法律较早也较为成功的日本,国家制定法的作用也远没有欧洲国家大,以致日本普通民众长期"低度运用法律"。[29]我们也应该正视社会规范多元化的状态,发挥各种社会规范的积极作用。

2. 民间规范调整范围宽于法律规范调整范围,能够适应家产整体性传统

法律规范的调整范围有严格界限,亲情、爱情、友情等情感关系不属于法律调整的范围,法律规范无法对这类关系进行调整。情感关系在很大程度上决定着我们生活的质量,情感关系也是我们进一步形成财产关系、人身关系的重要原因,特别是在婚姻家庭领域,很难将情感关系与财产关系、人身关系截然分开。

民间规范的调整范围不如法律规范调整范围严格和清晰,行为规范往往与情感因素相融合,特别是有儒家文化背景的民间规范,具有很强的伦理性特点,财产关系、人身关系与伦理关系、情感关系联结紧密。民间规范在

家事领域的援用,能够对法律关系和情感关系进行整体性调整。整体考虑问题有助于缓解因法律规范和民间规范文化背景不同造成的法律适用困难,妥善解决纠纷。另外,部分民间规范还有填补法律空白的作用,有助于纠纷的解决。

3. 民间规范的运用在有些情况下更有利于实现个案公正

近代自然科学的理性主义影响了西方法律的形态,法律规范有着非常完善的逻辑排列体系,法律规范也有着高度的抽象性,法律适用基本上按照三段论的形式逻辑推理方式进行,法律人的思维有很好的抽象性。因此,法律适用的过程往往是对案件事实进行抽象加工,才能够寻找到法律规则,然后以法律规则为三段论逻辑的大前提,以抽象后的案件事实为小前提,依靠逻辑的力量得出裁判结果。我们的"赠与"概念就抽象掉了许多对当事人而言非常重要的事实,这些事实不容易进入我们的视野,影响了个案的实质公正。

在前述的抽象过程中,许多案件细节可能被不自觉地忽视。民间规范没有很好的体系性和抽象性,在民间规范的适用过程中,类比推理运用较多,往往会用具体的案件事实对比曾经发生过的一系列"案例",这个过程反而不容易忽视细节,案件事实之间的差异不容易被抽象掉。援用民间规范进行调解能够在婚姻家庭纠纷中发挥独特的积极作用。

(二)民间规范在现代化进程中有着独特作用

1. 现代化并不排斥民间规范

民间规范与现代化关系较为复杂,不可否认,在现代化过程中会否定相当数量的民间规范,这是现代性增加的必然结果,但是民间规范对现代化并不是只起阻碍作用。棚濑孝雄先生考察日本社会,甚至得出了"日本普通民众低度运用法律是有助于而不是有碍于现代化"[30]的结论。在一定程度上可以说,部分民间规范对现代化进程不是起阻碍作用,而是起促进作用。

2. 民间规范在家事纠纷调解中有不可替代的作用

基于家产制形成的民间规范,是漫长时期的历史积淀,某些方面是以人伦亲情为纽带的家庭成员团结互助,以求增加财富、应对风险的文化财富。

民间规范的存在有其合理性,在社会保障还不充分的情况下,正是"家"的庇佑,使我们"老有所养,幼有所教,贫有所依,难有所助"。目前,不宜过于削弱以家户为单元应对风险的能力,案件处理也应考虑这样的社会效果。

立法的超前性是以国家力量推动现代化的必然选择。在现代化过程中,源自西方的法律与来自传统的民间规范产生剧烈碰撞在所难免,地域差异、阶层差异、文化程度差异更加剧了问题的复杂性。对法律超前与否的判断,应因地区而异、因人而异,某些情况下对这种超前适度弱化,有助于增进纠纷调解的社会效果。援用民间规范,有利于在适当的情况下适度弱化这种超前性。

3. 现代化不是西方化,传统的保持也是民族性的保持

家产制传统的基础使我们形成了浓厚的人伦亲情,现今家产制已经弱化,但如何保持这份重视人伦亲情的文化特质,保持我们的民族性,避免传统与现代"两头落空"的现象出现,是我们应当认真面对的问题。在这样的背景下定位调解的价值,我们应该有更多的使命感。

四、结语

调解人以法律人的视角和普通人的视角考察法律现象、努力发现被法律概念遮蔽的社会事实,在适用法律和援用民间规范之间做好家事纠纷的调解,是这个时代赋予调解人的使命。

【参考文献】

［1］ 张文显. 法理学［M］. 北京：高等教育出版社,2018：113.

［2］ 徐勇. 将个别的原创性概念带入学术体系［J］. 社会科学文摘,2023(5)：13.

［3］ 黄振华. 家户制与家户国家：中国国家形态的一个解释框架［J］. 东南学术,2021(5)：90 - 91.

［4］ 徐勇. 历史延续性视角下的中国道路［J］. 中国社会科学,2016(7)：10.

［5］ 费孝通. 乡土中国［M］. 北京：北京联合出版公司,2021：42.

［6］ 俞江. 论分家习惯与家的整体性：对滋贺秀三《中国家族法原理》的批评［J］. 法律文化研究,2019(12)：209.

［7］ 费孝通. 江村经济［M］. 北京：北京联合出版公司,2021：60.

[8] 费孝通.江村经济[M].北京：北京联合出版公司,2021：59.

[9] 俞江.家产制视野下的遗嘱[J].法学,2010(7)：113.

[10] 徐勇.历史延续性视角下的中国道路[J].中国社会科学,2016(7)：9.

[11] 李伟.家户制传统在民法典中的呈现与转型[J].政法论丛,2020(6)：148.

[12] 周子良.中国传统社会中"户"的法律意义[J].太原理工大学学报(社会科学版),2010(3)：26.

[13] 俞荣根,周子良.家产制、户本位：古代中国民法之要义[J].河南财经政法大学学报,2022(6)：146.

[14] 俞江.家产制视野下的遗嘱[J].法学,2010(7)：112.

[15] 费孝通.江村经济[M].北京：北京联合出版公司,2021：60-62.

[16] 俞荣根,周子良.家产制、户本位：古代中国民法之要义[J].河南财经政法大学学报,2022(6)：145.

[17] 俞荣根,周子良.家产制、户本位：古代中国民法之要义[J].河南财经政法大学学报,2022(6)：145.

[18] 俞江.家产制视野下的遗嘱[J].法学,2010(7)：114.

[19] 俞江.家产制视野下的遗嘱[J].法学,2010(7)：113.

[20] 邢铁.家产继承史论[M].昆明：云南大学出版社,2000：21.

[21] 邢铁.家产继承史论[M].昆明：云南大学出版社,2000：23.

[22] 俞荣根,周子良.家产制、户本位：古代中国民法之要义[J].河南财经政法大学学报,2022(6)：45.

[23] 张研.对清代徽州分家文书书写程式的考察与分析[J].清史研究,2002(4)：10.

[24] 费孝通.江村经济[M].北京：北京联合出版公司,2021：67.

[25] 俞江.继承领域内冲突格局的形成：近代中国的分家习惯与继承法移植[J].中国社会科学,2005(5)：125.

[26] 俞江.继承领域内冲突格局的形成：近代中国的分家习惯与继承法移植[J].中国社会科学,2005(5)：124.

[27] 郑玉波.《法谚(一)》[M].北京：法律出版社,2007：39.

[28] 千叶正士.法律多元：从日本法律文化迈向一般理论[M].强世功,范愉等,译.北京：中国政法大学出版社,1997：162-163.

[29] D. 奈尔肯,J. 菲斯特.法律移植与法律文化[M].高鸿钧,李敬,译.北京：清华大学出版社,2006：250.

[30] D. 奈尔肯,J. 菲斯特.法律移植与法律文化[M].高鸿钧,李敬,译.北京：清华大学出版社,2006：250.

"一带一路"国际商事调解制度的发展：以《新加坡调解公约》为切入点

陈燕红　高文潇　李晨瑞[*]

摘　要：我国提出"一带一路"倡议后，获得了全球 100 多个国家的积极支持和参与。在当前背景下，各国之间的商事合作越来越普遍，随之而来的国际纠纷也越来越多。为了解决这些纠纷，国际商事调解作为一种灵活、低成本的纠纷解决方式逐渐受到关注，尤其是《新加坡调解公约》的通过为国际商事调解协议提供了方便的"直接执行"的法律框架。国际商事调解能够促进争议解决、维护商业关系、降低争议成本和风险，在国际商事调解发展中，仍有很多问题亟待解决，特别是在跨境强制执行领域方面，这就需要各国完善关于跨境强制执行的法律制度，同时采取一些程序方面的措施，例如解决基层法院的外币账户设置问题。针对在制度发展过程中可能遇到的问题，要在坚持好法治原则、共建共享共治原则和协同治理的原则下不断完善推进，如此，我们才能更好地促进"一带一路"沿线国家的商事合作，让商事调解在当前阶段各一个领域发挥更大的作用。

关键词：一带一路；国际商事调解；《新加坡调解公约》；跨境强制执行

一、"一带一路"背景下国际商事调解的现状

"一带一路"是中国提出的全球性合作倡议，旨在促进亚欧大陆各国之

---

　　* 陈燕红，法学博士，华北电力大学人文与社会科学学院新金融法中心主任、副教授、硕士研究生导师；高文潇，法律硕士，华北电力大学研究生；李晨瑞，法律硕士，华北电力大学研究生。

间的经济合作与互联互通。这一倡议涵盖了多个领域,其中包括国际商事活动的增加和贸易往来的增长。随着倡议的推进,越来越多的企业和个人参与跨国商务活动,由此产生的商事纠纷也随之增加。

在传统的国际商事纠纷解决机制中,诉讼和仲裁是常见途径。然而诉讼和仲裁存在着费用高昂、耗时长、程序烦琐等诸多限制。高昂的司法成本对于中小型企业和个体商户来说是不可承受之重,烦琐耗时的程序往往导致商事纠纷迟迟无法解决,对后续商事合作产生负面影响。除此之外,"一带一路"合作下汇集了社会主义法系、普通法系、大陆法系等多法系国家,各国之间法律制度存在壁垒,导致国家间的诉讼和仲裁对接更加困难。在替代性纠纷解决(ADR)程序风靡各国的过程中,国际商事调解作为一种非争议性的解决机制,超越了各国法律体制上的差异,成为全球通用的一种纠纷解决方式。

调解以解决跨国商事纠纷、提供经济而便捷的纠纷解决服务为出发点,通过当事人自愿达成协议来解决商事纠纷,充分尊重当事人的自主权和合作精神。[1]与诉讼和仲裁程序相比,国际商事调解通常能更为迅速、经济、高效地解决争端,并为各方提供可持续、长期的解决方案。因此,国际商事调解也在"一带一路"国际商事合作中得到了广泛关注和推广。"一带一路"商务的发展离不开良好的投资环境和法治水平,而调解制度的建立有助于维护透明、公正和可预测的投资环境。"一带一路"倡议涉及跨国投资和商业活动,可能面临很多风险和挑战,国际商事调解为其提供了一种保护投资者权益和商业利益的途径,各方可以在中立、公正的环境中解决争议,降低商业风险。

国际商会发布的统计数据表明,仅 2017 年就有 31 个国家的 86 位当事人选择采用调解来解决商事纠纷,2018 年更是增长了 15%,有超过 100 家企业选择调解。[2]通过国际商事调解,各方当事人能够在尊重各国法律制度的前提下,在中立调解机构的引导下快速解决纠纷,并减少司法成本的浪费,实现互利共赢的商事合作。本文将通过探讨"一带一路"国际商事调解制度的运行现状,分析商事调解所面临的挑战,针对如何发展和完善这一制度提出建议，希望能够为"一带一路"国际商事调解的进一步发展提供有益的见解。

二、"一带一路"国际商事调解制度的运行现状

（一）国际商事调解的定义和功能

国际商事调解是指在跨国商事纠纷中，通过第三方中立的调解员或调解机构进行协商和调解，以达成各方自愿接受的解决方案的一种解决争议的方式。它是一种非正式的争议解决方法，旨在通过对话、协商和合作，帮助各方达成互利共赢的解决方案。

国际商事调解能够促进问题和争议的解决，旨在帮助各方以一种高效、灵活和相对廉价的方式解决商事纠纷，避免长期的诉讼和仲裁过程，节省各方的时间、精力和成本。同时，商事调解注重各方的合作和协商，有利于维护和改善商业关系。相比于诉讼和仲裁，商事调解更强调双方的互动和共同利益，能保持商业关系的稳定和长久的合作。调解员在调解过程中作为中立的第三方，能够协助各方就争议的事实、法律和商业利益进行探讨，使各方可以根据实际情况和需求共同商讨和制定出各方都满意的解决方案。商事调解的成本和风险通常会低于诉讼和仲裁，它提供了一种更具预测性和控制性的解决途径，减少了各方所面临的不确定性和风险。

（二）我国"一带一路"国际商事调解制度的运行模式及现状

"一带一路"国际商事调解中心于 2016 年 10 月 18 日在北京成立，旨在协助争议方通过调解解决国际商事纠纷。"一带一路"国际商事调解中心与"一带一路"相关国家政府、司法机关以及调解、仲裁组织合作，推动国际商事调解事业的发展并加强与司法程序的衔接，为国际商事纠纷解决提供更广泛的资源和支持。在调解员的选择上，采取多元化方式，选任了 120 名具备资质的来自多个国家的调解员。这样的多元化组成有助于满足不同国家、不同文化背景的当事人的需求，确保调解的公正性和客观性，以适应不同国家的法律体系并解决纠纷。调解中心通过线上和线下结合的方式提供调解服务，提高了调解的便捷性和灵活性，解决了多国纠纷当事人之间的距

离问题。当事人可以选择适合自己的调解方式，通过与调解员进行沟通和协商，达成解决纠纷的最佳方案。此外，调解中心还建立了完善的制度体系，包括但不限于《"一带一路"国际商事调解中心调解规则》、调解流程、收费管理办法、调解员任职条件、调解员行为示范标准和调解文书范本等。这些制度规定为调解提供了合规、严密和高效的指导，保障了调解的质量和效果。

在仲裁调解方面，北京仲裁委员会、北京国际仲裁中心在 2020 年共审结仲裁案件 5 274 件，其中调解结案 821 件，以撤销案件形式结案 1 265 件，总体调撤率达到 39.55%。[3]以具体法院为例，2018 年前海法院成立了"一带一路"国际商事诉调对接中心，采用境外调解员，提供有偿调解服务，并将跨境调解协议纳入司法确认的范畴。[4]这种前置机制的引入，为跨境商事纠纷解决提供了创新的方式。同时，我国最高人民法院将设立国际商事法庭来受理平等商事主体在投资和贸易等领域之间的争议，以"一站式"的争端解决方式处理在"一带一路"商务发展过程中的商事纠纷，推动建立多元化的纠纷解决机制，保护在国际商事交往过程中的中外当事人的利益。

（三）《新加坡调解公约》的通过与签署

在推动共建"一带一路"商务高质量发展的背景下，越来越多的国际组织、国家和地区开始重视和推广国际商事调解，对这一国际趋势做出回应。就目前"一带一路"国际商事调解制度来说，此前由联合国通过的《新加坡调解公约》以及在我国建立的"一带一路"商事调解中心比较具有代表性，为"一带一路"国际商事纠纷的解决提供了法律框架以及调解服务支持。[5]

2018 年 12 月 20 日，联合国大会审议通过了《新加坡调解公约》，[6]为国际调解协议的跨境直接执行提供了国际法依据，有力提高了调解在国际商事纠纷解决方式中的地位。迄今为止，已有 46 个国家参与签署，其中包括中国、新加坡、印度等多个"一带一路"沿线国家，这也为"一带一路"国际商事调解制度的发展夯实了法律基础。《新加坡调解公约》为国际商事和解协议的跨境执行建立了以下简化的运行模式。[7]

一是调解协议转化规定。由于需要避免调解协议受到不同执行制度的制约，确保调解协议独立于诉讼和仲裁，经调解达成的调解协议转化为法院调解书、司法确认裁定书或仲裁裁决书，将被自动排除在公约的适用范围之外。[8]

二是跨境执行原则的规定。各当事方应按照本国程序和公约规定的条件执行调解协议，如果一方当事方声称争议事项已由和解协议解决，其他当事方可按照本国程序和公约规定的条件援用和解协议，以证明争议事项已解决。该项规定促进了调解协议的快速、直接执行，使其无需经过其他转化程序或来源国司法审查就能获得执行，并且能够有效阻断后续争议解决程序的展开。

三是执行条件的简化规定。由各方当事人签署并有证据证明该调解协议产生于双方调解，当事人向寻求救济所在国的主管机关提交的调解协议符合形式要求的规定，就可以依据公约获得直接执行，和解协议执行程序的简化规定为各缔约国提供了更便捷的执行途径。[9]

综上所述，在"一带一路"国际商事调解制度中，已经有了如《新加坡调解公约》的法律框架和以"一带一路"国际商事调解中心为代表的国际调解机构。这些公约和机构的建立为解决跨境商事纠纷提供了更加便捷、高效的途径。在这一背景下，各国之间的合作与交流日益加强，商事调解在"一带一路"国际合作中的重要性也逐渐凸显出来。

三、"一带一路"国际商事调解发展面临的挑战

（一）统一法律框架下各国商事调解制度衔接不畅

在"一带一路"商事调解制度中，虽然已经有《新加坡调解公约》作为法律框架，但如果各国法律制度衔接不畅，仍然会导致跨国强制执行案件难以执行，这主要体现在以下几个方面。

1. 法律制度的差异

"一带一路"沿线涵盖了众多国家和地区，它们拥有不同的法律体系和法律文化，商事调解受到各国文化和价值观的影响，导致调解风格、解决方案的偏好和方法也有所不同。由于这些差异，当一方在一国获得调解协议

或法院判决后，要想在对方国家强制执行协议或判决就变得困难重重。各国法律对调解协议的效力认可程度不同，执行程序也各有差异，这给跨国强制执行带来了困难。例如，中国法律的主流观点认为商事调解协议本质是基于当事人意思自治的一项"民事契约"，必须经过司法审查程序后才能赋予该协议执行力，再向法院申请执行。[10]这一规定就与《新加坡调解公约》的"直接执行原则"相违背。

2. 司法协助的不完善

在跨国强制执行案件中，司法协助起着至关重要的作用。然而，一些国家在司法协助方面的法律和机制还不够完善，缺乏高效的司法协助机制和程序，导致执行程序的复杂化和耗时性加剧。同时，一些国家的法院也对跨国强制执行案件的审查和处理存在一定的保守态度，使得执行程序更加困难。

3. 跨境资产追溯困难

在跨国商事纠纷中，一方若要执行对方国家的调解协议或法院判决，通常需要找到对方国家境内的资产并进行追溯。然而，跨境资产追溯具有一定的复杂性和困难性。不同国家的资产追溯规则、程序和机制不一致，使得寻找和冻结跨境资产变得复杂，并且容易受到阻碍和拖延。

这些问题不仅会增加商事纠纷解决成本和风险，使得企业在跨国交易中更加谨慎，而且会抑制商事合作和投资的积极性和吸引力。"一带一路"倡议旨在促进贸易和投资便利化，吸引更多国家和企业参与共同发展，而法律制度衔接不畅导致的商事纠纷解决困难和执行问题可能会降低"一带一路"沿线地区的投资和贸易环境的可预测性和稳定性，削弱了倡议的吸引力。各国法律制度衔接不畅所带来的法律不确定性和执行困难会影响当事人之间的互信关系。如果当事人担心对方国家无法有效执行调解协议或法院判决，他们可能会采取保护措施，限制合作范围，从而阻碍商事合作和互信的建立。

（二）部分法院未设外币账户阻碍跨境强制执行的实施

在"一带一路"商事调解制度中，部分法院未设外币账户的情况阻碍了跨国强制执行的实施。一方当事人在一国获得调解协议或法院判决后，若要在对方国家强制执行，常常需要将款项转换为对方国家的货币，不仅处理起来手续烦琐，而且会涉及汇率变化，给当事人带来损失。就中国的情况来说，尽管《外汇账户通知》和《外汇收支通知》明确允许中级以上人民法院开立外币账户，但并未明确允许基层法院开设外汇账户。在司法实践中，甚至存在部分中级人民法院未开设外汇账户的情况。由于这些法院未设立外币账户，当前强制执行跨境调解协议的解决方法是，将标的款项结汇为人民币后再从法院账户划扣。这需要执行法官就个案与具体银行甚至是当地的外汇管理机关对接扣划方案，在银行的协助下进行外币兑换人民币的实时结汇，再将结汇后的人民币款项划至法院执行账户，例如内蒙古自治区锡林郭勒盟阿巴嘎旗人民法院在 2022 年完成的该院首起涉外币扣划案件中，在没有扣划外币先例的情况下，执行局通过银行协助将美元以当日汇率结算成人民币后完成扣划。[11] 又如宜宾市叙州区人民法院在 2023 年接受了杭州市拱墅区人民法院的执行委托，因被执行人所需执行的财产是其账户中的英镑，在干警的协助下，成功将被执行人在中国银行南岸支行账户中的英镑扣划成功。[12] 但在这个过程不仅增加了程序的复杂性和耗时性，而且给执行法官增加了工作量，给跨国强制执行带来了困难。同时，先结汇为人民币再划扣的方式可能还会给执行带来不确定性，面临汇率波动的风险，导致执行款项的实际价值与调解协议或法院判决的金额存在差异，影响当事人的利益保护、执行结果的公正性以及执行效率。

（三）"一带一路"沿线各国对于国际商事调解协议的强制执行力认可不一

在"一带一路"商事调解制度中，各国对于国际商事调解协议的强制执行力认可不一。在涉及国际商事纠纷时，当一方在一国获得调解协议后，要在对方国家实施强制执行，可能会面临各种法律障碍和认可问题。"一带一路"沿线各国法律制度对于国际商事调解协议的强制执行力认可程度不同，有些国家对调解协议的执行给予充分的法律保护和支持，将其与仲裁裁决等同对待，从而实现无缝衔接和有效执行。然而，其他国家可能对调解协议的认可度有限,执行力认可较低。

跨国强制执行需要考虑不同国家间的相互认可和承认问题。由于涉及的国家众多,其法律制度和文化背景差异较大,相互之间对调解协议内容的认可可能存在差异。一些国家可能要求进一步的司法确认或其他程序,才能将调解协议转化为可执行的法律文书,而这会增加执行的复杂性和成本。

(四)缺少专业化的法律人才

缺乏专业化的商事法律调解人才会影响调解的专业性和可信度。商事纠纷往往涉及复杂的法律问题和商业实务,需要调解人员具备深厚的商事法律知识和丰富的商业经验。然而,在"一带一路"沿线地区,对国际商事法律调解的培训和人才储备相对不足,导致调解人员的专业性和专业能力有限。

纠纷调解效率也会受到调解人员是否具备国际化的调解水平和跨文化的应对能力的影响,"一带一路"沿线涵盖众多国家和地区,涉及不同的法律制度、商业文化。在处理涉外商事纠纷时,需要调解人员具备对多元法律制度的理解和适应能力,能够跨越文化差异,进行有效的沟通和协商,然而同时具备商事调解能力以及拥有多国文化背景的调解人才缺乏,使得"一带一路"国际商事调解发展相对落后。

四、《新加坡调解公约》背景下"一带一路"国际商事调解制度的发展及完善

(一)"一带一路"国际商事调解制度优化原则

1. 法治原则

法治原则是"一带一路"国际商事调解制度优化的基石,在这一原则的指导下,调解程序和结果必须严格遵守当事国的法律。法治的确立能够确保调解的公正性、合法性和可预测性,使当事人能够依法维护自身权益,尤其需要落实调解机构的合法性和权威性。调解机构应建立清晰的组织架构和明晰的规章制度,明确调解人员的资格和责任。在调解的过程中应当遵循公平公正的原则,确保各方平等参与的同时保护当事人的合法权益。[13]

2. 共建共享共治原则

共建共享共治原则是指"一带一路"沿线各国应积极参与调解制度的建设和完善，共同分享和管理调解机制的发展成果。共建原则强调各国应共同努力，通过广泛的对话和合作，建立适应"一带一路"国际商事需求的调解规则和标准。这需要各国积极参与国际组织和机构，共同研究和推动"一带一路"国际商事调解的规则和标准的制定。通过共同建设的方式，各国能够在制定调解规则时充分考虑各方需求和利益，确保调解制度的公正性和可行性。

共享原则强调各国应共享调解制度的发展成果和资源，包括有信息共享、经验交流和最佳实践的分享，通过建立信息共享平台和加强国际交流合作，各国能够互相借鉴、学习和提升调解能力，共同提高解决商事争端的效率和质量；共治原则强调各国应共同管理和监督调解制度的运行，可以通过建立协调机制和联合调解机构来促进各国之间的合作与协调；共治原则可以促进当事人的参与和反馈，确保调解机制的透明度和有效性。

（二）各国相互签署关于跨境强制执行调解协议的条约

各国签署关于互认调解协议的条约能够促进跨境强制执行的便利化。通过互认调解协议，各国可以增强对于国际商事调解协议的互认程度，为调解协议的强制执行提供法律基础以及更加便利和高效的机制。

签署互认调解协议可以提高各国对于国际商事调解协议的互认程度。在"一带一路"沿线，涉及跨境商事纠纷的当事方可能来自不同的国家和地区，其可能选择在任一国家进行国际商事调解协议的强制执行。然而，一旦该调解协议需要在另一国家进行强制执行，由于国家法律制度和法院认可程度的不同，执行程序往往面临困难。通过签署互认调解协议，各国可以共同承认和尊重其他国家的调解协议的效力，并简化跨国强制执行的程序，当事方可以更加便利地在不同国家之间寻求强制执行。此外，签署国可以通过签署互认调解协议，协商制定共同的执行标准和程序，为跨境强制执行提供更加具体的规定。这不仅能够让当事人对调解协议的强制执行有一个合理预期，而且有助于减少执行程序的复杂性和耗时性，提高商事调解的效率。

（三）完善本国国内跨境强制执行的相关制度

完善本国关于跨国强制执行的相关制度是保障国际商事调解协议强制执行的必要步骤。《新加坡调解公约》为跨国商事调解的强制执行提供了国际性框架,得到了广泛的认可和支持。然而,要使该公约在各国得以有效实施,需要我国相关主管部门对于具体理解和具体适用的相关条款做出进一步的规定,这包括制定适用的法律规定、设立有效的执行程序、明确相关司法机构的职责和权限等。通过完善本国相关制度,可以确保国际商事调解协议的强制执行在本国得到顺利进行,为当事方提供保障和便利。

具体来说,我国应以《新加坡调解公约》的内容为框架建立特定的国际商事调解协议的司法审查制度。虽然《新加坡调解公约》目的是促进调解协议的直接执行,但这并不代表当事人能够完全不通过任何司法审查就向一国申请执行,《新加坡调解公约》并不排斥必要的审查。[14]因此,在构建相应的司法审查制度时需要注重以下几点:一是该商事调解协议是否属于《新加坡调解公约》的适用范围;[15]二是审查调解协议的达成是否基于当事人意思自治;三是调解协议是否实质有效而不违反法律规定及公序良俗;四是调解协议是否形式合法,例如签订时双方是否都具备完全民事行为能力等;五是调解协议的内容必须不存在争执。[16]

完善本国关于跨国强制执行的相关制度还需要做好法律解释工作。由于不同国家的法律制度和司法实践存在差异,故对于国际商事调解协议的强制执行存在不同的理解和适用方式。为了确保各国在执行过程中的一致性和可预测性,需要在本国进行明确的法律解释并建立解释机制,这可以通过相关法律机构、法院或调解机构共同制定解释性文件、指导性案例等,以明确相关条款的含义和适用范围,为跨国强制执行提供明确的法律依据。

此外,完善本国关于跨国强制执行的相关制度还需要加强国际合作和协调。各国需要加强信息共享和交流,互相了解各国的法律制度和执行程序,加强各国之间的协作和配合。

（四）培养国际化的商事调解人才

"一带一路"国际商事调解制度的发展和完善离不开高水平的人才队伍

建设。培养国际化商事调解人才需要双重背景的培训。一方面，在处理"一带一路"地区的商事纠纷时，国际化商事调解人才需要具备跨文化的沟通能力，他们应了解不同国家和地区的法律制度、商业文化和语言背景，以便更好地理解和解决问题；另一方面，需要加强商事法律领域的专业知识培训，特别是要重点培养专业思维能力以及专业法学视角，保证调解人才在商事纠纷的调解过程中既能在多元法律文化的交织中游刃有余，又能对专业问题进行理解。[17]此外，还需要具备商业洞察力和解决问题的能力，以便在商事调解中找到切实可行的解决方案。同时，应加快制定国际商事调解员的专业资格认证制度，商事调解员的资质、能力和公正性对于调解的程序和结果至关重要。

目前，以美国、澳大利亚为代表的发达国家已形成了规范调解员行为的守则①，我国香港地区也制定了《香港调解守则》，成立了负责对调解员进行资质审核和培训的香港调解资历评审协会有限公司[18]。

培养国际化商事调解人才需要通过多种途径和手段。一方面，可以设立专门的培训课程和学习项目，针对商事调解领域的国际化需求进行培养，包括国际商事调解组织的认证培训项目以及自发开展的研讨会和工作坊。通过这些培训，可以传授相关的理论知识、技能和案例分析，帮助培养学员的专业素养和实践能力；另一方面，可以推动国际交流和合作，建立国际商事调解员的互访和合作项目，促进不同国家之间的经验分享和学习。例如，2022 年 11 月，第一届中日韩国际商事调解论坛在首尔成功举办，三国商事调解专家在会上围绕《新加坡调解公约》进行了交流，以便与国际调解规则接轨。[19]更为重要的是，培养国际化商事调解人才需要注重实践经验的积累。理论知识的学习只是培养国际化商事调解人才的第一步，实践经验的积累才能真正提升其能力和素质。因此，应鼓励培养人员参与实际的商事调解案件，提供机会让他们在真实的工作环境中锻炼和应用所学的知识和技能。

五、结语

在"一带一路"倡议进入高质量实施的背景下，我国处于构建"双循环"

新发展格局的转型期。良善、完备的纠纷解决机制是当前不可或缺的治理方式,面对逐渐多元的利益诉求,建立健全我国国际商事调解制度被纳入顶层设计,有助于成为推进国家治理体系和治理能力现代化的重要组成部分。在推进"一带一路"倡议的新形势下,国际商事调解作为一种非争议性的解决机制,其具有的灵活、成本低廉、有利于合作关系维护等优势,逐渐成为解决跨国商事纠纷的选择。然而,该制度在发展过程中仍面临着一些问题,特别是跨国强制执行领域。为了提高"一带一路"国际商事调解的互认程度和便利化程度,各国应签署关于互认调解协议的条约。通过加强国际的协调与合作,消除法律制度的差异和壁垒,为跨境强制执行提供更便捷的条件和程序。各国应完善本国关于跨国强制执行的相关制度,通过建立外币账户、完善司法协助机制和建立跨境资产追溯机制将有助于解决货币转换问题、提高执行程序的效率和减少复杂性。另外,为了培养国际化的商事调解人才,各国应加强对商事调解人才的培养和培训,包括提供相关课程和学习机会、培养调解技巧、法律知识和跨文化沟通能力等。

【注释】

① American Arbitration Association: The Model Standards of Conduct for Mediators (2005); Law Council of Australia: Ethical Standards for Mediators (2002); European Code of Conduct for Mediators (2004).

【参考文献】

[1] 赵蕾,于恺,蔡绿茵.大湾区金融纠纷一体化解决机制建构[J].商事仲裁与调解,2020(4):14-27.

[2] ICC. ICC Guidance Notes on Resolving Belt and Road Disputes Using Mediation and Arbitration[EB/OL].[2013-06-09]. https://cdn. iccwbo. org/content/uploads/sites/3/2019/02/icc-guidance-notesbelt-and-road-disputes-pdf. pdf.

[3] 北京仲裁委员会,北京国际仲裁中心.中国商事争议解决年度观察(2021)[M].北京:中国法制出版社,2021.

[4] 柯静嘉."一带一路"国际商事争端多元化纠纷解决机制的构建:以粤港澳大湾区为试点[J].港澳研究,2023(1):51-65,94-95.

[5] Hioureas C. G. The Singapore Convention on International Settlement Agreements

Resulting from Mediation：A New Way Forward[J]. Berkeley J. Int'l L.，2019(37)：215.

[6] 中、美、印、韩等 46 国签署《新加坡调解公约》[EB/OL]. [2023 - 07 - 16]. http://m. news. cctv. com/2019/08/07/ARTItV0WN4mRhpI7VEqTl70h190807. shtml.

[7] Ray P. Private Dispute Resolution in International Business：Negotiation，Mediation，Arbitration[M]. Klaus Peter Berger，2016.

[8] Eunice，C. H. U. A. The Singapore Convention on Mediation：A Brighter Future for Asian Dispute Resolution[J]. Asian Journal of International Law，2019(2)：195 - 205.

[9] 柯静嘉. "一带一路"国际商事争端多元化纠纷解决机制的构建：以粤港澳大湾区为试点[J]. 港澳研究，2023(1)：51 - 65，94 - 95.

[10] 占善刚. 人民调解协议司法确认之定性分析[J]. 法律科学，2012(3)：141.

[11] 环球律师事务所. 强制执行程序中扣划外币及执行案款兑汇出境相关实务问题[EB/OL]. [2023 - 07 - 16]. http://www. glo. com. cn/Content/2022/12-23/1716 299374. html.

[12] 叙州区法院. 叙州区法院协助扣划首例涉外币案件[EB/OL]. [2023 - 07 - 16]. http://ybxzfy. scssfw. gov. cn/article/detail/2023/04/id/7243405. shtml.

[13] International Chamber of Commerce （ICC）. ICC Mediation Rules[EB/OL]. [2023 - 06 - 16]. https://iccwbo. org/dispute-resolution-services/mediation/rules/.

[14] 王国华，施长艳.《新加坡公约》与中国国际商事调解机制的冲突及破解之道[J]. 中国海商法研究，2023，34(2)：37 - 48.

[15] 程华儿. 涉外法治发展视域下我国法院对《新加坡调解公约》执行机制革新的因应[J]. 法律适用，2020(4)：46 - 54.

[16] 祁壮. 国际商事调解发展的新趋势与我国的应对[J]. 江西社会科学，2023，43(2)：193 - 205.

[17] 孙磊，孔燕萍. 反思与重塑：国际金融中心背景下多元解纷机制构建之实证探索——以浦东新区人民法院金融案件审理情况为研究范本[J]. 法律适用，2013(7)：113 - 116.

[18] 陈梦.《新加坡调解公约》背景下中国商事调解规则构建[J]. 商事仲裁与调解，2021(3)：16 - 32.

[19] 上海经贸商事调解中心. 首届中日韩国际商事调解论坛在首尔成功举办[EB/OL]. [2023 - 07 - 16]. http://www. scmc. org. cn/page111?article_id=615.

迈向法治的东方经验：
新时代人民调解的功能重塑[*]

张善根[**]

摘 要：人民调解在我国经历了由盛而衰到再复兴的过程。研究人民调解兴衰历程的内在逻辑可以发现，无论是受到抑制还是得到复兴，人民调解都受传统与现代二元分立观的影响。之所以被抑制是因为人民调解曾被视为法治之外的存在；而复兴则是工具主义和文化主义共谋的结果。工具主义扩张了人民调解的可利用价值，而文化主义则筑牢了人民调解的社会根基，两者共同激活了人民调解在我国的全面发展。然而，工具主义和文化主义下的人民调解置身于法治的夹缝之中，把人民调解置于司法附属和法治边缘的困境之中。在建构中国式法治现代化的当下，对于人民调解的定位应当破除二元分立范式，超越工具主义和文化主义，将人民调解纳入法治范畴，这既意味着人民调解的底色是中国式法治现代化的基层道路，也意味着人民调解将从矛盾化解的东方经验迈向法治的东方经验。

关键词：人民调解；法治；工具主义；文化主义；东方经验

人民调解作为一种解纷机制，在我国具有悠久的传统和独特的历史地

* 本文系国家社科基金重大项目"全面提升社会治理法治化水平研究"（23ZDA080）的阶段性成果。

** 张善根，上海政法学院法律学院教授。

位,被国际社会赞誉为"东方经验"。然而,近现代以来,人民调解的发展道路相对比较曲折,经历了先扬后抑再复兴的历程。人民调解在当代中国的复兴,引发了理论界和实务界的广泛讨论和研究。纵观我国有关人民调解的理论研究和政策发展可以发现,当前对人民调解的研判基本置于传统与现代二元分立的范式之中。其中,把人民调解视为传统的中国经验,把法治视为现代中国的发展方向。人民调解和法治存在着不可兼容的张力,两者是一种负相关关系。这一分析范式对人民调解在我国的发展具有很强的解释力,其不仅能解释人民调解为何在我国受到抑制,而且可以解释为何会再复兴及如何复兴。本文试图阐明,人民调解在我国的复兴既没有超越传统二元分立范式,也没有改变人民调解和法治的关系定位,只是工具主义和文化主义共谋的结果,这也使得人民调解只能在法治的夹缝中生长,成为司法的附属物、法治的边角料。随着新时代以来人民调解的发展战略的调整,尤其是党的二十大对中国式现代化的目标定位,我们应当跳出二元分立的范式,对人民调解进行重新定位。本文将论证的观点是,随着法治在我国的发展,传统与现代的二元分立已经逐步瓦解,并呈现出相互融合的趋势。人民调解不应再视为法治的冗余,而是法治的重要组成部分。这种定位不仅为人民调解的发展赢得了更为广阔的空间,而且为基层践行中国式法治现代化找到了方向。

一、人民调解的复兴：工具主义与文化主义的共谋

改革开放以来,人民调解作为中国传统的解纷机制和模式在我国经历了先抑后扬的 U 形发展道路。[1]为何会在短短几十年中发生如此大的波动,并逐渐呈现复兴的趋势,这与国家对人民调解的定位紧密关联。

在我国,国家如何定位人民调解,一直与司法关系纠缠在一起。传统社会中的人民调解既具有坚实文化基础,也具有坚实的社会基础,其中和文化是儒家文化的核心,其一方面塑造了传统的人民调解机制;另一方面,也是抑制诉讼,并把纠纷分流到人民调解的基本方式。而在传统社会中"皇权"不下县的大国疆域中,人民调解也是社会纠纷化解方式的现实选择。然而,

随着中国社会的现代转型，人民调解在我国的定位开始发生变化。人们开始以传统与现代二元分立的眼光来审视人民调解，把人民调解视为中国的传统，与现代社会所追求的法治难以相容。追求法治就得抛弃传统的人民调解。因为人民调解依赖的是关系应然的道德准则，而不只是合法与否的法律原则。它关心的是德行，不是法律条文；它追求的是"和谐"理念，不是权利和其保护；它的目的是通过互让来解决纠纷，不是确定法律上的对错；它期盼的是通过人们的"让""忍"等美德来建构更良好的道德社会，而不是简单地禁止和惩罚非法行为。因此，过分强调人民调解既不利于法律制度的完善，也不利于社会观念（尤其是法观念）的转变。从根本上讲，就是不利于现代法治的健康发展。[2]而司法作为法治社会的基本表征，理所当然地替代人民调解，成为现代社会的主流纠纷解决机制。与此相应的是，人民调解受到了前所未有的挤压，从而使得人民调解呈现衰弱的趋势。

然而法治进程中把纠纷化解纳入司法的努力并没有真正地抑制住人民调解。相反，人民调解在短暂的衰弱之后开始强劲反弹，并呈现出复兴的趋势。通过研究人民调解复兴的内在逻辑可以发现，人民调解的复兴不是传统与现代二元分立范式的撤退，而是工具主义与文化主义共谋的结果。

所谓工具主义，简单而言就是有用就使用，而不做价值评判。在传统与现代二元分立的范式下，人民调解与法治是一种不能兼容的关系。法治中国所法治的建构是一种把社会生活全面纳入法治体系的一种努力，表现在纠纷矛盾的化解上，就是通过制度建构激励诉讼，抑制人民调解，尽可能引导纠纷化解纳入司法。然而，当大量的纠纷集中于司法之后，就出现了明显的司法资源挤兑现象。司法难以应对海量的诉讼纠纷，诉讼爆炸成为法治建构中必须面对的一个两难。一方面，法治的理想是把矛盾纠纷全部纳入司法，但司法又难以满足纠纷化解的全部需求；另一方面，人民调解虽然与法治不相容，但能解决纠纷。基于分解诉讼压力的需要，法治只能退而求其次，重新启用人民调解。工具主义除了显现在法治的抉择之中，也显现在社会公众的抉择之中。对社会公众而言，是否选择诉讼不仅取决于司法的权威性，而且取决于诉讼的成本。所有的纠纷解决都需要成本，其不仅包括经济成本，而且包括时间成本和社会成本等。相较诉讼而言，人民调解是一种低成本的纠纷解决方式。因此，基于成本的考量，不少当事人会舍弃诉讼而选择人民调解。在某种意义上说，非诉讼纠纷化解机制的兴起最直接的意义仍然集中于"分解诉讼压力、降低解纷成本"的实用功利主义之上，[3]而非诉讼纠纷化解机制，其核心的机制就是人民调解。

当然，人民调解的复兴不只是工具主义的结果，而是工具主义与文化主义共谋的结果。所谓文化主义，简单而言就是一种在日常生活中的习得观念和行为习惯，其具有典型的文化特征，是一种地方性知识。与工具主义不同，工具主义主要是基于理性的行为选择。而文化主义主要是一种文化的习得，以文化决定人的行为选择。实际上，人民调解作为纠纷化解的"东方经验"，在我国具有悠久的历史文化传统。中国的传统文化深深扎根于中国社会之中，使人们比较愿意接受人民调解作为纠纷化解的方式。从法治的角度而言，用司法来垄断纠纷市场的法治理想，不仅无法满足社会公众对纠纷化解的多元需求，而且与我国的人民调解文化相互冲突。从社会公众而言，动不动就主张诉讼，与其所处的文化环境也不相容。因此，人民调解的复兴也是文化主义的结果。在某种意义上说，也是法治向文化的妥协。

二、人民调解的定位转向：从法治之外到法治之内

改革开放后，人民调解经历了先抑后扬的复兴过程。其不仅是当代中国人民调解发展历程的呈现，而且折射出国家建构人民调解的基本定位和内在逻辑。显然，如何理解人民调解和建构人民调解，不能就人民调解而谈人民调解，而是应站在现代化和法治化的时代大背景中去考量，就整个法治体系进行整体考量。在传统与现代二元分立的范式中，人民调解被定位为法治之外的存在，两者互不兼容。不仅如此，两者还是负相关关系。法治在社会生活中的扩张意味着人民调解的限缩。人民调解的扩张意味着法治的退让。也正因为如此，在国家推进法治的进程中，人民调解必然受到抑制。而人民调解的复兴，并不意味着人民调解定位的改变，更不意味着我们已经跳出了传统与现代二元分立范式的魔咒。实际上，人民调解的复兴只是工

具主义和文化主义共谋的结果。

人民调解作为法治之外的定位,深刻影响了人民调解的发展,也引发了人民调解与法治的困境。一是人民调解成为司法的附属。改革开放以来的人民调解发展历程,一直围绕着司法而展开。这一思维进路明显受到西方ADR理论的影响。西方ADR的兴起具有明显的工具主义取向,是分解诉讼压力、解决诉讼爆炸问题的渠道。为了让人民调解符合法治的要求,司法必须对其加以控制,从而使人民调解依附于司法而成长。二是使人民调解在法治的夹缝中成长。基于人民调解被定位为法治之外的存在,人民调解被法治所排斥。尽管工具主义和文化主义的共谋使法治做出了让步,但其只能在法治的夹缝中成长。很长一段时期以来,人民调解只能触及法治的边缘,那些法治不想触碰、不好触碰,但又不得不面对的问题就转嫁给了人民调解,这也使人民调解成为法治的冗余。三是人民调解成为消解法治的机制。基于人民调解被定位为法治之外的存在,在人民调解的复兴过程中,尽管通过司法控制可以防止人民调解溢出法治之外,但人民调解总是被理解为法治之外的纠纷化解机制,其在运行过程中,不仅难以按照法治设定的方式解决纠纷,而且会使得社会质疑法治、消解法治,尤其是司法中的人民调解,其越被强化,对法治的消解也越厉害。

在当下,二元分立范式不仅缺乏说服力,而且与我国对人民调解的总体发展取向不相符合。在二元分立范式下对人民调解的这种定位,既不利于人民调解,也不利于法治。实际上,法治在我国经历了四十多年的发展,已经成为中国自身文化的一个部分。中国不是一个传统与现代截然对立的分裂体,而是逐渐形成了一个融合体。传统与现代的二元分立必然走向二元融合。因此,可以说,中国目前这样的传统与西化的结合不该被认识、理解为中国法理的不足,而应该被确认为现代对中西法律的重新认识和理解,乃至于超越性融合。[4]因此,我们应当超越二元分立的范式,跳出二元分立范式的魔咒,以传统与现代二元融合为基础,调整人民调解在我国的发展定位。即人民调解定位应当从法治之外转向法治之内,这也意味着人民调解与法治不是二元对立体,而是一个融合体。

法治之内的人民调解与法治之外的人民调解有本质上的区别，法治之内的人民调解不仅意味着人民调解是法治的重要组成部分，而且也表明人民调解与法治不是相互排斥，而是可以相互兼容。不仅如此，把人民调解定位为法治之内，还可以超越人民调解与司法的纠缠，把人民调解延伸至全面依法治国的国家战略中加以考量。实际上，自党的十八大以来，国家将多元化纠纷解决机制上升为国家发展战略，纳入社会治理和法治建设的整体布局中，[5]表明国家对人民调解的定位已经超越了司法的范畴而进入社会治理领域，这也意味着人民调解的底色是国家治理的基础性制度安排和常态化治理实践。[6]如果说，道德主义与法律的结合是创建一个未来既是现代的也是"中国特色"的法律体系的主要方向和道路，那么，人民调解就是这一道路的生动诠释。[7]因此，人民调解在我国已经不仅是纠纷的化解机制，而且是中国式法治现代化的基层道路。

三、人民调解的重构：中国式法治的基层道路

中国法治的探索交织着两大层面的努力：一是法治体系建构层面，从法制到法治、从法制现代化到法治现代化、从中国特色社会主义法治到中国式法治，都是致力于调适传统与现代的关系，建构符合中国国情和实际的法治体系。二是法治社会化层面，从依法治国到全面依法治国考量法治的社会实践问题，其如何转化为社会的现实，被社会所接受、实践和认同。国家层面的顶层设计无疑为推进和落实法治中国战略提供了指南，但基层在落实法治战略和推动法治社会化过程要面临着很多操作上的难题。而人民调解定位的转向，意味着人民调解应当予以重构，其不仅包含法治体系建构层面的塑造，而且包含了法治社会化的途径拓展。具体而言，包括以下几个方面。

第一，人民调解与司法的关系重构。在二元分立范式下，人民调解被视为法治之外的存在，人民调解成为司法的附属、法治的冗余。而人民调解的定位从法治之外转向法治之内，人民调解则从附属关系转变为相互协同的平行关系，共同构成多元化纠纷解决的核心机制。在人民调解与司法的平

行关系中,人民调解和司法都是国家供给的纠纷解决机制,有着不同的特点和运行机制,可以满足社会对纠纷化解的多元需求。不仅如此,人民调解与司法也不是冲突关系,而是相互协作、互为补充的关系,共同实践法治。

第二,基层法治更依赖于人民调解。在法治的理想中,司法既是其核心表征,也是法治权威的集中体现。但在法治的实践中,司法并非挺在前头,而是居于纠纷化解漏斗的底端。司法在很多时候对基层社会而言,位于遥不可及的远处,从而形成"二八司法"现象,即在所有的纠纷矛盾中,只有20%进入司法。尽管当前我国的司法也在不断下沉,但对社会纠纷矛盾而言,仍难以满足基层的社会生活,这也意味着,通过司法实现基层法治有一定的短板。法治进入基层社会,需要更多的渠道和机制。为此,国家一方面通过健全社会矛盾纠纷预防化解机制,完善调解、仲裁、行政裁决、行政复议、诉讼等有机衔接、相互协调的多元化纠纷解决机制;另一方面,通过鼓励和促进地方根据自身实际创新基层法治治理的方式加以解决。也正是以此为契机,全国各地尤其是政法战线掀起了创新基层法治治理的高潮,而人民调解则是从基层社会中建构的纠纷解决方式,其本身就是基层社会中的重要组成部分。因此,当人民调解被纳入法治体系之后,人民调解便成为基层法治的实践场域。当下人民调解体系的建构是把人民调解作为运送法治的方式,成为基层法治化的重要机制。

第三,人民调解自身的法治化是实现基层法治的前提。一直以来,在人民调解的发展历程中,隐含了人民调解自身的法治化,尤其是自《中华人民共和国人民调解法》出台以来,人民调解一直在致力于自身的法治化建构,从而把人民调解纳入法治的范畴。不仅如此,人民调解在不断地扩展过程中逐渐专业化和职业化,有比较规范的法治培育,甚至在法学院校设置人民调解专业,以培养专业的具有法治素养的专职人民调解员队伍。即使在基层的村居层面,不仅有对村居人民调解人才的培育和孵化,而且已经在基层全面开展培养法律明白人,以此推进人民调解人才的法治化。这一系列的法治塑造不是简单地为了化解纠纷,实现基层纠纷的社会治理,而是调整人民调解的定位,促进人民调解问题的合法化解决,实现基层纠纷的法治治理。不仅如此,法治化的人民调解不只是实现基层纠纷的法治治理,也是促进基层治理法治的渠道。

四、结语

人民调解作为传统儒家和合文化的一个重要组成部分,在当代中国经历了一个兴衰沉浮的过程。[8]然而,不管人民调解是被抑制还是被复兴,一直深受传统与现代二元分立范式的影响。早期把人民调解视为法治的对立面,也无可厚非。我们应当承认,传统文化与现代法治之间有一条鸿沟,很多情况可能是相互冲突的。实际上,传统文化与现代法治的张力不仅是当前我国特有的问题,而且是任何处于传统向现代转型期的国家的共同问题。而这一问题,在后发展国家表现得更为明显。毕竟,在传统与现代之间,从制度到观念直至社会基础都有一些较为明显的差异。

然而,当下仅以人民调解与法治二元对立的理论来解释人民调解的发展趋势是不妥当的。中国式现代化道路根植于中华优秀传统文化,[9]中国式法治现代化也必须立基于此。法治中国的建构应当既可以容纳西方现代法律的优点,也可以维持中国古代传统的优点,并塑造新型的中国法律体系。[10]从国家对大调解机制的建构及其在基层社会的全面推进,尤其是中国式法治现代化的目标定位,表明人民调解不应当视为法治之外的存在。相反,人民调解不仅已经是法治的重要组成部分,而且还是法治社会化的基层道路。正因为如此,中国的法治建构中曾经面临的传统与现代二元对立必将转向为二元融合,成为一个更具有开放性、包容性的法治模式。而在人民调解不断融入法治的过程中,人民调解不再只是中国传统的纠纷解决之道,而是新时代建构基层法治的路径之一。因此,人民调解作为矛盾化解的东方经验,必将是走向法治的东方经验。

【参考文献】

[1] 兰荣杰.人民调解:复兴还是转型?[J].清华法学,2018(4):111.
[2] 胡旭晟,夏新华.中国调解传统研究:一种文化的透视[J].河南省政法管理干部

学院学报,2000(4):35.

[3] 顾培东.国家治理视野下多元解纷机制的调整与重塑[J].法学研究,2023(3).

[4] 黄宗智.再论调解及中西正义体系融合之路[J].中外法学,2021(1):136.

[5] 范愉.多元化纠纷解决机制改革的中国特色与时代特征[N].人民法院报,2021-03-29(2).

[6] 顾培东.国家治理视野下多元解纷机制的调整与重塑[J].法学研究,2023(3).

[7] 黄宗智.中国的新型正义体系:实践与理论[M].桂林:广西师范大学出版社,2020:90.

[8] 刘正强.人民调解:国家治理语境下的政治重构[J].学术月刊,2014(10):25.

[9] 沈湘平.中国式现代化道路的传统文化根基[J].中国社会科学,2022(8):111.

[10] 黄宗智.中国的新型正义体系:实践与理论[M].桂林:广西师范大学出版社,2020:52.

家事纠纷调解制度研究

摘　要：家是最小国，国是千万家，家庭和睦是社会和谐稳定的基石。近年来，婚姻家庭类的矛盾纠纷日益增多，离婚纠纷、继承纠纷和抚养费纠纷等案件数量增加，一方面，给司法资源的配置带来压力；另一方面，也反映了社会经济的发展使得人们的思想更加开放和自由，但却也滋生出对婚姻不忠、不尽赡养之道和不担抚养之责等影响家庭和社会稳定的不良风气。在此类诉讼案件激增的当下，调解能够缓解法院的工作压力。同时，以调解方式化解家事纠纷既适应了家事案件的特点，也展现了调解制度的优势。本文将分析家事调解制度的优势，结合家事案件调解的司法实践，并通过比较法探索家事调解制度的域外规定，总结和学习域外家事调解制度的先进经验，以促进我国家事调解制度的发展，力求最大限度地预防和化解婚姻家庭矛盾，维护家庭的和睦美满和社会的和谐稳定。

关键词：家事纠纷；家事调解；调解制度；比较法

家事纠纷涉及的案情复杂多样，当事人的诉讼请求通常表现为诉请解除关系、分割财产以及给付精神抚慰金或抚养抚育费等。正所谓"清官难断家务事"，家事纠纷通常包含亲情、爱情、家庭、伦理和道德等多方面的因素，

---

　* 付娜，北京市京师（上海）律师事务所高级权益合伙人，上海第二中级人民法院特邀调解员，中国行为法学会培训中心专家智库委员、客座教授，上海政法学院经济法学院兼职教授，九三学社社员。

依法作出的判决也受到多方面因素的影响,常常难以达到兼顾法理和情理,难以同时保障多个利益相关方的权益。随着"枫桥经验"的深入和多元调解的开展,调解制度在化解家事纠纷的实践中越来越展现出特有的优势,通过诉讼调解、仲裁调解和人民调解等多元共治化调解方式的联动,使纠纷解决、权益实现和物质保障等多种诉求能够在调解中得到兼顾。

一、浅谈:家事调解制度的四大优势

目前,我国法律没有设置专门的"家事调解机制",也没有独立的"家事法院"等机构,但由于家庭关系的复杂性、特殊性,使得家事案件呈现个别性,调解制度在处理家事纠纷的案件中被得到广泛应用。汤鸣教授指出:"家事纠纷是以婚姻家庭关系为基础的纷争,涉及人身关系和财产关系的调整。"[1]在调解中,当事人之间呈现出非对抗性及自愿性的特征,调解的过程以合法为必要前提,并充分尊重当事人的意思自治。家事纠纷的性质决定了调解是具有优势的争议解决方式,调解作为非诉讼纠纷解决机制,是我国传统化解纠纷的重要方式。随着社会的发展,人们的法律意识也随之提高,调解制度在家事案件中有着不可小觑的作用,家事调解让司法更有温度。

(一)注重情感与心理的治疗

情感与心理的治疗在家事调解的过程中,多数情况下是必不可少的。在家事纠纷中,一方当事人常常认为自己是被害人,认为对方是加害人,因此产生复杂和敌对的情绪,模糊真实焦点甚至将客观事实放大化、夸张化,当事人之间因情感纠结、互动失调,使得紧张的情势更趋恶化,甚至危及未成年人子女和其他家庭成员的利益。因此,在处理家事纠纷中,除了需要解决法律问题之外,相关日常生活所需或身心健康的环节也有待调和,否则,即使法律问题得到解决,纷争的根源仍然悬而不决。由此,家事调解制度与诸如商事调解制度等其他调解方式最大的不同表现在需要情感和心理治疗方法的运用或提供情感疗愈,组织和帮助调解的人员不仅要有较高的法学素养,而且其生活经验和共情能力也要能够灵活运用。在调解的过程中,程序相对简便和自由,协商的氛围也较为轻松,这对于正处于激烈情感纷争中的当事人来说,是较严肃和严格的审判程序而言更佳的选择。

(二)实现司法资源的合理配置

调解制度具有较高的灵活性、非程式化和公益性,使其较于诉讼制度能够节约更多的时间和金钱。调解的过程既可以由当事人自行调解,也可以由律师代理或其他组织机构协助,从这方面来看,调解制度的应用大大减轻了法院的压力。家事纠纷经过调解,无论结果是否能够完全化解纠纷,都能够降低诉讼成本,提高诉讼效率。因此,在家事诉讼中,当事人亦倾向于通过调解来解决问题。此外,家事案件常需重新处理原有的身份关系和财产关系才能实现纠纷的最终化解,例如在离婚纠纷案件中,大部分的案件都需要对是否允许离婚作出判决,还需要对夫妻间的财产作出认定,以及要对子女的监护权、探视权等作出安排。而在这类问题的处理上,影响范围较大,已不局限于当事人双方之间,可能会导致案件出现悬而未决的情况。在家事案件中充分应用灵活且高效的调解程序,能够克服以上难题,既能够缓解当事人的情绪,又能够灵活运用法律规定、生活经验及常识。

(三)调解制度的自愿原则

在调解过程中,当事人之间对于争议的事项是否达成调解协议以及如何达成调解协议是以当事人自愿为前提的,不得违背调解制度的自愿原则。在家事调解中,法官及其他调解员通常采用"情、理、法"相结合的方式,促使当事人冷静、理性地面对纠纷,缓解和消除对抗情绪,最终达成的协议必须以双方当事人的自愿为前提。诉讼程序是严肃且严格的,案件的审理必然是以事实为依据、以法律为准绳,但在法庭上,受到法庭庄严氛围和严格程序的影响下,加之当事人之间的利益对立和情绪激化,容易出现紧张和冲动的情绪,难免会作出不利的选择。调解是当事人在法官、律师及其他人员的组织下,进行平等、友好且相对自由的协商谈话,调解以当事人自治为基本原则,调解程序取决于当事人自我决策的能力,这有利于当事人达成共赢的协议和作出有利的选择。作为实现源头治理的一种手段,家事纠纷调解程序为当事人增加了一条权利救济途径,有利于促使当事人从情绪对立逐渐走向对话协商,寻找双方的共同利益,以实现纠纷的和平解决。

(四)调解是友好的纠纷解决方式

在诉讼中,当事人为了获得胜诉,通常会尽可能地去诘难、攻击对方,在家事纠纷案件中体现得尤为明显,使已有的矛盾雪上加霜,当事人之间的情感纷争越发严重,这样一来将使纠纷解决更具难度。在家事纠纷调解程序中,调解员通过采取面对面或背对背的方式,对当事人进行思想引导和法律诠释,帮助当事人寻找共鸣,从互相合作的角度寻找双方互让的交点,促进纠纷的和平解决。家事纠纷调解通过友好的纠纷解决方式来化解家庭成员间的矛盾纠纷,既可以有效避免纠纷进入诉讼程序后,亲人之间为了争夺利益而对簿公堂,也可以避免因一方当事人对判决结果不服而产生报复心理,造成恶性事件的发生。

二、实践:家事调解制度的典型适用

我国《民法典》第 1079 条规定:"夫妻一方要求离婚的,可以由有关组织进行调解或者直接向人民法院提起离婚诉讼。人民法院审理离婚案件应当进行调解;如果感情确已破裂,调解无效的,应当准予离婚。"随着社会的发展,以家庭关系或者以此为基点引发的家事纠纷成为社会常见纠纷的类型之一,但与其他纠纷不同,家事纠纷其内部涉及多方主体和多种利益,包含血缘、情感与道德等多种因素,其外部关系社会的和谐与稳定。我国的家事调解尚未形成完备的制度体系,但调解制度在家事案件中的实践应用非常广泛,其化解家事纠纷的效果极佳,已成为当事人、司法机关、律师及其他社会团体和组织处理家事纠纷的第一选择。

(一)"网恋"时代,更应惜缘

2015 年,最高人民法院公布了河南省 10 起婚姻家庭纠纷典型案例,其中第 9 个案例为离婚纠纷案。[①] 该案中邵某与薛某在一次网络聊天时结识,二人通过网络进行了长期的交流,经过一年多的相知、相爱,终于在 2013 年 9 月正式结婚。婚后二人感情尚好,然而由于生活习惯不同,加上当初网络交流时,彼此对对方家庭成员和性格特点了解并不深入,共同生活后经常产生矛盾。在一次争吵过程中,薛某与公婆动了手。丈夫邵某以夫妻感情已破裂为由起诉离婚。家庭内部有矛盾与摩擦在所难免,家庭琐事与生活压力难免会使人的情绪难以把控。成就一次完美的婚姻需要男女双方共同理解和忍让,该案原被告仍有希望将婚姻关系修复重好。为此,在法院的主持下以及双方律师的调解工作下,双方达成和解,婚姻关系得以维持,家庭关系得以缓和。近年来,随着信息技术和交通事业的飞速发展,"网恋""闪婚"已不罕见,但随之而来的大量离婚纠纷,尤其是子女出生后产生家庭矛盾而引发婚姻矛盾的案件呈上升趋势。然而,家庭生活难免会出现矛盾,因家庭琐事而发生争吵便解除婚姻关系并非明智之举。对待离婚纠纷案件应当引导当事人互相谅解、共同维护婚姻关系,更应注意给双方留下缓冲和解的空间。法院和律师在对当事人进行调解的过程中,也要强调夫妻双方在婚姻中要注重多沟通和磨合,增强责任意识,在面临冲突时应相互体谅和宽容,为维护家庭的和谐共同努力。

(二)情系百姓,保障"失独"

2019 年,上海市第二中级人民法院审理了一起继承纠纷案。[②]该案中卢某与徐某于 2013 年生育女儿卢小某,二人于 2014 年离婚。卢某某、汪某是卢某的父母。2016 年,卢某意外猝死。徐某因与卢某某、汪某在卢某遗产继承分割问题上出现分歧,遂作为卢小某的法定代理人向法院提起诉讼。当事人卢某某、汪某年老体弱且多病,生活困难,请求在遗产分割中适当多分。二审主审法官关注到,卢某某、汪某是"失独"老人,面临着日后生活缺少依靠的困境,因此两人希望能有一处可居住、能处分的房产,为自己的晚年生活提供一份保障。为同时兼顾未成年人卢小某的合法财产权益和两位老人的合理诉求,主审法官努力促成双方调解。经过与当事人的积极沟通,在主审法官的悉心疏导下,各方当事人最终相互谅解,达成了调解协议,调解协议达成后,双方当事人均分别及时按约履行,本案纠纷最终得到了圆满解决。二审主审法官认为,在兼顾保护未成年子女继承权的同时,对"失独"老人为保障自身晚年生活而在遗产分割方法上提出的合理主张,可予以充分尊重,并将此作为开展调解工作的出发点。本案二审法官以其细心、周到、公正的工作态度和司法为民的职业情怀,既保障了未成年子女的合法财产权益,又兼顾了"失独"老人的合理诉求,实现了双赢的结果。案件结束后,当事人向主审法官赠送"一心一意为群众,情系百姓暖民心"的锦旗。用一纸判决划分房屋份额简单结案,并不一定能彻底解决当事人的实际问题,而通过调解工作,最终不仅保障了未成年子女的合法财产权益,又兼顾了老人的合理诉求,圆满地化解了当事人之间的矛盾,使得当事人在获得物质权益保障的同时缓和了家庭关系,得以和睦相处。根据《民法典》的相关规定,继承人应当本着互谅互让、和睦团结的精神,协商处理继承问题。通过调解工作,更能够从根源上解决矛盾纠纷,从本质上化解纷争,使得原本纷争不断的家庭能够言归于好,和睦相处。

(三)"金""费"相遇,调解维权

2023年,四川省成都市中级人民法院发布8起妇女婚姻家庭权益保护典型案例,其中第2个案例,③当事人张某与杨某登记结婚并育有一子,后杨某被诊断患有较严重的肾病,需要长期治疗。在得知妻子的病情后,张某便离家,不再承担家庭义务,也不支付婚生子的扶养费,并先后四次向法院起诉要求与杨某解除婚姻关系。经过调解,张某与杨某就离婚事宜、婚生子抚养事宜以及执行款项达成离婚协议,张某一次性支付杨某离婚经济帮助金、扶养费以及婚生子的抚养费,共计10万余元。我国《民法典》第1090条规定:"离婚时,如果一方生活困难,有负担能力的另一方应当给予适当帮助。具体办法由双方协议;协议不成的,由人民法院判决。"本案女方在婚后患有重疾,无法工作,还要照顾未成年子女,而男方在得知妻子患病后,既未尽到夫妻间的扶养义务,甚至为逃避扶养义务多次起诉离婚,有违夫妻相互扶持、尊重、关爱的家庭道德文明观,更是违反法定义务。在充分考虑双方感情状况后,法院邀请当地妇联工作人员对双方进行心理疏导和劝导,让女方意识到妇联、法院会充分保障其合法权益,并引导和教育男方在此前未尽到夫妻扶养义务情况下,更应当对因罹患重疾导致生活困难的女方以经济帮助,最终促成双方达成调解协议。本案通过调解促成男方自愿给付因患病导致生活困难的女方离婚经济帮助金,充分体现了调解制度的重要意义。本案虽为离婚纠纷,但实质上涉及扶养费、子女抚养费以及离婚经济帮助金等多方面因素,采取调解的方式解决该纠纷,使女方和未成年子女的权益都得到了充分的保障。

一方面,家和万事兴,维护婚姻家庭关系的稳定是司法的基本价值取向,俗话说:"一日夫妻百日恩",许多家事纠纷源于一个小矛盾或者误会,多年的亲情纽带是可以化解矛盾纠纷的强大力量,通过诉讼调解、仲裁调解和人民调解等方式能够化解家庭矛盾。通过法律诠释、情绪调理和多方斡旋等方式解决争议和纠纷,帮助当事人从根源上化解矛盾应当是我们努力的方向。另一方面,若家庭矛盾非常严重,例如负有监护或扶养义务者自始未尽其义务、夫妻感情破裂、出现违背道德和伦理的行为或者家庭暴力行为等,亲情关系已受到严重破坏,此时当事人将纠纷诉至法院更多的是希望实现物质权益及对未成年子女权益的保障,判决是否准予离婚等关系的解除通常不是当事人的最终诉求,同时,由于长期的共同生活,当事人之间大部分的财务收支都已共同化,要计算和衡量确定的金钱给付义务有难度,而调解具有低成本和高效率的天然优势,通常是更有利于当事人化解家事纠纷和保障其物质权益的选择。

三、探索:家事调解制度的域外规定

家事案件的特点决定了调解制度是处理家事纠纷的首要选择。许多国家都已将调解制度应用于处理家事案件中。

(一)"协和精神":日本的家事调停制度

随着日本"协和精神"的深入发展,1939 年日本裁判所制定了《人事调停法》,将"协和精神"运用于处理家事纠纷的案件中。特别的是,人事调停委员会被训示"尽量不考虑法律进行调停,家事调停不应考虑法律,而应本着门外汉之圆满主义常识来处理",[2]但这一观点随着《人事调停法》被废除而不再成为指导理念,取而代之的《家事审判法》认为,以诉讼的形式来解决家庭纠纷不利于维持自古以来的良好风俗,应当以道义为本、温情为怀的精神,圆满化解家事纠纷。日本的家事调停程序便在这一基础上发展起来,其目的不仅是解决和缓和家庭纠纷,更是为了积极地维持美满幸福的家庭。

日本的《家事审判法》规定,对属于家事调停的,当事人在起诉前须向人民法院申请调解。换言之,如果家事争端的一方在诉讼前不进行调解,地方法院应首先将案件提交家事法庭调解。[3]由此可见,家庭关系和谐是日本家事立法追求的首要目标。在东方国家的传统文化当中,调解一直被作为家庭矛盾、家庭纠纷的重要以及主要的解纷方式。

(二)"和解前置":德国的诉前强制和解

1877年德国的《民事诉讼法》第570条规定:"离婚之诉与同居之诉,审判长必须按下列规定试行和解后,才可指定言词辩论的期日",即离婚诉讼必须首先进行和解,在前置的和解程序中化解当事人之间的矛盾,促使当事人维护婚姻及家庭关系。将家事纠纷等部分案件引入法院外的强制诉前调停程序,并且规定起诉状应包括起诉之前是否尝试进行过调解或者其他法院外非诉纠纷解决途径,律师是否向当事人阐释其他非诉纠纷解决途径,以立法的形式鼓励民众选择非诉讼程序解决纠纷,把促成当事人之间恢复感情、消除对立、实现和解作为纠纷解决的根本目标和价值取向。

(三)"感情治疗":美国的家事调解理念

1939年,美国加利福尼亚州设立了调解法院,采用调解作为替代审判程序的手段。在家事案件的调解中,许多调解人员具有心理学专业背景,遂将"治疗理念"注入家事调解制度中。调解人员引导当事人正面认识纠纷,剖析矛盾的根源,注重化解感情争点,采用"感情治疗"的方式在根源上处理纠纷,鼓励当事人维持婚姻或其他家庭关系。此外,在美国的家事调解制度规范中,对家事调解员作出了一系列准则性的要求——家事调解员应协助当事人决定如何让孩子的利益最大化、帮助当事人形成抚养方案,以保护他们和子女的人身安全和心理健康等。由此可见,美国对于家事案件纠纷不仅规定了将调解为纠纷解决方式之一,而且对调解作出了有效性的要求。设置家事调解实务准则作为家事调解员的行为指引,这也让当事人对调解效果具有可预期性,提升了公众通过调解方式解决家事纠纷的信心。

（四）"调解维权"：韩国的离婚指导会议

韩国设置了专门的家庭法院处理离婚等家事案件。在韩国，夫妻双方一旦决定协议离婚，需要共同向法院进行离婚意思确认，并提交确认申请书，由法院召开离婚指导会，参加该会议是双方的义务。[4]离婚指导会议指导并督促当事人双方达成调解协议，并使调解协议合理有效，避免子女利益被协议排除在外，促使当事人对子女利益的重要问题达成统一的意见。韩国的离婚指导会议制度使公权力的强制性渗透到调解程序之中，使调解在化解家事纠纷中的作用得到更大的体现。

四、展望：家事调解制度的发展前景

习近平总书记强调："我国国情决定了我们不能成为诉讼大国，法治建设既要抓末端、治已病，更要抓前端、治未病。"[5]调解作为家事纠纷的解决机制，具有自身的优越性，但目前我国调解制度的优先性仅在离婚案件中得以实现，除诉讼离婚外，其他家事纠纷是否先行调解的弹性空间很大，[6]家事调解的现实运作仍存在桎梏。家事调解符合现代婚姻家庭法的发展方向，应当在认识我国制度建设现状与实施动态的基础上，发展并建立健全家事调解制度。

我国《民法典》第1043条规定："家庭应当树立优良家风，弘扬家庭美德，重视家庭文明建设。夫妻应当互相忠实，互相尊重，互相关爱；家庭成员应当敬老爱幼，互相帮助，维护平等、和睦、文明的婚姻家庭关系。"将"优良家风"以立法形式加以规定，体现了我国对婚姻家庭的重视，对道德伦理规则的尊重，有利于培养良好的家教家风。

成功的家事调解是一场双向奔赴，是各方协同合力的结果，家事调解不仅关注解决案件纠纷，而且对当事人关系的修复、家庭关系的稳定以及和谐社会的建设都具有重要的影响。参与家事纠纷的调解不仅需要具备法学知识，而且要有丰富的心理学、社会学的知识储备和生活经验，除了耐心细致，还要有百折不挠的精神和坚守法律的底线，以面对各种不同的案情。

家事调解在个案中的价值导向即是以家庭大局为重，兼顾个人利益的平衡,家事调解的水平事关家庭关系的和谐稳定和社会发展的大局,我们要坚持社会主义法治理念,坚持服务大局的使命担当,以更饱满的热情、更昂扬的斗志、更充足的干劲处理家事纠纷。

【注释】

① (2015)惠少民初字第 105 号民事判决书。

② 上海市第二中级人民法院发布 8 起未成年人家事纠纷典型案例之八:卢某某、汪某上诉法定继承纠纷案。

③ 四川省成都市中级人民法院发布 8 起妇女婚姻家庭权益保护典型案例之二:张某某与杨某某离婚纠纷案——给予生活困难妇女离婚经济帮助案。

【参考文献】

[1] 汤鸣.家事纠纷法院调解实证研究[J].当代法学,2016(1):140.

[2] 张晓茹.家事裁判制度研究[D].北京:中国政法大学博士学位论文,2004.

[3] 廖永安,胡仕浩.新时代多元化纠纷解决机制[J].新时代调解研究文丛,2019(8):368.

[4] 温姝菀.家事调解中子女利益之保护[J].现代交际,2020(13):82.

[5] 习近平.坚定不移走中国特色社会主义法治道路,为全面建设社会主义现代化国家提供有力法治保障[J].求是,2021(5):13.

[6] 汤鸣.家事纠纷法院调解实证研究[J].当代法学,2016(1):140-148.

新社会组织参与劳动人事争议调解的必要性与优化路径分析

汤景秋[*]

摘　要：随着社会的发展和公众法律意识的不断提高,新社会组织参与劳动人事争议调解在纠纷化解实务中出现得越来越频繁,包括民办非企业单位、行业协会在内的新社会组织具有正规性、自治性及非营利性等特点,适合参与调解工作,本文以劳动人事争议为视角,论述新社会组织参与劳动人事争议调解的必要性,分析新社会组织参与调解的各项优势,例如有利于减轻当事主体化解纠纷的成本、调解人员有较高的专业水平、有利于推动源头治理等。同时,新社会组织参与劳动人事争议调解也存在不少问题,例如社会认知度不高、形成的调解文书效力有限、缺少监督机制等。笔者针对以上问题,提出新社会组织参与劳动人事争议调解的可优化路径。

关键词：新社会组织;调解;劳动人事争议

一、新社会组织概念与类型

（一）新社会组织的内涵与外延

改革开放以来,我国在社会主义市场经济发展过程中新涌现出一批传统组织形态之外的各类民间性的社会组织,除了允许登记注册的各类民间

---

　*　汤景秋,女,上海浦东新区东方调解中心调解员。

组织以外,还有按照法律法规不能在民政部门登记注册的民间自发性的非政府组织和准民间组织。与以往的社会组织相比,新社会组织在产权归属、组织目标、内部结构、组织管理等方面有所不同,其有更强的独立自主性,是为了追求和实现一定的社会性宗旨或目标,在法律规定或许可的范围内,以公民或团体身份自愿结成并按其章程开展活动的、不从事经营或不以营利为目的的民间性组织。[1]1994年9月,党的十四届四中全会在《中共中央关于加强党的建设几个重大问题的决定》中第一次提出"各种新建立的经济组织和社会组织日益增多,需要从实际出发建立党的组织,开展党的活动","新的经济组织"和"新的社会组织"这两个特定概念开始出现。之后,上海等地在开展党建工作的过程中,逐渐把改革开放以来新建立的社会组织简称为"新社会组织"。目前,新社会组织通常是指改革开放以来,我国社会主义市场经济发展过程中新涌现出来的相对于政党、政府、企事业单位等传统组织形态之外的各类民间社会组织,包括各种社会团体、基金会、民办非企业单位、社区组织等。[2]

（二）新社会组织主要类型

新社会组织的主要类型主要包括以下几类：社会团体、基金会、民办非企业单位、部分中介组织以及社区活动团队。社会团体主要包括学术性社团、行业性社团、专业性社团和联合性社团等。

二、参与劳动人事争议调解新社会组织的主要类型

目前,参与劳动人事争议的调解组织大多为民办非企业单位和社会团体,而社会团体中主要是各行业协会（行业性社团）在进行调解工作。

（一）民办非企业单位

民办非企业单位是由企业事业单位、社会团体和其他社会力量以及公民个人利用非国有资产举办的,从事非营利社会活动的社会组织,①《社会服务机构登记管理条例》《〈民办非企业单位登记管理暂行条例〉修订草案征求意见稿》对民办非企业单位的称谓进行了修改,变更为社会服务机构。②无论名称如何,其有以下特征：一是正规性。根据法律进行注册,拥有合法

身份,有规范的名称和组织机构、与其业务活动相适应的合法财产和从业人员,能够独立对外开展业务,独立承担民事责任。二是独立性与自治性。民办非企业单位独立于政府机构,享有较大的自主权,可以在本单位章程的范围内自由开展业务活动,设立自主的内部治理结构。三是非营利性。民办非企业单位资金主要源于非国有资金,向社会提供公益服务,不以营利为目的。四是公益性。民办非企业单位向社会提供公共服务,致力于公共目的。[3]在劳动人事争议调解实务中,民办非企业单位大多建立了"嵌入式"工作网络,例如与仲裁机构等建立联动机制,充分利用国家职能部门的治理资源,既能增强一定的权威性,提高公众信任度,又能得到国家职能部门一定的业务指导,不断提升专业性。

(二)行业协会

行业协会是行业性社团中的一种,是由同业经济组织以及相关单位自愿组成的非营利性的社团法人。③行业协会与民办非企业单位不同的是,行业协会是行业内部各企业自发形成的社会组织,成员遵守行业协会内部的契约,维护行业协会的运行,在成员中天然具有一定权威性。20世纪80年代,我国在市场经济体制改革中逐渐形成了由政府到行业协会,再到企业的管理格局,由于政府行政职权过大,行业协会的自治权较小,其在实际社会治理中所发挥的作用也相对较小,行业协会调解可施展拳脚的空间十分有限。[4]随着行业协会的不断发展,行业协会的自治化、制度化、规范化不断增强。对于劳动人事争议而言,同行业的企业之间往往存在相似的人事管理制度,行业协会参与调解会起到事半功倍的作用。行业协会熟悉本行业劳动基本状况、用工特点以及行业劳动规范要求等,可以及时将矛盾化解,防止矛盾激化,演变为重大群体性事件,影响和谐稳定的生产、生活秩序。

三、新社会组织参与劳动人事争议调解的必要性

劳动关系是一种外部性极强的社会关系,其利益结构不只限于双方当事人利益,还涉及当事人以外的公共利益,充分体现了众多经济活动参与各方的利益和博弈,是包括劳动者在内的相关主体利益关系的共同体。[5]劳动

争议的有效化解涉及劳动者权益的保护问题,关系和谐社会的建设、经济稳定、健康增长等,是创建法治社会的重要环节。根据劳动人事争议案件现状来看,新社会组织参与劳动人事争议调解十分必要。

(一)劳动人事争议案多人少的矛盾亟待缓解

劳动人事争议案件数量数年攀升,仅靠仲裁、诉讼等手段无法及时解决群众诉求。根据 2020—2022 年《人力资源和社会保障事业发展统计公报》公布的相关数据,2022 年相较于 2020 年,全国劳动人事争议由 221.8 万件增长至 316.2 万件,激增 94.4 万件,劳动人事争议案多人少的矛盾日益凸显。但与此同时,劳动人事争议的调解成功率由 70.6％上涨至 75％,由此可见,调解作为化解矛盾纠纷的重要举措,发挥了很大的作用,这与全国各地的调解组织如雨后春笋般涌现的现象是分不开的。新社会组织参与劳动人事争议调解,可为劳动人事争议调解注入更多专业力量,更快化解纠纷。

(二)新社会组织参与劳动人事争议调解具有更多优势

第一,新社会组织参与劳动人事争议调解能够减轻当事主体化解纠纷的成本。劳动人事争议不同于其他民商事纠纷,绝大多数案件需要"先裁后审",如果不属于一裁终局的案件,则需要进行长达一两年的漫漫诉讼之路。根据我国《民事诉讼法》的相关规定,一、二审的审理期限时间总体超过 9 个月,审判结束后,还要进入执行程序中,需要大量的时间。进入诉讼程序后当事人可能还需要聘请律师搜集证据,同时面临败诉的风险,这对当事主体在各方面都是极大的消耗。而通过新社会组织进行调解,可不拘泥于仲裁和诉讼程序及期限的限制,及时达成调解协议。以浦东新区劳动人事争议为例,新社会组织参与调解需在 15 日内调解完毕,必要时最多延长至 30 日。各方达成调解协议后,可由双方当事人同时向浦东新区劳动人事仲裁院申请文书确认,由浦东新区劳动人事争议仲裁院出具调解书,如果一方未及时履行调解文书中确认的义务,可向法院申请强制执行。这就跳过了诉讼程序,即使一方未及时履行,也可直接进入到执行程序中。对于双方当事人来说,既能够快速化解纠纷,其权益又得到了有效保障。

第二,新社会组织参与劳动人事争议调解能够将矛盾化解在源头。以行业协会参与调解为例,《上海市促进行业协会发展规定》规定:行业协会可以对会员之间、会员与非会员之间、本行业协会会员与其他行业协会会员或其他组织之间因行业经营活动产生的争议事项进行协调。行业协会具有高度的自律性,能够为成员单位以及利害关系方提供非常专业的指导和服务,符合社会治理"专业化"的要求。随着社会发展,许多成功的行业协会自身已经拥有了较为成熟的激励与惩罚机制,通过这种机制来引导、驱使成员及利害关系方选择有利于共同利益的行动。行业协会作为行业自治组织对其成员企业有规范的权力,可以结合争议化解过程中的典型案例对成员企业开展法律宣传、政策宣讲等。另外,可以通过参与劳动人事争议调解总结发现目前行业成员单位出现的制度、管理方面的问题,分析成因,提出优化方案,为成员单位"治未病",将矛盾化解在源头,使劳动领域的治理达到"共建共治共享"的社会治理创新目标要求。

第三,新社会组织调解人员专业水平更高。与街镇村居的劳动人事争议调解员由街镇干部或社工来兼职相比,新社会组织的调解员队伍一般是由具有专业背景的专职人民调解员组成,有着更为专业的知识和调解技巧。以上海浦东新区东方调解中心为例,118 名专职调解员中有研究生 6 名(占比 5%),本科 97 名(占比 82.2%),均具有法律或医学背景,其中有通过法律职业资格考试的调解员 11 名(占比 9.3%)。2022 年 1 月—2023 年 6 月,上海浦东新区东方调解中心劳动人事争议人均调解成功 292 件,协议金额超千万元。同时,新社会组织一般具有较为规范的培训流程,可以不断提升调解员的调解能力。

四、目前新社会组织参与劳动人事争议调解中的主要问题

(一)新社会组织调解受众范围较小,认知度较低

目前,公众对调解的组织方的认知还是局限于法院、仲裁机构等,或者直接认为只有家长里短的事情才需要调解,讲法律就要去法院。当事人直接来到新社会组织进行调解的情况非常少,大部分案件是已经申请仲裁或起诉到了法院,经过仲裁机构或者法院委托和引导,转交新社会组织进行调

解。民众对新社会组织参与调解认可度较低，认为新社会组织参与调解只是消除表面矛盾，利益冲突没有得到实质性解决，最终的调解结果也没有实际意义。

（二）形成的调解文书效力有限

新社会组织参与劳动人事争议调解形成的调解协议是合同性质，虽然申请仲裁确认出具调解书赋予了其申请强制执行的可能，但是申请法进行仲裁确认，需要基于双方的合意。④如果有一方不同意进行仲裁确认且最终未能按期履行调解协议，则调解工作即归于失败，所以新社会组织调解协议的效力始终无法得到最终的保障，这不仅降低了当事人通过新社会组织调解解决劳动人事争议的积极性，而且让很多当事主体留下调解协议效力不足的印象，从而拒绝调解。

（三）缺少对新社会组织调解工作的监督机制

新社会组织发展历史较短，在管理方面存在不少问题，例如章程遵守程度不高、管理混乱等。除民政部门、业务主管部门之外，新社会组织的调解工作也会受到委派方的监管。但是，以上的监管方式也仅浮于表面。民政部门作为新社会组织的登记机关，对其采用的监督方式主要体现为每年新社会组织法律法规的遵守情况及业务活动情况，但民政部门对社会团体进行年检的主要方式是对其提交的材料进行程序性的审查，很难涉及实质方面的内容。而业务主管部门对新社会组织的监管主要是通过提交年度总结等方式进行，对日常的调解的监督工作很难展开。因为缺少规范的监督制度，导致当新社会组织调解出现不规范、侵犯当事人合法权益等情况时，无法得到监管部门及时有效的处理。调解案件的委派方则更重视化解纠纷的数量和化解纠纷的速度。由此可见，新社会组织调解工作缺乏监督机制。

五、新社会组织参与劳动人事争议调解的优化路径

（一）加大宣传力度，提高新社会组织调解社会认可度

未来，我们应不断通过官方媒体平台对新社会组织调解参与劳动人事

争议调解进行宣传,加强对新社会组织参与劳动人事争议调解的好经验、好做法的总结和提炼,结合调解过程中涌现出来的好典型、好案例,树立先进样板,将新社会组织参与劳动人事争议调解工作打造成多元解纷建设的一张"靓丽名片"。

（二）保障调解协议效力

调解协议的效力关系劳动人事争议调解最终的履行效果,笔者认为,保障调解协议效力可以从以下几个方面入手。

第一,扩大调解协议确认申请主体的范围并建立相应救济制度。调解协议的确认要求由双方当事人共同提出,此规定与直接要求双方当事人按期、足额履行调解协议确认的义务并无本质区别,笔者认为,确认程序设立的目的是给已达成的调解协议赋予更高的效力保障,如规定设定的门槛过高,反而变相增加了当事主体怠于履行的可能。笔者认为,一方面,应当允许当事人一方提出申请,并提交调解协议作为双方真实意思表示的证明材料,确认经新社会组织调解达成协议的效力;另一方面,应当赋予新社会组织提交调解协议申请审查确认的权利,既能维护新社会组织调解的权威,提高新社会组织的调解影响力,又能促使当事人及时履行调解协议,阻断当事主体反悔的可能。但若能赋予新社会组织提交调解协议申请审查确认的权利,则劳动争议调解在真正意义上可成为"一调终局"的纠纷化解措施。但因调解员专业水平、职业道德等方面仍需提高,为避免出现违反调解纪律等达成调解协议等情况,需要建立调解协议救济制度。笔者认为,在违反调解纪律等情况下达成的调解协议,如果已通过仲裁审查确认出具调解书,当事人可向法院申请撤销。

第二,引入公证确认制度。新社会组织参与劳动人事争议调解形成的调解协议是合同性质,协议内容基本涉及各类支付行为,与债权协议相似,可以比照为债权文书赋予强制执行力的"赋强公证",将公证机制引入新社会组织劳动人事争议调解中。各方当事主体达成调解协议后,调解员可以告知并协助当事人将调解协议向公证机关申请公证,以达到调解协议强制执行的效果。

（三）建立新社会组织调解工作的监督机制

笔者认为，应从行政和司法两方面对新社会组织调解工作建立监督机制，行政监督应包括新社会组织调解资格审查、内部章程合法性审查、调解员的职务行为规范监督等。此外，新社会组织调解业务主管部门在大力推进新社会组织调解发展方面的扶持政策的同时，应建立健全统一的新社会组织参与劳动人事争议调解制度，开发符合新社会组织发展需要的管理模式。司法监督则应以被动监督为主，如果新社会组织调解员违反相关法律规定，侵犯当事主体合法利益，给当事主体造成损失时，受侵害的当事主体可以向法院提起诉讼，要求新社会组织进行赔偿。当调解员采取非法手段侵害当事人合法利益时，司法机关应当及时介入调查。

六、结语

虽然新社会组织参与劳动人事争议调解在实务中已经比较普遍，但目前存在的问题也较为突出，只有切实提高新社会组织参与劳动人事纠纷化解的规范化、制度化水平，提升调解协议的效力保障，建立规范的监督机制，才能使新社会组织参与调解工作更好地发展。

【注释】

① 《民办非企业单位登记管理暂行条例》第 2 条：“本条例所称民办非企业单位，是指企业事业单位、社会团体和其他社会力量以及公民个人利用非国有资产举办的，从事非营利性社会服务活动的社会组织。”

② 《社会服务机构登记管理条例》第 2 条：“本条例所称社会服务机构，是指自然人、法人或者其他组织为了提供社会服务，主要利用非国有资产设立的非营利性法人。”

③ 《上海市行业协会暂行办法》第 2 条：“本办法所称行业协会，是指由本市同业经济组织以及相关单位自愿组成的非营利性的以经济类为主的社团法人。”

④ 《企业劳动争议协商调解规定》第 27 条：“生效的调解协议对双方当事人具有约束力，当事人应当履行。双方当事人可以自调解协议生效之日起 15 日内共同向仲裁委员会提出仲裁审查申请。仲裁委员会受理后，应当对调解协议进行审查，并根据《劳动人事争议仲裁办案规则》第 54 条规定，对程序和内容合法有效的调解协议，出具调解书。”

【参考文献】

［１］ 刘永哲,高兴国. 新社会组织概念辨析［J］. 人力资源开发,2014(20).

［２］ 关于新社会组织界定及有关情况的说明［EB/OL］.［2021‑04‑01］. http://csqn. gqt. org. Cn/zxtZ/201104/t20110415_468455. htm.

［３］ 上海市浦东新区司法局课题组. 专业性人民调解平台建设若干问题研究:基于上海市浦东新区专业性人民调解中心实践［J］. 中国司法,2017(1).

［４］ 陆慧. 大调解背景下行业协会调解制度的构想［D］. 青岛:山东科技大学法律硕士论文,2019.

［５］ 王全兴,谢天长. 我国劳动关系协调机制整体推进论纲［J］. 法商研究,2012(3).

优化在线人民调解中调解员
任职培训和考核规则

朱晓燕*

　　摘　要：被誉为"东方经验"的人民调解在特定时期确实起到了化解基层纠纷矛盾的作用,但是随着时代变迁,人民调解从传统调解走向在线调解已是大势所趋。新形势下,在线人民调解机制能否重树权威、如何树立权威已成为亟待解决的问题。本文主要从在线调解中调解员面临的挑战、优化在线调解中调解员任职培训、考核规则等方面略谈己见。

　　关键词：人民调解；在线调解；任职培训规则；考核规则

一、人民调解从传统调解走向在线调解是大势所趋

　　人民调解所具有的令人信服的权威依赖于主持者的身份及调解所依靠的准则等。[1]从中华人民共和国成立初期到 20 世纪 90 年代末,被誉为"东方经验"的人民调解在定分止争、解决社会矛盾冲突方面发挥了重要作用,这在很大程度上归因于中华人民共和国成立后,在国家支持、群众配合的基础上,设置于居委会、村委会中的人民调解委员会在当时的历史背景下逐渐发展成为令人信服、信任的对象,进而在内部生成权威。随着市场经济的发展,资源获取途径的多元化使人们的生存空间不再局限于原来的单位和村镇,个人也不再只依附单位等组织才能生存,进而在产生纠纷时,救济途径

---

　　* 朱晓燕,上海政法学院经济法学院讲师,主要研究方向：国际环境法、海洋法。

也呈现出多元化趋势,仲裁、诉讼等救济途径与调解相比,更具程序严谨性和法律权威性。

近年来,随着法院体制改革尤其是员额制实施以来,实务中产生了大量难以解决的问题,出现了法院案多人少的困境。如何尽快缓解法院内外部压力、及时有效地解决民众纠纷,在审视既有纠纷解决方式的过程中,人民调解再次成为社会治理和司法体制改革的关注点。尤其是新冠疫情的暴发,传统的诉讼模式受到很大冲击,法院日常工作的处理受到了较大阻碍,为了更好地贯彻提高效率、服务便民的理念,缓解法院办案压力,适应智能化社会的潮流,人民调解开始采用在线调解的方式。作为非诉讼化纠纷解决的典型代表,在线调解不仅是我国信息化建设回应网络信息社会发展、人民多元化利益需求的创新和探索,而且是促进纠纷解决机制多元化、现代化的必然选择。

在线纠纷解决机制(Online Dispute Resolution,ODR)是多元化纠纷解决方式(Alternative Dispute Resolution,ADR)在网络空间的运用,但是受适用主体、推广应用、程序衔接不畅、灵活性保障不足等方面的制约,在线人民调解想要树立起如传统调解鼎盛时期时的权威,还有很长的路要走。

二、在线人民调解与传统调解的不同之处

我们必须明确在线人民调解是伴随着网络信息时代人民纠纷解决多元化的社会需求激增而产生的,旨在通过运用现代化信息技术手段不断提升治理能力和促进治理水平现代化,由此达到服务人民的根本目的。在线人民调解本质上还是各方参与主体就纠纷解决中事实和法律问题所展开的信息沟通与交流方式,与传统调解最大的不同是其通过网络在线的方式进行调解。互联网技术主要是改变了各方参与主体在处理纠纷过程中信息沟通的方式,其化解矛盾、处理纠纷的内在本质没有发生变化。调解主要是以结果为导向的纠纷处理方式,其最终目的在于获取一个各方当事人都认可的处理结果,在涉纠纷事实认定、运行程序方面要求相对宽松,其程序要求相对灵活,这为调解的线上适用和发展奠定了基础。[2]

但是在传统调解转化为在线调解的过程中，二者的不同之处也显现出来：一是调解地点的转换。在传统调解中，双方当事人和调解员受到空间限制，需要到指定的调解场所进行调解；在在线调解中，调解各方在指定平台进行线上调解，打破了空间限制，做到足不出户便可以进行调解。二是对情绪的观察和掌控。在传统调解中，面对面的交流使各方能够直面矛盾焦点和情绪变化，调解员能根据现场情况及时做出调解方案；在在线调解中，各方的微表情、肢体语言、情绪变化等非语言行为或暗示被网络弱化，调解员很难根据临场感做出及时有效的调解方案。三是网络技术的依赖程度。传统调解几乎用不到网络技术，调解过程灵活机动。在线调解必须全程依赖网络，因此对网速、录像功能、音质效果、在线操作的熟练度等都要求很高。传统调解没有录像录音等媒介固定调解过程，从申请调解到达成调解协议都没法固定调解过程。在线调解对线上进行的调解全程记录，时间节点、调解内容等都有精确记录。四是专业知识的掌握度。传统调解很多是"和稀泥"式的调解方式，依赖的是调解员或调解组织的权威，调解达成后双方当事人很少再将纠纷事项诉诸法院。如前所述，随着传统人民调解的声势渐微，人们更多是通过打官司的方式进行维权，经过这么多年的普法教育，很多当事人已经对日常生活中经常用到的法律法规有了一定程度的了解，单纯依靠"和稀泥"式的调解方式已不能满足民众的个体需求。因此，在在线调解中，调解员也面临加强法律知识培训，通过法律法规的辅助性调解达到定分止争的效果。

三、在线人民调解中调解员面临的挑战

（一）对在线调解认知度的心态挑战

目前我国人民调解队伍里的调解员大多是兼职调解员，很多人往往把在线调解简单地理解为是传统调解搬到线上处理而已，认为在线调解和传统调解在本质上是"相同的物种"，在二者转换过程中，认为除了交互媒介产生变化以外，其他都没有发生变化。其实不然，在二者转换过程中，看似只是调解地点的转换，实则是由线下人与人之间全方位的真实互动转换为线

上以电子设备为媒介的"人—调解平台—人"这一模式的三元构造。有了调解平台这一媒介,原本传统线下调解中看似轻易就能感知到的人际互动,在线上调解过程中变得复杂多变。调解本就是一个高度复杂的人际互动过程,需要调解员对解纷过程保持高度的耐心和投入。当线上调解中受电子设备等媒介的干扰过多时,例如视疲劳、精力耗散、分心去做在线系统调整,调解各方都有被"困在原地"的感觉,这些都对调解员的心态构成极大挑战。耐心、专注力的下降则会进一步影响专业人士处理挑战性工作的情绪稳定度,从而降低他们对现实情势的判断能力。[3]

(二)对双方当事人非语言行为或暗示把握度的挑战

线上调解的亲历性明显缺失是调解员和当事人双方进行线上调解时遇到的典型性问题之一。调解平台的线上特性决定了当事人在调解时因缺少面对面的交流和情绪直接传递而可能导致矛盾的进一步深化。同时,调解员也受制于在线技术的妨碍,例如网络传输滞后性、长时间紧盯屏幕的疲劳感等,很难像传统线下调解一样随时观察双方当事人的微表情变化和情绪变化,没法及时有效地应对突发性情绪爆发或失控。因此,在对双方当事人非语言行为或暗示把握度不足的情况下,调解员很难做到及时有效地制定相应的调解方案。"真实人际接触的消失使得调解员对互动氛围的判断力与影响力下降。……由于非语言互动的受限,调解员需要使用更为直接的、更为刚性的方法对当事人施加控制,这也不利于友善对话氛围的生成。"[4]这在很大程度上也进一步阻碍了双方当事人对调解员信任度的提升。而调解信任度的确立对调解协议的达成和执行有很大的影响作用,只有彼此信任才有利于后续调解结果执行到位。

(三)对网络系统操作熟练程度的挑战

选择使用在线调解的当事人,在调解平台上能够仅用一部手机或者一台电脑就完成在线调解,这就需要调解参与各方通过远程视频技术参与调解,打破固有线下调解的空间限制,调解员和当事人能够熟悉调解平台的常规操作,例如如何进行线上申请,如何提交电子证据和资料,如何进入平台,调解过程中出现静音、掉线、图像故障时如何应对,如何电子签名等;需要调解员在"面对面"和"背靠背"的调解方式需要互换时,掌握线上转换技术;需要调解员掌握证据、调解过程保存技术;需要调解员掌握线上调解技巧;等等。这些要求对于本已习惯运用网络系统办公的调解员来说接受度较高,但这部分调解员往往调解经验不足。对于现在基层调解组织中大量存在的有丰富线下调解经验的老调解员来说,由于年龄普遍偏高、线下调解固有模式难以改变、对网络技术掌握度不高等因素的制约,使这部分调解员能够较快利用调解平台熟练进行线上调解的难度较大。

（四）对专业知识掌握度的挑战

无论是线上调解还是线下调解,调解员都应充分尊重和遵循双方当事人的意愿进行调解,促进当事人的协商。调解员对当事人双方的干预主要是安排特定场合供双方交流协商,并运用调解技巧和知识给当事人提供专业咨询和引导。由于在整个调解过程中,是否接受调解、协商过程如何、是否接受调解结果都掌握在当事人手中,故传统调解中调解员的作用更倾向于运用自身的社会背景对当事人进行引导,以达成调解协议并执行。而线上调解如前文所述,在传统调解逐渐失去权威性的当下,线上调解需要转变固有理念,通过重塑权威性来促成调解协议的达成和执行。在人民调解中,具备专业优势的知识权威型调解员将逐渐取代德高望重型的传统调解员。正如兰荣杰所述:"对于当事人而言,一旦经由专业调解员的分析明白了具体规定之后,普遍都愿意迅速调解,因为即使诉诸法院,最后的结果也不会有太大差异,但是成本却大大增加。在此过程中,真正说服当事人的显然不是调解员的威望,而是其在特定领域的专业知识,以及调解机制本身特有的灵活性和便捷性。可以预见的是,随着此类定型化、定额化的纠纷越来越多,德高望重将越发不再是调解员的必要条件,与当事人互不相识但却依靠专业知识而赢得权威性的调解员将越来越成为主流。"[5]这就需要依靠调解平台的信息固定化、程序化和调解员法律素养的提高来达成预期效果,例如在调解员岗前培训中对民法、民事诉讼法、人民调解法、产品质量法、消费者权益保护法、合同法、继承法、婚姻法等法律法规进行专业培训。专业化的调解员可以向当事人传输审判信息,帮助当事人认识清楚案件的法律关系,从而保证调解程序中的交涉在"法律"的覆盖下进行。[6]

四、优化在线人民调解中调解员任职培训

司法部于 2020 年 12 月颁布了《全国人民调解工作规范》,对人民调解的教育培训专门作出了规定。明确对新选聘的人民调解员应开展岗前培训,对在岗人民调解员进行年度培训,同时对培训内容、培训形式等作出了指导性规定。《全国人民调解工作规范》是司法部依照国家标准化工作相关规定制定的司法行政行业标准,既是司法行政机关指导人民调解工作的工作指南,更是人民调解组织和人民调解员的业务工作规范。

针对在线人民调解中遇到的新问题,笔者认为可以从以下几方面优化调解员任职培训:一是在新聘人员岗前培训中编制在线调解平台使用手册,对调解员进行信息化运用培训。对"进入平台—提交申请—在线调解—达成调解协议"这一流程,在平台中设置明显易操作的导航模块,对调解员进行分步指导操作,保证每位调解员都能熟练操作流程,并在当事人遇到流程问题时能够辅助其在线解决。另外,培训内容应侧重于法律政策、专业知识、调解技巧的培训。如前文所述,目前我国还未对在线调解涉及的案件类型做详细归类,针对实践中主要涉及的继承、婚姻、养老、合同、侵权等纠纷,由于当事人对调解不成而诉诸法院时的裁决结果存在模糊预期,有可能导致在线调解合意僵局,因此应在法律法规的适用、调解方法和技巧①的实战演习等方面辅以案例教学,使调解员真正了解如何进行调解,使其能够针对不同矛盾纠纷有的放矢地给当事人剖析法律关系和法律后果,尽量在不动用司法资源前设计较好的调解方案,使当事人握手言和。调解员应有调解数据统计、案例撰写、业务考评等方面的培训。使其能够规范写作,按时有效提交在线材料。二是在调解员年度培训中,应总结本单位、本省市乃至全国优秀在线调解案例,邀请调解能手、高校教师、各实务部门一线人员对案例进行分析讲座,与人民调解员互动交流经验,指导调解员的线上调解工作。有条件的单位还可以委托高校或培训机构将系列讲座中的闪光经验和案例制作成培训教材,方便人民调解员巩固知识要点。

五、优化在线人民调解中调解员考核规则

以往在线下调解中,对调解员的调解素养、调解能力等缺乏统一的考核标准。在线调解作为新兴事物,对人民调解员的个人素质要求较高,因此其考核规则也应较以往有所变化和提高。一是设定岗前培训考核、定期考核和年终考核。岗前培训考核旨在检验受训调解员的培训效果,可以采用试卷、案例模拟、在线操作等方式进行考核。通过调解员资格评定,即培训合格后获得人民调解员资格证,推进调解员的职业化发展,培养一批业务过硬、素质良好的在线调解员。定期考核旨在督促调解员优化调整调解方案,互相交流调解经验,更好地提升自身调解能力。可以采用问卷调查的方式,让调解员及时反馈调解中遇到的问题和实际需求。年终考核旨在对一年的辛苦工作进行总结归纳,为下一年的工作积累更多的实务经验。可以通过对调解员分配案件数量、调解协议书的达成、调解满意度等方面进行统计,整体把控调解员的工作情况。二是建议有条件的单位定期组织人民调解员在定点设置的临时或固定调解点进行线下宣传和指导,对不会操作手机、电脑等在线调解设备的人员进行操作指导,并将参与宣传的次数纳入年终考核之中。三是建立用户在线反馈机制。让参与在线调解的当事人对调解员和调解满意度进行打分,根据各单位实际情况设定具体的考核标准,对持续低分的调解员进行再培训或者淘汰,对表现优秀的调解员予以表彰。

【注释】

① 例如情绪调解法、修正认识法、外力借助法、利害分析法、模糊处理法、回访巩固法等。

【参考文献】

［1］ 范愉.《中华人民共和国人民调解法》评析［J］.法学家,2011(2)：11.

［2］ 谢登科.在线调解的实践困境与未来发展［J］.学术交流,2022(12)：79－80.

［3］ Roy F. Baumeister and Brad J. Bushman. Social Psychology and Human Nature ［M］. Cengage Learning, 2016：136.

［4］ 熊浩.论法院在线调解的机能失调：基于媒介传播与冲突化解的双重视角［J］.法制与社会发展,2022(2)：51-52.

［5］ 兰荣杰.人民调解：复兴还是转型？［J］.清华法学,2018(4)：125.

［6］ 李德恩.论新时代人民调解的发展路径［J］.北方工业大学学报,2022(1)：14.

调解文化略论：
基于古代民间史料的解读与阐释

赵洋[*]

摘　要：作为维系国家长治久安的基本保证，历朝历代都十分重视国家治安层面的管控。然而中古时期以来"皇权不下县"的困境也始终存在。县级以下的基层化解矛盾，实则更依赖于长时间积淀形成的基层矛盾化解机制。本文结合新史料，拟对长时间存在的古代矛盾化解机制进行解读，并进一步阐述其对当今时代治安管理的重要意义。

关键词：矛盾化解机制；敦煌文书；治安管理；群体意识

中华民族自古以来就有重视人民基层管理、强调地方治安的政治传统。早在几千年前，"导之以政，齐之以刑，民免而无耻。导之以德，齐之以礼，有耻且格"这一儒家思想论述将"和谐大同"的社会目标视为国家理想的状态。这种理念不只单纯体现在统治者政治清明、国力雄厚、文化繁盛，而且还体现在基层社会上，通过道德上的倡导和教育达成基层民众"有耻且格"的社会认同目标。为了达成这一目标，历朝历代国家机构及个人不断尝试，逐渐形成一种国家社会的两重结构，并进一步形成我们当前对古代"皇权不下县"的基本认识。在这种双轨制之下，我们不否定有一部分包含着封建社会局限性的成分。然而，这一社会结构本身并非没有借鉴意义。通过基层主

---

* 赵洋，讲师，博士。研究方向：治安学、社会史。

导模式可以化解地方矛盾、强化共同体意识、构建群体认同,同时能够以和平管理的手段消解当地的民间矛盾,实现国家和个人的合理共生。而其历史作用及历史经验同样能够作为我们当前国家区域管理的理念和实践,形成化解民间冲突的务实方法与应对方式,为当前中国社会治安综合治理提供宝贵的借鉴。

需要说明的是,传统的社会矛盾化解机制本身也有着宏观和微观两个层面。从微观层面而论,所谓基层社会矛盾本质上就是指在县级以下的非对抗性矛盾及纠纷。而针对这一问题,民间更多是通过官府诉讼或民间调解两种方式来解决。而从宏观角度来看,社会矛盾化解机制不仅要立足于基层非对抗性矛盾的化解,而且也要兼顾对矛盾问题的防范及预防问题。这一层面往往不仅包括诉讼调解,而且还有社情舆论调查、组织管理、观念引导等诸多层面。本文所要论述的主要集中在狭义的矛盾调解及这一调解机制下的主体组成构建。由于社会基层机制历经了数千年的演化,矛盾化解机制主体成分的演化其实是一个漫长而复杂的过程。因此,本文拟从矛盾化解机制本身的基础,即古代基层治理模式的演化为先导,结合当前学术研究成果对相应的民间矛盾化解机制类别做出新的探讨。同时,通过新旧史料相结合的解读,进一步阐述基层矛盾化解机制的动态构建大类和脉络,并在此基础上,结合当前国内基层管理问题,总结传统治安管理机制对当前社会的借鉴意义。

一、溯源与演化：基于传统基层社会的论述

中国向来看重国家的治安状态,在古代的治安管理思想中,《尚书》就有"明刑弼教""协和万邦"等记录,可以十分清晰地看到国家对于社会治理的重视程度。而这些极为悠久的历史和丰富的内容也集中体现于中国古代传统社会正统的治安思想观念中,这一治安的基石实质上源于中国几千年来沉淀构建的政治、地域及文化体系构架。可以说,自汉魏之际到清朝末年,以封建王权为中心的大一统王朝逐步构建起司法同行政紧密结合的司法体系。传统郡县制度的不断完善,进一步形成了从中央政府到州、郡、县自上

而下且逐级执行的行政区划结构。同时，中国传统儒家思想在社会风俗及法律的"儒家化"渗透融合，进一步构建出中国传统社会固有的文化共性。[1]而相对的，中国较为传统的"自上而下"的政治、地域架构却由于国土的辽阔以及社会人力资源的相对匮乏，使得传统的管理体制无法彻底覆盖到基层。这一难题实际上也成为古代中国基层治理模式研究的一个重要课题。

古代基层治理的研究问题严格来说并非一个全新的研究课题。20世纪中叶，费孝通先生在《基层行政的僵化》《再论双轨政治》两文中，明确地提出传统中国社会在中央权力和官僚机构的互相制衡过程中，县以下的行政区划实质上并没有一个长期稳定的政府官僚系统，使得传统基层社会出现了实质的"行政权力真空"。然而这种真空并不意味着国家失去了对县级以下基层的控制。在"自上而下"的管理逐渐放开的同时，传统社会实质上在基层形成了一种有别于前者的"自下而上"的管理体制。[2]这一"自下而上"的管理体制问题后来又被温铁军先生在研究近代农村问题时，进一步明确为"皇权不下县"的问题。[3]

"自下而上"的基层管理体制的出现，显然意味着新生的秩序构架对当时出现权力真空的体系需进行填充。尽管费孝通先生在提出这一问题的同时提出了"自下而上"的填充主要是当地乡土社会地缘之下构建的血缘和地缘关系，即地方宗族和乡绅构建的基层"自治体制"。但是针对这一观点，学界也有着不同的声音。秦晖、项继权、郑卫东等学者先后就此问题进行了讨论。并进一步针对"双轨政治"提出新的问题：一是在"自下而上"的基层管理体制中，所囊括的如宗族结构、乡绅社会、传统礼治等体系是否具有广泛普遍性？就目前出土的史料来看，即使在世家大族较为兴盛的中古时期，基层的宗族化程度实际上也有着地域上的区别；二是在"自下而上"的基层管理体制中其实也常常能够看到县级以上衙署对基层组织的影响，例如对于地方乡吏职责的指定实际上也体现了国家政权对于基层的管控。[4]如此观之，"自下而上"的基层管理机制，恐怕更应当视为一种马克斯·韦伯意义上的"理想型"分析理论，而非实然的乡村社会治理体制。[5]

尽管当代学者针对传统基层社会模式的普遍性提出了诸多疑问，但是笔者认为这一问题本身实际上也正是费孝通先生提出的"双轨政治"模式的理性补充。首先，针对县级以下地域区划，传统基层社会管理体制模式得到了学者们的认同；其次，当代学者所表达的主要是以县级区划为界限，展现不同的组织管理模式。县级以上传统社会往往直接构建行之有效的官僚体系，而在县以下则主要以"里甲""保甲""乡绅"等基层性质的组织来协助。简而言之，在官僚机构无法完全辐射至基层的前提下，存在以民间主导构建的基层组织来应对各种社会资源不足的困境。再次，学界提出的质疑主要是针对基层社会力量此消彼长的过程中"宗族"等力量在"历史长时段"视野下的持续地位。而到了明清之际，"宗族""士绅"等群体作为不可忽视的基层力量，无论是古代学者抑或是现代学者都没有太多异议，例如清代文学家姚莹直言："绅士信官，民信绅士，如此则上下通，而政令可行矣。"[6]

二、传统基层社会矛盾化解机制的类型与再探讨

对矛盾化解机制的研究而言，费孝通先生的"双轨政治"理论中的"自下而上"的基层管理机制为我们进行了严格的主体界定：传统基层矛盾化解机制本质上反映出传统社会基层管理体制的基本内涵。正如我们前文所提到的，由于基层机关未在县级以下设立较为完备的官僚系统，因此基层地方管理由民间力量所填充，且时代越晚，基层系统对村落管理的越明显。相对的，当地豪强势力或士绅阶层在基层也起到了更为重要的作用。这并非国家对基层不重视，也不是国家机关对基层管理的废弃。而是在基层管理体制下，为了解决基层资源相较匮乏的困境，导致基层问题难以通过政府主导的形式解决。将官府直接管理改为地方乡绅管理的转化，反而是在基层管理体制之下做出的更加行之有效的方法。清末学者在论及基层士绅对社会秩序的作用时，即将"官"与"民"比较："官与民疏，士与民近。民之信官，不若信士……境有良士，所以辅官宣化也。"[7]因此，在管理方式上的"自治"使得基层针对自发矛盾的化解，更倾向于自主解决的态度。因此，基层在政府引导之下形成了"官府主倡，民间主导，基层构建"的基本形式。

基于传统社会的矛盾调解，学者早已有相关的研究，例如刘艳芳《我国

古代调解制度解析》，就古代调解制度本身的形成原因、调解的类型以及特征意义进行了较为详细的研究。[8]马晨光则从同一角度将其描述为"多元化纠纷解决机制"，并作出新的界定，认为除民间、官府调解之外，行业行会的调解也可加入其中。[9]可以说，两位学者的研究为古代民间矛盾化解机制本身提供了诸多理论借鉴。首先，他们均注意到古代官府和民间有机的综合作用，这也是为何会在官府、民间之外又萌生出第三种调解形式。然而，笔者在对相关史料的查阅中，认为无论是官方主导、民间主导还是官府与民间相互作用中常常会出现"你中有我，我中有你"的状态。笔者认为，将矛盾调解制度从"官""民"两个行为主体的角度上来划分，并在其主体大类之下进一步细分恐怕更加符合类型学科的学术规范。因此，在以主体为主导的矛盾调解机制中，传统矛盾调解的类型可分为以下两类：官方主导型及民间主导型。

（一）官方主导型调解

官方主导型调解，顾名思义，即是以政府官员为主导，对涉事双方进行诉讼裁判外的调解行为。事实上，我国在有信史记录的时期，便已经有了专职基层调解官员的记录。《周书·地官》便记载基层专门设有"调人"一职，负责"掌司万民之难而谐和之。"秦汉之际，基层设立了类似的基层机构来维持社会治安并解决基层矛盾问题。秦汉时期出土的秦简汉牍中常见的"亭"最早便是中央政府为了控制基层所设立的基层组织。除此之外，秦汉还在各地设三老等官职："十亭一乡，乡有三老……三老掌教化……皆秦制也。"[10]但在东汉之后，基层组织则渐渐被淡化。

自魏晋这时期开始，基层组织的淡出以及城乡分化的加深，使国家权力机构开始逐步淡出基层，进一步确立了"皇权不下县"的管理模式。这种管理模式也催生了基层以化解矛盾为主导的官方态度。

首先，为了使行政制度能够确立一个效率更高的体系，诉讼制度确立了依级上诉的基本原则："民有诉讼，必先历县州及观察使处决，不直，乃听诣台省。"[11]为了杜绝民间越级诉讼，一些朝代甚至由皇帝亲下敕令，禁止越诉。[12]因此，基层的诉讼多是以县为基本单位，对民间诉讼进行裁决。如果双方对案件表示质疑,则进一步上升至郡、府。在这种严格的规定下,使得县级政府官员不得不在最初独立承担所辖区域内解决所有矛盾问题。在这种沉重的压力之下,促使国家机构必须采取民间和解的措施。

其次,除国家行政效率的需求之外,国家主导的儒家思想对中国法制认知的影响也是原因之一。儒家的治国之道向来是历代统治者所推崇的理想形式。事实上,在传统社会管理及矛盾调解的问题研究中,学者也注意到基层社会中所衍生的"无讼"思想。"无讼",即"没有诉讼",出自《论语·颜渊》:"听讼,吾犹人也,必也使无讼乎?"[13]由于儒家传统意识的影响,不仅地方官员将调解民间诉讼视为化解民间矛盾的有效办法之一,甚至在中央看来,地方治安的优劣往往同地方诉讼情况相挂钩。对民间的矛盾冲突,无论是地方官员还是中央机关除去"十恶"及强盗、杀人等较重的刑事案件之外,涉及婚丧、财产的民间诉讼纠纷,则是考虑通过调解来达成和解的。大多数地方官员会根据案情的基本情况来确定是否行使裁判权。

再次,由于古代基层社会处于封建农耕社会,基层的民众大多依靠土地谋生,这也意味着守土、固土,较少发生流动的地缘关系往往陪伴着他们的一生。而矛盾的产生能否令双方有所信服,不再争斗则是传统社会解决矛盾的重中之重。因此针对一些民间纠纷,官方更加愿意采取较为灵活的调解方式,来保证控诉双方的和谐关系,例如《后汉书·循吏列传》记载刘矩为县令时,"民有争讼,矩常引之于前,提耳训告,以为忿恚可忍,县官不可入,使归更寻思,讼者感之,辄各罢去。"[14]汪辉祖曾有感自己诉讼断案过程:"词讼之应审者,什无四五。其里邻口角、骨肉参商细故,不过一时竞气,冒昧启讼,否则有不肖之人从中播弄。果能审理平情,明切譬晓,其人类能悔悟皆可随时消释。间有准理后,亲邻调处,吁请息销者,两造既归辑睦,官府当予矜全。"[15]

（二）民间主导型调解

民间主导型调解相较官方主导调解而言更为复杂。这种调解模式往往依托各种非官方的组织和团体,但是又因为时间的发展以及地域文化的不同,展示出不同的主导形态。民间主导的矛盾调解主要有三种形式,即血缘关系的宗主家长,地域上的乡贤、耆老,以及团体组织上的邑主、社主等。

1. 基于家族血缘关系的民间调解

由血缘姻亲关系构建的宗族关系可以说对于中国社会的影响是极为深远和长久的。班固《白虎通义》道:"宗者,何谓也? 宗者,尊也。为先祖主者;宗人之所尊也……大宗能率小宗,小宗能率群弟,通其有无,所以纪理族人者也。"宗族关系作为古代礼制的根本,深受儒家所推崇。因此,在古代宗族中,宗族首领往往对宗族事务有处理的权力,家庭内部一旦产生纠纷,往往先经由族长调决,而非诉诸公堂。当今所留存的明清家谱中,便能证明相关内容,例如安徽桐城所存《祝氏宗谱》规定:"族众有争竞者,必先鸣户尊、房长理处,不得遽兴讼端。"江西南昌《魏氏宗谱》也同样有着类似的规定:"族中有口角小愤及田土差役账目等项,必须先经投族众剖决是非,不得径往府县诳告滋蔓。"均体现出家长对于化解宗族内部矛盾的重视,而这种近乎强制性的"避诉"认识,其实也有一定的理论根据。

社会假定每个人是知礼的,至少社会有责任使每个人知礼。所以"子不教"成了"父之过"。儿子做了坏事情,父亲得受罚,甚至教师也不能辞其咎,教得认真,子弟不会有坏的行为。打官司也成了一种可羞耻之事,表示教化不够。

费孝通先生在《乡土中国》中认为"家人诉讼＝家教不够",这实际上体现了古代基层社会关系的一种基于家庭对公序良俗的认同。当然,在当今法治社会之下人民理应享有自由的诉讼权利。然而,正如我们前引桐城祝氏及南昌魏氏宗谱提到的那样,家庭调解有时并非片面地杜绝一切诉讼,而是需要一家之长率先定夺是否应当诉讼。这种首先通过以家庭为单位的基层组织加以筛选的过程,往往更有利于基层社会融合族内众智。

2. 基于地域关系的民间调解

从长时段的历史发展进程来看,地域关系的矛盾调解实际上属于承接前述的官方基层调解职能行为的演化。而这一形式的民间调解演变经历了从官府到基层、从单一到综合的渐变历程。前述《周书·地官》所记录的调人和秦汉时期的三老,其实是官方主动任命的专职教化、调解的地方官员。

然而，随着魏晋时期开始，政府淡出基层乡村，其所设的村正、里正之职虽代为国家征收赋税，却并无朝廷俸禄，基本退出了官僚体系。

这些主导基层管理的负责人并非与官府毫无关系。在基层负责教化、管理的人选往往是在当地极具影响力、年迈博学的豪族或士绅阶层，例如《三国志》载曾任幽州刺史的刘虞因病辞官归家，当时极负盛名却不以此自傲，为同乡豪族所尊敬。因此"时乡曲有所诉讼，不以诣吏，自投虞平之；虞以情理为之论判，皆大小敬从，不以为恨。"[16]这种由民间素有威望之人代为调解基层的形式被沿用下来。明朝洪武年间，即设立"耆宿制"，从乡村年长者中选拔一人公正任事者为"耆宿"，其后改称为"老人""里老"。尽管名称多有更迭，但其职能大致相当，主要负责所居当地治安、维持秩序以及地方民间诉讼调解等重要职责。"若户婚、田宅、斗殴，则会里胥决之，事涉重者始白于官。"[17]此后，明清之际，以乡绅阶层构建的乡规民约体系则进一步成为基层社会的主导，例如王阳明在《南赣乡约》中曾号召乡民："皆宜孝尔父母，敬尔兄长，教训尔子孙，和顺尔乡里，死丧相助，患难相恤，善相劝勉，恶相告戒，息讼罢争，讲信修睦，务为良善之民，共成仁厚之俗。"其将"息讼罢争，讲信修睦"视为地方和谐、乡里共荣的基本要求，并大力提倡"无诉"的儒家理念。地方"息讼罢争"的社会理念自此进一步被基层社会广泛接受。之所以如此，符合大部分乡里民众和谐共生的价值取向以及便捷易行的矛盾处理方式，是其在基层矛盾化解机制中发挥重要作用的主要原因之一。

3. 基于社会组织构成的民间调解

基于社会组织构成的民间调解主要是指不属于血缘宗族及基础地域划分的社会组织调解。中国广袤的国土和人文、自然资源形成了一个多元的社会。随着国家文化和生产力的发展，各地也因自身地域发展特征的区别，产生了较大的文化和经济差距。因此，在特定的地区，一些因文化、宗教、行业等自身特殊性而聚集的人群，逐渐构建出自己的组织结构，并进一步超越家庭、地域关系形成更为复杂的社会关系。这些因特定利害关系或文化信仰构建的基层组织在社会生活中起着重要作用。例如"社邑"最初是以全国上下每年统一"祭社"祈求社神保佑的地方祭典组织。然而,随着基层社会的发展,一些地区开始出现居民自愿结成的"私社",甚至在后来,进一步同东渐的佛教进一步融合,构建出既承担民间传统仪式活动,又兼具佛教元素的全新"社邑"。[18]而此类组织在早期出于维护自身群体的凝聚力,又出现了一些民间结义互助的特征,例如在敦煌出土的 S.5629《敦煌郡某乙等社条壹道》中便有:"窃以人居在世,须凭朋友立身,贵贱一般,亦资社邑训诲……一家之内,各各总是弟兄,便合识大敬少,互相慜重……"的结义互助规定。这种互助内容不仅号称以"弟兄"关系敬重礼让,同时,出于儒家礼教的原因提倡尊卑之礼、朋友之义及忠孝观念。此类积极正面的组织教化是有助于组织内部成员的道德养成、社会稳定和乡里和睦的。

三、结语

苏力先生曾经在《法治及其本土资源》中提道:"中国的法治之路必须注重利用中国本土的资源,注重中国法律文化的传统和实际。"[19]中国的基层矛盾化解实际上仍然需要立足于中国自身的实际现状。传统文化的沉积在党的理论指引下,进一步造就了当前基层社会邻里和谐、村民共治的新局面。在基于中国的司法现代化及传统文化的认识共同作用下,基层构建的"干部、民警、见证人"多元调解以及"老干部、老战士、老党员、老教师、老模范"的乡村五老等,是当今立足传统观念下借鉴古代矛盾化解机制理念或经验的成功案例。

同时,基层"本土资源论"的认识也进一步引出了另一个课题,正如我们前述的,传统矛盾调解机制本身往往会绕过法治的范畴,即传统社会始终围绕儒家"礼制",而在如今法治化社会的环境中如何能够做到民间矛盾调解机制始终保持在法治的基础上,进一步改造基层矛盾化解机制,使其真正与基层社会传统认识整合和统一则是我们需要持续深入探讨的内容。然而,一个机制的完善并不是一个静态的整体内容,传统社会始终在基层环境演化的过程中,不断构建新的类型和形式。而在理论认识不断完善和发展的今天,我们有理由相信,这一问题会在不久的将来得到答案。

【参考文献】

［1］ 楼劲."法律儒家化"与魏晋以来的"制定法运动"[J].南京师大学报(社会科学版),2014(6).

［2］ 费孝通.乡土中国(修订本)[M].上海：上海人民出版社,2013：279 - 287.

［3］ 温铁军.半个世纪的农村制度变迁[J].战略与管理,1999(6)：81.

［4］ 秦晖.传统中华帝国的乡村基层控制：汉唐间的乡村组织[J].中国乡村研究,2003(1)：1 - 31.

［5］ 郑卫东."双轨政治"转型与村治结构创新[J].复旦学报(社会科学版),2013(1)：147.

［6］ 魏源.清经世文编[M].北京：中华书局,1992：577.

［7］ 李燕光.清代的政治制度[C]//明清史国际学术讨论会论文集.天津：天津人民出版社,1982：257.

［8］ 刘艳芳.我国古代调解制度解析[J].安徽大学学报(哲学社会科学版),2006(2)：76 - 83.

［9］ 马晨光.中国古代多元纠纷解决机制及现代价值[J].国家行政学院学报,2010(2)：64 - 67.

［10］ 班固.汉书[M].北京：中华书局,1975：742.

［11］ 司马光.资治通鉴[M].北京：中华书局,2011：9763.

［12］ 董诰.全唐文[M].上海：上海古籍出版社,1990.

［13］ 国学整理社.诸子集成[G].北京：中华书局,2006.

［14］ 李贤.后汉书[M].北京：中华书局,2000：2476.

［15］ 汪辉祖.佐治药言[M].乾隆五十一年(1786)刊印本：7.

［16］ 徐寿.三国志[M].北京：中华书局,2007：240.

［17］ 中研院历史语言研究所.明实录[G].北京：中华书局,2016.

［18］ 郝春文.郝春文敦煌学论集[M].上海：上海古籍出版社,2010：116.

［19］ 苏力.法治及其本土资源[M].北京：中国政法大学出版社,2004：6.

机动车道路交通事故责任纠纷诉前调解的实践困境与完善路径：以 H 省 J 市"道交一体化平台"为例

李永春　邓文浩[*]

摘　要： 随着经济的急速发展,机动车的日益普及,机动车道路交通事故纠纷已成为法院受理最多的民事案件之一。与此同时,我国的互联网技术不断发展以及 5G 技术日臻成熟,人民法院推出了道交一体化平台,成为化解机动车道路交通事故纠纷有益尝试,实现了案件专业化、类型化处理,为法院提供了矛盾纠纷多元化解机制的新途径,有助于法院打破"案多人少"的困境。近年来,越来越多的法院启动道交纠纷诉前调解工作,各个法院也有诸多有益探索,但通过实践发现,该机制在运行过程中还存在着诸多问题有待解决。因此,本文以 H 省 J 市近三年的道交纠纷诉前调解案件为分析样本,分析道交纠纷诉前调解的实践基础、运行的现状,探究在运行实践中存在的困境,并提出完善的建议。

关键词： 道交一体化;诉前调解;道交纠纷

一、背景检视：机动车道路交通事故责任纠纷诉前调解的实践基础

随着经济发展和机动车逐渐普及,机动车道路交通事故责任纠纷大大

---

* 李永春,河南省济源市中级人民法院法官助理;邓文浩,西南政法大学民事诉讼法学博士研究生。

增加，2016 年，全国法院审结一审民事案件 673.8 万件，其中机动车道路交通事故纠纷达 92.2 万件，持续高居第三大类民事案件。[1]面对法院系统案多人少的困境以及互联网技术的高速发展，2017 年 11 月 28 日，最高人民法院联合公安部、司法部、中国保险监督管理委员会召开视频工作会议，正式启动在全国 14 个省市自治区开展道交纠纷"网上数据一体化处理"改革试点工作。随后在 2020 年 5 月 22 日，最高人民法院、公安部、司法部、中国银行保险监督管理委员会联合发布《关于在全国推广道路交通事故损害赔偿纠纷"网上数据一体化处理"改革工作的通知》，正式在全国推出"全国法院道路交通事故纠纷诉前调解平台"（简称道交一体化平台）。作为仅针对单一类型纠纷的调解平台，道交一体化平台的设立有其特定的背景。

（一）案件数量较多，占民事案件比例较大

H 省 J 市地处 H 省与 S 省交界，省道与国道交融，交通状况复杂，案件数量多。H 省 J 市人民法院 2020 年一审审结各类民事案件 10 018 件，其中机动车道路交通事故纠纷 521 件；2021 年一审审结各类民事案件 10 770 件，其中机动车道路交通事故纠纷 621 件；2022 年一审审结各类民事案件 10 349 件，其中机动车道路交通事故纠纷 491 件。根据上述数据能够看出近三年 H 省 J 市人民法院审结的机动车道路交通事故纠纷占到当年一审各类民事案件的 5%。而 H 省 J 市人民法院一审民事案件数最多的民间借贷纠纷，近三年的数量仅占到当年一审各类民事案件的 8%。

（二）诉讼主体多样，法律关系复杂

机动车道路交通事故责任纠纷虽然是由侵权引起的纠纷，但实际上并非简单的侵权案件，在实践中会涉及诸多例如保险、雇佣、挂靠、借用、租用等多种合同法律关系。除此之外，在机动车道路交通事故责任纠纷的审理过程中，双方当事人往往会围绕关键的交通事故认定书进行诉辩，特别是在《中华人民共和国道路安全交通法》（简称《道路安全交通法》）实施以后，当事人对公安机关制作的交通事故认定书不能提起行政诉讼，只能要求上一级部门复核，因此一审法院在审理过程中还具有一定的行政色彩。

（三）赔偿责任移转，涉及保险公司

随着交强险制度实行以来，保险公司往往会参与机动车道路交通责任纠纷的诉讼。在 2012 年《最高人民法院关于审理道路交通事故损害赔偿案件适用若干问题的解释》颁布后，涉案车辆商业三者险保险公司也成为机动车道路交通责任纠纷的诉讼主体。①鉴于保险公司拥有较强的风险承担能力与偿付能力，法院多倾向于判决由保险公司承担相应责任。除此之外，在实践中绝大多数保险公司把判决书作为理赔的依据。即使双方当事人达成了一致意见，也需要以判决的形式确定给付内容。保险公司作为赔偿义务主体，对于参与诉讼后的结果其实有一定的预判，因此在发生机动车道路交通事故后更倾向于选择调解。

（四）多数案情简单，调解适用率高

当事人在发生机动车道路交通事故后，大多经过交警部门处理达成了和解，但也存在当事人未达成和解而起诉到法院的情况，且这些案件相对简单。在机动车道路交通事故责任纠纷案件中，由于法院诉讼费的承担以及审理时间较长，当事人往往更倾向于尽快解决纠纷，因此当事人在选择程序时，调解常常成为首选。除此之外，《中华人民共和国民法典》的出台以及最高人民法院对于道路交通事故责任纠纷出台的相关司法解释，使道路交通事故责任纠纷的赔偿项目和赔偿标准裁判路径相对统一，当事人在发生纠纷后进行法律咨询过程中对于纠纷可能的裁判方向已经有了预判，因此，在程序选择上并不排斥调解。

二、实证分析：H 省 J 市人民法院适用道交一体化平台进行机动车道路交通事故责任纠纷诉前调解的现状及效果

（一）H 省 J 市适用道交一体化平台的现状

1. H 省 J 市人民法院适用道交一体化平台诉前调解的现行制度设计

（1）道交一体化平台诉前调解的主体。H 省 J 市人民法院一方面配置专门调解员驻院调解，提高调解效率。H 省 J 市人民法院通过选聘、引进等多种途径聘用专门调解员，通过规范选聘范围和选聘程序确保调解员的专

业性,目前已选聘专门调解员 1 名,从而可以及时了解。同时,H 省 J 市人民法院积极探索将部分道交纠纷案件通过道交一体化平台委派给公安交警部门、人民调解委员会等组织进行调解,从而丰富调解人员队伍。另一方面,设置专门法官参与诉前调解的协议审核阶段。H 省 J 市人民法院在进行诉前调解过程中探索法官参与诉前调解程序。虽然调解员通过道交一体化平台对机动车道路交通事故责任纠纷进行调解,但是达成协议一般是通过司法确认的程序制作调解书,由于诉前调解并未进入诉讼中,因此法官并不能够提前参与调解。对此,H 省 J 市人民法院进行探索,配备一名员额法官对双方达成调解协议后进行审核,即在审核无误的情况下及时进行司法确认,防止程序再次流转,以最快速度保障当事人的权益。

（2）道交一体化平台的流程。道交一体化平台是由最高人民法院建设,设置有六个板块,分别是赔付计算、网上调解、司法确认、网上立案、网上办案、网上理赔。[②]在交通事故发生后,由交警第一时间出警定责,随后将有关资料导入平台,引导当事人至法院的道路交通事故一体化平台进行调解;达成调解协议并能够当即履行的,当事人可在线申请一键理赔,保险公司确认后,理赔款将在规定工作日内到账;对于达成调解协议但不能当即履行的,当事人可请求线上或线下司法确认,人民法院将及时予以确认;达不成调解协议或不愿调解的,当事人可以通过该平台直接起诉。[2]

（3）H 省 J 市人民法院适用道交一体化平台的规则。目前 H 省 J 市人民法院对于道交一体化平台调解的案件适用的规则是《人民法院在线调解规则》。虽然 H 省 J 市人民法院制定有关于道交一体化平台调解的规则,但是规定较为粗糙,实践中一般还是采用《人民法院在线调解规则》调解案件。

2. H 省 J 市人民法院适用道交一体化平台的诉前调解情况

从数据上看,自道交一体化平台正式上线以来,H 省 J 市人民法院积极对机动车道路交通事故责任纠纷进行案件分流。2020 年,H 省 J 市人民法院运用道交一体化平台新收以"机动车道路交通事故责任纠纷"案由的纠纷 293 件,调解成功 84 件;2021 年,运用道交一体化平台新收以"机动车道路交通事故责任纠纷"案由的纠纷 543 件,调解成功 287 件;2022 年,运用道交一体化平台新收以"机动车道路交通事故责任纠纷"案由的一审诉前调解纠纷数量169件,调解成功41件;2023年1—6月,运用道交一体化平台新收以"机动车道路交通事故责任纠纷"案由的一审诉前调解纠纷数量259件,调解成功66件(见图1)。

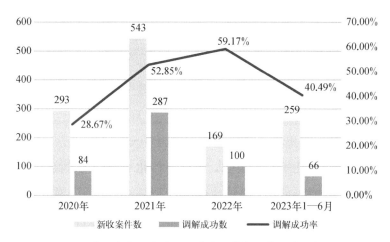

图1　H省J市人民法院适用道交一体化平台诉前调解分析

(二)H省J市适用道交一体化平台的价值

1. 对人民法院的价值

(1)显现人民法院信息化建设成果。信息技术在国民经济和社会各领域的应用效果日渐显著,司法领域也在不断地探索如何进行信息化建设。道交一体化平台的建设既是我国法治信息化建设实践的重要举措,也是智慧司法的具体体现。对纠纷当事人而言,道交一体化平台能够提供便利的同时具有法律法规查询功能、案件胜诉率的评估功能,可以增强当事人的法律意识,加深当事人对案件纠纷的认识。对于人民法院而言,道交一体化平台的建设更有利于法院对信息的收集和处理。以往"据统计"三个字是建立在从各部门收集的统计报表,往往存在一些数据不准确的情况,并且一些重要数据汇总需要很长时间。而现在,大数据的应用为法院掌握审判动态、研究类案情况提供了"立等可取"的便利,[3]更加方便人民法院把握机动车道路交通事故责任纠纷的发展方向、案件纠纷发展情况。

（2）提高道交一体化平台适用率，节省人民法院司法资源。机动车道路交通纠纷案件涉及的不仅有法院，而且有交警部门，人民法院通过将大量机动车道路交通责任纠纷适用法院适用道交一体化平台调解解决，产生了一定的类案效应。当事人在发生机动车道路交通责任纠纷时会自觉选择该平台化解纠纷，从而提高道交一体化平台的适用率，人民法院在受理机动车交通事故责任纠纷的案件数量减少，减轻了法官的工作压力，一定程度上缓解了法院"案多人少"的矛盾，节省了法院的司法资源。

（3）创新"异步调解"形式，丰富法院审理模式。H 省 J 市人民法院在适用道交一体化平台过程中还发挥了异步调解的功能，即参与调解的当事人，按照各自方便的时间登录调解平台，以非同步、非即时的方式进入调解程序。异步调解是《人民法院在线诉讼规则》第 14 条③规定的"异步审理"的拓展延伸，在物理空间范围上，打破了传统调解模式线下面对面地进行陈述事实，提出纠纷解决需求；在时间上可以由当事人根据当事人自身的实际情况，选择适时提交解纷需求，并不需要指定时间进行调解。异步调解本质上是传统调解采用"背对背调解模式"的线上形式，其填补了人民群众日益多元的司法需求，是充分运用信息化创新审判模式的重要举措，极大提升了调解效率和调解成功率。

2. 对当事人的价值

人民法院适用道交一体化平台解决纠纷具有注重人际关系重构，兼顾纠纷解决与效益的作用。随着社会的经济发展，社会结构也发生着转型，正在经历着由"熟人社会"到"陌生人社会"的转变，但仍保存着"熟人社会"的特点。在此背景下，适用道交一体化平台进行诉前调解不仅有利于纠纷的解决，而且有利于营造社会和谐稳定的氛围，更有利于人际关系的重建与治愈。机动车道路交通纠纷案件所产生的后果一般是财产性损失，而调解程序中当事人所产生的对抗性较弱，许多案件在解决时没有试图确定对错或分摊责任，而是专注于重建关系，没有"客观地"决定惩罚。除此之外，通过道交一体化平台进行调解解决纠纷对当事人而言所产生的成本更低。根据人民法院关于道交一体化平台调解的规定，当事人进行诉前调解的案件不收取费用,调解的期限为 30 天,与诉讼相比,其时间和金钱成本更低。

三、现实困局:机动车道路交通事故责任纠纷诉前调解的实践困境

(一)存在司法引导与司法强制的冲突

调解在我国属于司法引导适用或司法强制适用,这两者之间的边界比较模糊。调解一般是当事人均同意才适用的,即属于司法引导范围。但是离婚案件和在特定情况下人民法院适用简易程序审理的案件,属于司法强制调解的范围。根据 H 省 J 市人民法院的做法,在进行机动车道路交通事故责任纠纷的分流过程中,将能够适用调解的案件进行了象征性的询问当事人的意见后都适用了道交一体化平台调解。

(二)专门调解员及调解组织存在不足

1. 调解人员的经费保障不足

目前 H 省 J 市人民法院配置的专门调解员属于第三方公司劳务派遣,其收入大多源于政府财政核发的固定工资,还有一部分源于司法局对于专门调解员的案件补贴,薪资较低,且没有绩效考核标准,仅靠固定的薪资并不能够激发调解员的积极性。

2. 调解人员专业能力素质不足

从总体上看,H 省 J 市人民法院适用道交一体化平台配置的调解人员的素质不高。其配备的调解人员源于保险业调解中心,对于我国现行法律的掌握并不熟悉。除此之外,H 省 J 市人民法院在配置调解人员时并不需要相关资格证,也缺乏统一考试或测试,虽然进行筛选,但是准入门槛仍较低,多由了解机动车道路交通事故纠纷的理赔人员且生活经验较为丰富的人担任,并不能很好保障其法律素质。因此在机动车道路交通事故纠纷的调解过程中难免会采取"和稀泥"的方式对待当事人,使纠纷没有得到彻底解决,最终还得靠诉讼解决。

3. 人员结构比例存在断层

调解人员是需要办案经验的,从事调解的工作越长,处理的调解案件越

多,调解经验则越丰富,对于调解纠纷的能力则越强。然而由于调解员的工资待遇普遍不高,工作内容也十分不稳定,使得部分调解人员从事调解工作流动性较大。就 H 省 J 市而言,参与道交一体化平台的调解人员年龄处于一个断层结构,几乎没有新加入的调解人员,即使有新加入的调解人员往往会因缺乏调解经验,调解质量不高而无法参与机动车道路交通事故纠纷的调解,由于缺乏专业的业务培训,因此在老调解员离职后,会在一段时间内产生调解成功率不高的现象。长此以往,造成人民群众的信任基础缺失,转而向诉讼制度寻求法律救济。

（三）调解平台的流程规范和标准尚不完善

目前虽然我国通过《中华人民共和国民事诉讼法》和《人民法院在线调解规则》等对调解的流程进行了规范,但是仍有不足,就 H 省 J 市人民法院运用道交一体化平台进行调解的现状来看,调解程序存在以下不足：① 送达难。专业调解员在适用调解程序进行调解机动车道路交通事故责任纠纷时,在确定时间进行调解向当事人送达传票时,因未进入诉讼阶段,当事人拒绝签收或者不按约定前来调解并不产生任何不利的法律后果,因此送达的效果不理想。② 立案衔接不畅。道交一体化平台与诉讼立案之间并没有对接接口,经过调解的案件并不需要形成独立的卷宗,因此机动车道路交通事故责任纠纷在经历诉前调解没有达成调解协议后,其是否应当进入诉讼程序仍取决于当事人的意思表示,由于没有任何规定调解不成功的案件必须在一定时间内转为立案,故在正式立案前的这段时间实际上是法律规定的"真空期",影响了当事人的诉权。③ 证据流转不畅。当事人在道交一体化平台进行调解时会上传部分证据,但是这些证据并不能直接在立案阶段直接采用,致使调解员在认定事实过程中存在认识偏差,可能造成调解失败。

（四）诉前调解与诉前鉴定不兼容

与其他纠纷不同,机动车道路交通事故责任纠纷往往需要进行鉴定,但是道交一体化平台仅具有调解的基本功能,不具有司法鉴定等较为复杂的功能。并且在实践中,如果一方当事人在机动车道路交通事故责任纠纷中提出进行诉前鉴定的请求,根据 H 省 S 市人民法院的做法,将会直接终止诉前调解程序并转为诉讼程序,这在一定程度上剥夺了当事人的处分权。除此之外,作为诉前调解,在调解过程中应具有基本的事实认定和法律认定能力,如果没有办法在诉前调解中提出诉前鉴定申请,那么,将在一定程度上会架空我国关于无争议事项记载的规定。同时在调解过程中,双方可能对事实部分难以让步,法律部分又欠缺规范的认定程序,从而造成双方各执一词、久调不决的情况。

(五) 数据交换存在壁垒

近年来,最高人民法院动用法院自身的资源参与调解平台的建设,但信息共享的程度不足以支撑调解平台形成良好的生态。一是道交一体化平台在建设上并没有与公安交警实现数据有效对接。公安部门的数据如车辆信息、事故责任认定书等并不能在平台上共享,增加了重复性的事实认定工作,提升了诉前调解的难度。二是法院建设的调解平台间的数据未能有效对接。道交一体化平台与人民调解在线平台一样均由人民法院建立,但是两个平台没有对接渠道,致使一些已经在道交一体化平台登记的案件,如果想委派给人民调解委员会进行调解步骤较为烦琐,不能很好地发挥诉前委托调解的作用。

四、路径探寻:机动车道路交通事故责任纠纷诉前调解的完善建议

(一) 以调解合意诱导机制探索"强制调解"程序

以尊重当事人处分权为本质的诉前调解,人民法院在适用调解过程中往往需要征得当事人的统一。但是当前"调审合一"程序不仅无助于促进调解合意的生成,而且会导致调解"诉讼化",同时也弱化了当事人生成调解意的作用。[4]在以作出判决为程序基本目的的审判程序中,当事人合意解决纠纷的行为选择存在不确定性。但是由于机动车道路交通事故责任纠纷案件往往案情较为简单,事实认定清楚,十分适合于调解解决纠纷。为促使当事人达成合意选择,人民法院可以探索建立基于案件类型化的"强制调解程

序"，例如离婚案件必须经过调解一样，将机动车道路交通事故责任纠纷也纳入强制调解的范畴。

（二）完善道交一体化平台的流程和制度建设

1. 规范诉前调解流程管理

应当总结和分析道交纠纷诉前调解机制运行过程中存在的问题和目前该机制已经取得的成效，不断丰富道交纠纷诉前调解的规则体系，实现从确认调解、调解期限、鉴定前置、诉调对接、档案管理等全流程操作有法可依。同时，要强化流程管理，尤其要加强诉前调解及诉调对接的节点管理，使调解程序的每一环节紧密衔接，维护当事人的合法权益。

2. 发挥无争议事项记载机制效用

人民法院在使用道交一体化平台进行诉前调解时，应当首先核实当事人的身份信息和诉讼地位。其次，对于当事人提交的证据材料按照程序进行核查、质证，并将这些证据准确无误地录入道交一体化平台或记录于调解笔录。如果该纠纷未能达成调解并起诉，调解人员可以将查明的事实内容以及双方无争议的证据材料以书面方式记载，并经双方当事人签名盖章后，在法庭上将其作为证据使用。

（三）激发调解人员和调解组织活力

1. 优化调解人员配置

目前在道交一体化平台进行调解的人员主要是熟知当地保险公司理赔的人员和人民调解员。随着我国参与调解的主体数量增加并逐渐多元化，越来越多的调解组织、律师等将参与诉前调解。有数据显示，2021 年全国法院对接的调解组织和调解员数量分别是 2018 年的 48.27 倍和 18.46 倍。截至 2022 年年底，全国对接法院的调解组织已达到 9.6 万家，调解员共 37.2 万人。[5]因此人民法院在处理机动车道路事故责任纠纷时可以尝试增加调解人员选择的范围，值得特别关注的是，律师参与调解由于其同时具有法律知识和生活常识，并具有中立的立场，由其主持调解可以令当事人更为信服，进而增加调解的成功率。除此之外，可以探索返聘退休法官成为道交一体化平台的调解人员。因退休法官的专业程度更高以及拥有类案裁判经验,其作为道交一体化平台的调解人员一方面能够会让当事人更愿意通过调解解决纠纷以及更加信任道交一体化平台的调解结果;另一方面,也能够发挥退休法官的余温。

2. 建立健全人员考核机制

对于调解人员应当分别建立专业调解员和兼职调解员的日常考评、年终考评机制,并严格考评制度,区分专业调解员和兼职调解员的考评办法,确保考评的公平公正。对于考评结果为"优秀"的调解员在发放奖金的同时应对其进行表彰,通过提高调解员的收入和调解人员的地位来激发调解人员的积极性。同时由于调解人员可能在调解过程中会收受当事人的财物,法院应当建立对诉前调解的督查制度,对于调解人员可能产生的问题给予处分,特别严重的应当开除。

3. 提高调解员的专业素质和技能

加强公安交警部门与人民法院沟通配合,定期和不定期地组织调解员进行业务学习和交流活动,促进机动车道路交通事故责任纠纷调解与司法审判的良性互动。以公安交警部门为业务理论培训的主阵地,同时让调解员担任涉机动车道路交通事故责任的人民陪审员,以增强调解员的法律专业性。通过理论学习和具体民事案件的审判经验,强化调解员自身的业务水平,提高调解满意度。

(四) 探索建立诉前调解过程中诉前鉴定程序

目前关于诉前调解时能否进行诉前鉴定并没有明确的法律规定,但是应当明确的是,机动车道路交通事故责任纠纷可能会涉及财产损失、人员伤残,这些均需鉴定予以确认,因此,应当探索建立诉前调解中的诉前鉴定程序。在选取鉴定机构对接时,应当严格审查鉴定机构的资质、专业性、中立性,并与多个鉴定机构建立对接窗口,当事人在通过道交一体化平台进行调解过程中应当共同委托选取鉴定机构,由法院直接通过对接窗口向鉴定机构传递材料。此外,应当明确诉前调解过程中诉前鉴定的法律效力。如果当事人通过诉前调解并未化解道交纠纷,通过诉前鉴定产生的鉴定意见在后续诉讼程序中如果没有足以反驳的相反证据或不存在重新鉴定的法定情形,人民法院应当认可该鉴定意见。

（五）实现数据共享

应加强法院与各部门间、法院诉讼平台与道交一体化平台间、法院构建的各调解平台间的沟通合作,一方面,要与公安交警部门的"六合一系统"对接,从而完整获取交通事故的事故信息与责任认定,第一时间调取事故责任认定书。另一方面,要实现法院内部审判管理系统与外部"道交一体化"平台的真正对接,实现数据的融合、网上立案、证据材料审查、送达文书信息等全流程、一体化操作。另外,还要实现法院建立的道交一体化平台、人民调解平台等调解平台之间的对接,方便法院进行人民调解和行业调解的委托,从而让当事人的纠纷化解在诉前。

（六）构建有效评价反馈机制

平台的构建是一个不断反复循环到臻于完善的过程,从解纷效能和创新治理体系出发到满足人民群众的解纷需求。道交一体化平台刚刚推出,还有诸多问题亟待解决,而这些问题是平台制作者看不到的,只有使用者才能够发现。因此要想使道交一体化平台的功能性、科学性得到切实的保障,必须构建有效评价反馈机制。[6]一方面,需要注重道交一体化平台使用者评价反馈。使用者不仅包括调解的当事人,而且包括调解人员,应当将他们的意见作为调解平台机制反馈的主要根据,并将结果及时、不加以处理地反馈给道交一体化平台构建机构,其中包括形成性评价、过程性评价、终结性评价,通过这种方式更好地使平台建设方了解平台建设过程中的缺陷与不足,针对不足之处采取更加具有针对性的措施。另一方面,要引入竞争机制对道交一体化平台进行整体评价。与同类市场上的 App 的评分一样,我国可以构建一个相对科学的评价体系,将目前建成的各个调解平台放在一起进行评价,有助于各平台建设方了解各调解平台的优点与不足,与此同时,也有利于各调解平台进行横向比较,从整体上提升调解平台的建设质量。

【注释】

①《最高人民法院关于审理道路交通事故损害赔偿案件适用法律若干问题的解释》第

13条：同时投保机动车第三者责任强制保险(简称交强险)和第三者责任商业保险(简称商业三者险)的机动车发生交通事故造成损害，当事人同时起诉侵权人和保险公司的，人民法院应当依照《民法典》第1213条的规定，确定赔偿责任。被侵权人或者其近亲属请求承保交强险的保险公司优先赔偿精神损害的，人民法院应予支持。

② 道交一体化平台最大优势就是便捷、高效、透明。平台共有六大功能模块：(1) 赔付计算。在该模块中，只要输入受害人年龄、户籍、职业、伤情、治疗过程等要素，就可以自动试算出赔偿数额。(2) 网上调解。在该模块中，可以申请调解组织进行网上调解，高效快捷，公正专业，并且不需支付任何费用。(3) 司法确认。在该模块中，经过网上平台调解成功的案件，可以向人民法院申请司法确认调解协议的效力，若对方不履行协议，则可以直接跳过诉讼阶段直接申请强制执行。(4) 网上立案。在该模块中，对于调解不成功的案件，可以足不出户进行网上立案、缴纳诉讼费、提交证据材料。(5) 网上办案。在该模块中，法院可以网上应诉、送达、开庭，免去了当事人来回奔波的辛苦。(6) 网上理赔。在该模块中，案件处理结束后可以直接在网上一键申请理赔，案款直接打入账户，简易便捷。

③《人民法院在线诉讼规则》第14条：人民法院根据当事人选择和案件情况，可以组织当事人开展在线证据交换，通过同步或者非同步方式在线举证、质证。各方当事人选择同步在线交换证据的，应当在人民法院指定的时间登录诉讼平台，通过在线视频或者其他方式，对已经导入诉讼平台的证据材料或者线下送达的证据材料副本，集中发表质证意见。各方当事人选择非同步在线交换证据的，应当在人民法院确定的合理期限内，分别登录诉讼平台，查看已经导入诉讼平台的证据材料，并发表质证意见。各方当事人均同意在线证据交换，但对具体方式无法达成一致意见的，适用同步在线证据交换。

【参考文献】

[1] 全国部分地区道路交通事故损害赔偿纠纷"网上数据一体化处理"试点工作新闻发布会[EB/OL].[2023-06-18]. https://www.court.gov.cn/zixun-xiangqing-70552.html.

[2] 交通事故纠纷怎么解决？"道交一体化"平台便捷高效还免费！[EB/OL].[2023-06-23]. https://m.thepaper.cn/newsDetail_forward_9346919.

[3] 徐隽."智慧法院"带来怎样的变革[N].人民日报,2016-04-06(19).

[4] 唐力.诉讼调解合意诱导机制研究[J].法商研究,2016,33(4)：121-130.

[5] 人民法院2022年诉前调解成功案件895万件[EB/OL].[2023-06-16]. http://www.news.cn/legal/2023-02/15/c_1129368156.htm.

[6] 吕宗澄,夏培元.新时代法院在线调解平台建设现状及优化策略研究[J].南华大学学报(社会科学版),2022,23(4)：76-84.

智能化线上行政调解的
实践矛盾与未来发展

李晶*

摘　要：行政调解因行政机关主持化解与其行政职权有关的矛盾具有特殊性。线上行政调解方式是信息化技术发展所出现的一种新的形式，虽然能够给予行政机关和当事人便利，但在实践中存在矛盾，例如可能存在自愿选择与他愿强制、灵活适用与自动执行、便捷操作与行政权威，故需要明确立法对智能化线上行政调解的保障，同时肯定立法和智能化技术对当事人自愿性的促进作用。

关键词：行政调解；线上调解；智能化技术

国务院于2022年发布的《关于加强数字政府建设的指导意见》明确提出，"推动社会治理模式从单向管理转向双向互动、从线下转向线上线下融合，着力提升矛盾纠纷化解、社会治安防控、公共安全保障、基层社会治理等领域数字化治理能力"，通过提升网上调解水平以"促进矛盾纠纷源头预防和排查化解"。政府在提升线上调解能力以及规范线上调解工作做了诸多努力，例如天津市人民政府于2021年公布并实施的《天津市行政调解规定》，规定了行政主体依法开展行政调解，化解民事纠纷和行政争议。在经过当事人同意的前提下，行政主体可以就民事纠纷采用线上方式开展调解

---

　*　李晶，上海政法学院法律学院讲师，华东政法大学法学博士后流动站在站博士后，硕士研究生导师。

工作。①而深圳市龙华区人民政府于 2022 年公布并实施的《深圳市龙华区行政调解实施办法(试行)》则规定了对于不能当场调解的案件,行政主体应及时通过线上调解等有利于调解的便捷方式进行。②在行政调解中,线上调解是便捷当事人的一种调解方式的选择。目前虽无全国施行的关于线上行政调解的规则,但地方政府探索了以化解纠纷争议为目的的线上调解经验,并进行固化。更为重要的是,作为支撑线上行政调解工作的智能化技术始终处于动态发展中,利用智能化技术在增加行政调解方式、提高行政调解效率、便捷当事人的同时,智能化技术也因其智能性成为阻碍线上行政调解的"硬币的另一面"。有赖于此,有必要分析行政调解自身的特点以及智能化技术在行政调解领域应用的状况和困境,并提出适应智能化技术发展以及符合当事人利益的行政调解发展方向。

一、线上行政调解的内涵外延

(一) 行政调解含义的两个视角

对于行政调解,应从两个角度进行理解：一是行政调解是调解的一种类型。对于调解的含义,有学者从调解的依据、过程、目的等角度对其进行描述："在第三方主持下,以国家法律、法规、规章和政策以及社会公德为依据,对纠纷双方进行斡旋、劝说,促使他们互相谅解,进行协商,自愿达成协议,消除纷争的活动。"[1]在这样的语境下,行政调解同样具有使当事人之间达成协议,从而消除纠纷和争议的功能。行政调解常常与人民调解、司法调解一同出现,在《中华人民共和国国民经济和社会发展第十二个五年(2011—2015 年)规划纲要》中提出要"加强人民调解、行政调解、司法调解联动,整合各方面力量,有效防范和化解劳动争议、征地拆迁、环境污染、食品药品安全、企业重组和破产等引发的社会矛盾",此时行政调解与其他类型调解共同发挥化解社会矛盾的作用,是运用行政力量、民间力量和司法力量的综合体现。这一表述在《中华人民共和国国民经济和社会发展第十四个五年规划和 2035 年远景目标纲要》中进一步阐明,虽仍然强调人民调解、行政调解与司法调解的联动,但将调解功能从防范、化解社会矛盾调整为保障群众权益:"畅通和规范群众诉求表达、利益协调、权益保障通道,完善人民调解、行政调解、司法调解联动工作体系。"

在该视角下,是从行政调解所承担的社会功能以及权利保障的双重功能进行界定,与人民调解、司法调解共同发挥作用。据此,可以认为行政调解是在特定行政主体主持下,以国家法律、法规、规章等规定,基于当事人自愿的基础上协调当事人利益、化解纷争的专门活动。与依据国家法律、法规、规章、政策和社会公德调解民间纠纷的人民调解不同,人民调解本质上是一种群众自治活动,由特定的机构(依法设立的人民调解委员会)主持,在基于当事人双方自愿的基础上对双方的民事纠纷进行调解的活动。我国于2010年公布并于2011年实施的《中华人民共和国人民调解法》第2条对人民调解进行了界定:"人民调解委员会通过说服、疏导等方法,促使当事人在平等协商基础上自愿达成调解协议,解决民间纠纷的活动。"从该法第7条对人民调解委员会的法律定位来看,其作为群众性组织,居中调解当事人的民间纠纷以及形成的具有法律约束力的调解协议,有赖于当事人双方对约定义务的履行,本质上仍是基于当事人双方的意思自治。

首先,行政调解与司法调解有着本质区别,最典型的表现是调解的主持主体的差异,司法调解是在审判人员的主持下进行的。其次,司法调解的纠纷范围更加广泛,可不局限于民事纠纷和行政争议。再次,司法调解在我国诉讼法中有明确的规定,在一定程度上具有一定的法定性,《民事诉讼法》第9条规定,"人民法院审理民事案件,应当根据自愿和合法的原则进行调解;调解不成的,应当及时判决"。民事诉讼中在当事人自愿和合法的前提下进行司法调解,当事人之间达成的调解书具有法律效力。在刑事诉讼中也有相似规定,但限定了可以进行司法调解的刑事案件的类型,《刑事诉讼法》第103、212条规定,刑事附带民事诉讼案件、自诉案件可以进行调解。行政诉讼则与上述两种类型的诉讼略有不同,《行政诉讼法》第60条规定,在行政案件中原则上不适用调解,但在行政赔偿、补偿以及行政机关行使自由裁量权的案件可以调解。在民事诉讼和刑事诉讼中虽强调了司法调解书的法律效力,但并未明确规定司法调解书执行问题,但在行政诉讼中,可以申请法院或者行政机关强制执行调解书。

综上,简单来说,行政调解和人民调解都是非诉讼的调解活动,是发生在诉讼程序之外的调解活动,与司法调解不同;行政调解可以调解民事纠纷和行政争议,与主要调解民间纠纷的人民调解不同。行政调解具有自身的特殊性。

二是从行政法的角度看,行政调解是"行政机关在实施行政管理过程中,依法对与本机关行政职权有关的各类争议纠纷,以当事人自愿为原则,通过对争议当事人的说服与劝导,促使当事人平等协商、互谅互让,达成调解协议,解决争议纠纷的活动"。[2]这一对行政调解的定义与当前地方政府关于行政调解规定中对行政调解的界定基本保持一致,例如《无锡市行政调解实施办法》第 2 条对行政调解的规定,③《潍坊市行政调解工作规定》第 2 条对行政调解的规定,④《云南省行政调解规定(试行)》第 2 条对行政调解的规定,⑤等等。

行政调解的特殊性体现在,一是调解的主体是行政主体,只能由行政机关和法律法规授权的具有公共管理职能的组织主持进行,这将行政调解与人民调解和司法调解区分开来;二是行政主体只能处理与其职权有关的争议,这意味着行政主体并非能处理所有争议,与其行使职权无关的争议不在行政调解范围之内;三是行政调解协议并不具有法律上的强制力,双方在行政调解协议上签字只是表明该行政调解协议发生法律效力,但不具有强制执行力。

(二)线上行政调解的提出

线上行政调解并非行政调解的一种类型,而是行政机关利用智能化技术所采取的一种可供当事人选择的便捷方式。与在线调解规则的司法调解不同的是,行政调解并无明确的在线调解规则,仅在一些地方政府的关于行政调解的立法中有所体现。无论线上行政调解提出的方式有哪些,线上行政调解只是当事人的一种选择而已,而非当事人进行行政调解时的必选项。

二、线上行政调解的实践矛盾

(一)线上行政调解的自愿选择与强制

行政调解能否发生取决于当事人的意愿。在关于行政调解的法律规范当中,自愿原则被列为行政调解首要遵循的原则。行政调解中的自愿既包括行政调解程序的启动由当事人申请发生,也包括行政调解采取何种方式由当事人选择,这意味着即使行政机关出于提高调解效率、便捷当事人的目的提出采取线上调解方式进行,是否同意则由当事人决定。除此之外,行政调解的自愿也含有当事人对行政调解结果的自愿接受。

与此同时,地方立法也将便捷原则作为行政调解的原则之一,线上行政调解方式作为简便、快捷、高效的方式被鼓励使用于化解当事人之间的矛盾。一旦当事人接受这样的鼓励使用,相当于当事人的自愿性在一定程度上已经被削弱。鼓励使用线上行政调解的方式和在不同的行政调解方式中选择其中一种是不同的状态,前者是当事人的"被动"选择;后者是当事人的"主动"选择。一旦当事人选择线上行政调解,则意味着行政调解的程序将由技术推进和保障。如果在行政调解过程中,利用智能化技术对相关数据进行分析以给当事人分析结果,可能会影响当事人对调解结果的判断。当然,诸如智能合约这样的智能化技术也可让当事人看到特定条件输入即可得到特定结果,利用技术保障调解结果的公正性,但是如果智能化技术的算法已被确定,当事人所看到实现的公正可能是算法设计过的公正。更何况,无论是民事纠纷还是行政争议,可能涉及的法律关系复杂、涉及群体广泛、涉及的利益多元,仅依靠自动执行的智能化技术来调解当事人之间的纠纷,可能存在过于简化行政调解程序而无法满足不同当事人的诉求,甚至可能出现"互联网技术凭借其技术优势挤压当事人自愿性表达的空间,对当事人适用在线调解产生隐形强制作用,限制当事人主观能动性发挥"。[3]

(二)线上行政调解的灵活适用与自动执行

线上行政调解同样符合调解的本质特征,即利用灵活的处理方式化解双方矛盾。与诉讼方式解决纠纷相比,调解具有更强的灵活性,体现在当事人对调解方式的选择以及调解结果的选择接受上。线上行政调解相对于线下行政调解而言,能够打破时空限制,让当事人、主持人能够不受地域限制而及时地参与行政调解活动,可以节省各方参与主体的成本。更进一步,当事人可以充分利用线上调解平台和资源,将相关证据上传至线上平台供各方参与主体查阅，可以打破各方信息不对称。可以认为，线上行政调解方式更为灵活和便捷，但"硬币的另一面"则是随着智能化技术的不断发展，尤其是当前人工智能、区块链等智能化技术的应用，让行政调解程序可以得到严格执行。

行政调解程序可以利用智能合约自动执行，即行政调解本身是行政机关通过行使行政自由裁量权，从而实现化解当事人矛盾的过程，但智能化技术的应用既将行政调解程序予以进一步代码化和可执行化，也将作为主持人的行政机关如何行使行政职权进行了规范，虽然可以起到保护双方当事人权益的目的，但实则限制了行政机关自由裁量权的行使和当事人的自由意愿，无法有效发挥行政调解化解矛盾的功能，甚至线上行政调解足够智能化，作为主持人的行政机关似乎也并无存在的必要，因为整个行政调解的程序都已被智能化技术所执行和控制。

（三）线上行政调解的便捷操作与行政权威

行政调解与其他调解方式不同的地方在于行政调解所要解决的争议与行政机关的行政职权有关，而当事人选择向行政机关申请行政调解，除了需要处于居中第三人地位的行政机关能够运用其职权化解双方的矛盾，更为重要的是，这一主持人的身份具有特殊性，其本身的行政权力属性让当事人信任且对最后达成的行政调解协议具有期待。但行政调解采取线上方式进行，行政机关的居中第三人身份被弱化，即使整个行政调解过程由智能化技术保障程序的严格执行，但行政机关在其中的协调、劝导、斡旋等角色功能的发挥可能会被削弱。

此外，线上行政调解给当事人带来的心理感受不同。在线下行政调解中，行政机关作为代表国家行使权力的一方，能够在一定程度上为双方当事人带来一定的压力，让其能够谨言慎行，在行政机关的主持下表达诉求和化解矛盾。但在线上行政调解中，行政机关成为线上一方参与主体，当事人无法完全感受到线下行政调解过程中对国家行政权威的敬畏，双方可能对行政调解能够实现化解矛盾的目的存在一定疑问。而且，智能化技术在一定程度上替代了行政机关主持人的角色，当事人之间矛盾的化解可能并非依靠行政机关,而是依靠智能化技术的自动执行。那么,此时行政调解的特殊性又该如何体现?

三、智能化线上行政调解的未来发展

(一)智能化线上行政调解应有明确的法律规范指引

早在国务院 2015 年的行政立法工作计划中,就将研究项目《行政调解条例》作为深化行政体制改革、加强政府自身建设的立法项目,但目前并无全国统一的行政调解规范,仅有地方政府对行政调解的地方立法。根据当前地方政府对于行政调解的规定来看,并未明确将线上行政调解作为行政调解的一种方式。从来源依据上来看,线上行政调解可能"师出无名",群众对于此种方式不够信任,故有必要将线上行政调解这一方式进行明确规定并告知群众,使其可以选择线上行政调解的方式来化解矛盾。"在分析中国纠纷解决机制所嵌入其中的社会、文化语境时,需要超越小农经济、皇权政治与儒家伦理这些先验式、思辨式的分析框架,基于当代中国的社会文化现实,为非诉讼纠纷解决的制度构造提供更具当代意义的语境论解说"。[4]

在进行地方立法时,将线上行政调解明确写入行政调解的规范中,一是符合当前智能化技术发展,人们对更为便捷社会交往方式的适应以及期待。已有的线上会议等活动为群众奠定了一定线上参与活动的经验,降低了群众对线上行政调解的心理抵触。二是在地方立法中,要明确写明线上行政调解方式的可选择性,以及行政机关在线上行政调解中应该履行的职责,避免行政机关过于依赖智能化技术而忽视对矛盾的化解。三是除了关于行政调解的地方立法往外,行政机关应出台与线上行政调解方式相配套的操作规范,帮助群众了解线上行政调解的流程以及如何操作,避免形成技术性鸿沟。

(二)立法和技术双重保障当事人的自愿性

智能化技术在行政调解中的应用是一把双刃剑。虽然智能化技术的自动执行可能会让当事人在自愿选择上有所弱化,但从另一个角度看,智能化技术的存在让当事人除了可以信赖行政机关外,还可以构建起基于智能化技术的信任。智能化技术严格执行行政调解程序,并无偏袒任何一方,那么,按照智能化技术所执行的行政调解程序所得出的行政调解结果可以为当事人接受。此时,智能化技术可以保障当事人的自愿性,但是这一技术保障下的自愿性需要警惕,避免行政机关利用智能化技术进行某种程度的引导,导致可能有失偏颇的行政调解结果的发生,故需要立法对此进行明确规定,尤其是在鼓励当事人选择线上行政调解的方式与保障当事人的自愿性之间寻求平衡。通过让当事人自愿选择而促使行政调解结果的可接受性。

【注释】

① 参见《天津市行政调解规定》第 2、6、22 条。

② 参见《深圳市龙华区行政调解实施办法(试行)》第 23 条。

③ 《无锡市行政调解实施办法》第 2 条规定:"行政调解,是指行政机关(包括法律法规授权组织)在日常管理和行政执法过程中,对与本机关行政职权有关的各类争议纠纷,以当事人自愿为原则,通过对争议当事人的说服和疏导,促使当事人平等协商、互谅互让,达成调解协议,解决争议纠纷的活动。"

④ 《潍坊市行政调解工作规定》第 2 条规定:"本规定所称行政调解,是指国家行政机关依照法律、法规、规章及政策规定,对与本机关行政职权有关的纠纷,通过疏导,促使各方当事人在平等协商的基础上达成一致的协议,从而解决矛盾纠纷的一种行为。"

⑤ 《云南省行政调解规定(试行)》第 2 条第 1 款规定:"本规定所称行政调解,是指行政机关或者法律、法规授权组织(以下统称行政机关),根据法律、法规、规章和国家有关政策的规定,对公民、法人或者其他组织之间发生的与其行政管理职能相关的纠纷,通过说服和劝导,促使各方当事人在自愿、平等、协商的基础上达成一致意见,从而化解纠纷的活动。"

【参考文献】

［1］ 范愉.非诉讼纠纷解决机制研究［M］.北京:中国人民大学出版社,2000:176.

［2］ 胡建淼.行政法学(第五版)［M］.北京:法律出版社,2023:750.

［3］ 谢登科,张赫.在线调解的实践困境与未来发展［J］.学术交流,2022(12).

［4］ 熊浩.语境论视野下的《新加坡调解公约》与中国商事调解立法:以调解模式为中心［J］.法学家,2022(6).

中国社会文化特征视野下人民调解工作的心理疏导模式研究

张可创[*]

摘　要:人民调解工作是立足于中国文化的东方智慧之花。随着社会的发展,人民调解工作从传统的民间调解逐渐进入到专业调解和法治化轨道。现代社会矛盾的复杂性和多样性,对人民调解工作提出了新的要求。要使人民调解工作在现代社会发挥有效的作用,就必须思考把我国传统文化中人际与现代心理学理论相结合,本文就是以我国文化人际交往的特征为背景,探索心理疏导模式中的价值和有效的方法,为人民调解工作在现代家庭矛盾与邻里矛盾和纠纷的解决方面提供理论与实践支持。

关键词:中国社会;人际交往风格;人民调解工作;心理疏导模式

人民调解工作是扎根于我国文化土壤、化解矛盾纠纷的工作,要使人民调解工作过在现代社会发挥更大的作用,我们就需要拓展人民调解工作的理念、思路和方法,寻找传统文化与现代心理学的契合点。

一、中国社会文化特征与人民调解工作的心理疏导模式

通过对人民调解工作的具体情况进行分析研究,我们可以把目前人民调解工作中发挥重要作用的工作模式归纳为三种类型:心理疏导模式、居

---

　*　张可创,上海政法学院政府管理学院心理学教授,社会工作专业硕士(MSW)项目主任,长期从事心理学、社会学、基层社会治理等领域的教学研究、咨询服务工作。

间调解模式和专家参与和裁定模式。[1]人民调解工作的心理疏导模式是现代人民调解工作实践中最基础和最重要的工作模式。

（一）中国社会文化与人际关系特征

我国社会文化与人际交往具有十分明显的特征，这些社会心理与民族文化特征为人民调解工作的实施奠定了基础，也提出了要求。

1. 中国人的人际关系中的人情、人伦与人缘特征

社会心理学学者翟学伟对中国人的人际关系进行分析后认为，中国人际关系的基本模式由人情、人伦、人缘所构成。在这三位一体的结构中，人情是核心，人伦是这一模式的制度化，人缘是对这一模式的设定，人与人之间的关系都限定在一种最终本源的无需论证的总体框架之中。[2]人情指的是人和人之间的礼尚往来的关系，是人与人之间的有机互动，这种注重人情的心理与面子是相同的，你来我往是我国人际关系中注重人情的表现。而人伦是指一种重视伦理关系和重视权利义务的制度规则，它是人际关系与人际交往中的规范与秩序。中国对人伦关系的重视主要表现在家庭内容的伦理关系和社会生活中的伦理关系中，家庭伦理与社会伦理构成了中国人在人际关系互动中的规则，在内部强调不同家庭成员的互动，在外部强调权利与义务的互动。人缘是一种重视缘分在人际交往中作用的观念，缘分可以分为长久之缘与短暂之缘，但是不管是长久之缘还是短暂之缘，在中国人的心目中都是修来的结果。

这种注重人情、看重人伦和在乎人缘的社会心理就是中国人的人际关系表现出对情感重视程度，对道德伦理的重视程度与对先天性机缘的重视程度要强于其他民族。

2. 追求人际和谐与不走极端的中庸思想

和谐的概念是中华民族文化中最核心的概念，中庸之道与不走极端是中国人行为的黄金法则。在我国的民族文化中，和谐有着十分丰富的含义。这个概念既包含着人与自然关系的和谐，也包含着人与他人关系中的和谐，还包含着人与社会关系中的和谐及人与自己内在心理关系的和谐。[3]所谓和谐就是没有内在的矛盾与冲突，就是当遇到矛盾冲突时以最快的方式来

解决矛盾与冲突,从而使心理达到平衡,因此和谐是一种内在的心理体验,是一种保持心理平衡的状态。在以上不同层次的和谐中,人际和谐是老百姓最为看重的和谐。被他人接纳和认可是我国社会大众很重要的心理追求。以和为贵和追求人际和谐的思想对中国人的人际关系与行为具有很重要的影响,这种影响主要表现在以下方面:一是遇到矛盾和问题时,不愿意把矛盾与问题扩大化与复杂化,而是希望矛盾和问题在小范围内得到解决;二是在解决矛盾和问题方式的选择上,更倾向于选择不伤和气的私下解决方式,而不是大张旗鼓地通过法律与诉讼程序解决;三是在解决问题时会兼顾他人的利益和考虑到人际关系,而不是简单地追求个人利益的最大化。

以和为贵与追求和谐的心理特征在行为上表现为坚持过犹不及的中庸理念。中庸被看作中国人行为的黄金法则。

人民调解工作的主要目的是化解矛盾与纠纷。产生矛盾与纠纷的原因很多,很多矛盾与纠纷是由于人与人之间的误会和情感上的对立而产生的,面对这类矛盾和纠纷,人民调解工作者的职责就是通过与当事人的沟通,帮助当事双方或多方相互理解和包容,促进当事人之间在心理上相互融合,使误会得以消除,对立的情绪得到缓解,所以,我国社会文化与人际关系的特征决定了心理疏导模式是最重要的人民调解工作模式,从而为这种模式的实施和取得提出了要求。

(二)人民调解工作中心理疏导模式的适用范围与价值

心理疏导模式的实质是人民调解员采用尊重、关心和理解的方式,满足当事人心理上与情感上的需要,使当事人在心理上达成共识。调解人员主要运用同理心与当事人建立良好的人际关系,然后采用情感启发、理性分析等方法促进当事人之间相互理解与谅解,达成对某种事物的共识,促进纠纷的解决和矛盾的化解。

1. 心理疏导模式的适用范围

心理疏导模式在人民调解工作中具有广泛的应用:家庭纠纷、亲属间的纠纷和邻里纠纷都可以使用心理疏导模式化解矛盾。家庭内部夫妻关系的调解、父母子女关系的调解和兄弟姐妹之间关系的调解、亲友之间的调解与邻里之间纠纷矛盾的化解大多都适合于采用心理疏导模式。这些具有一定的情感基础和以情感为纽带的关系是人际关系中最可贵的关系。如果纠纷和矛盾出现在这种具有一定情感关系的人们之间,人民调解工作中就需要从情感出发,做好当事人之间的调解工作,帮助当事人理解保持良好关系的价值与意义,使当事人在某些利益面前能保持克制,避免因某些细小的利益之争而伤害他们之间的感情。

心理疏导模式不仅适用于熟人之间产生矛盾与纠纷的调解工作,而且在陌生人之间产生小的矛盾冲突和纠纷时同样可以发挥作用。顾客与商家发生矛盾、患者与医生发生矛盾时也可以根据矛盾的性质和事件的大小采用心理疏导模式,帮助当事人心平气和地解决问题。心理疏导工作的价值意义是十分明显的,不仅有益于解决当事人之间的矛盾与冲突,而且有利于促进社会人际关系的改善,避免矛盾的激化,对降低和预防犯罪也具有一定的帮助。

2. 人民调解心理疏导模式的价值

信息的多样化与获取信息方式的便捷性,一方面,给现代人提供了生活上的便利;另一方面,也使人们的心态受到冲击。与他人比较导致的心态失衡的不良情绪,不仅影响人格和心理健康,而且对人际关系产生了消极影响。在这种不良的社会特征与社会文化心理的影响下,现代人际关系呈现出物质化、过分竞争与利益化的特征。不良的社会文化与人际关系导致现代社会矛盾和民间纠纷增多。很多家庭矛盾和邻里纠纷,甚至医患矛盾的都是由于当事人的心理上的不平衡或者尊重未得到满足而引发的。面对这种不良情绪导致的纠纷,人民调解员的工作重点就是通过与当事人沟通,使当事人能站在他人的角度看待问题,从而使纠纷得以解决。在这个工作模式中,调解人员主要是运用同理心与当事人建立良好的人际关系,然后采用情感启发、理性分析等方法促进当事人之间相互理解,达成对某种事物的共识,促进纠纷的解决和矛盾的化解。心理疏导模式在人民调解工作过中具有重要价值。

第一,我国传统文化的特征与现代人民调解工作对象的心理需求决定了心理疏导模式是化解民间矛盾最好的工作模式。人民调解工作是建立在我国重视亲情、人际关系和追求和谐的人际关系基础上的工作。大量的实践证明,这种建立在民族文化与民族社会心理基础上的调解工作,一方面以最低的成本解决了大量的社会矛盾;另一方面,通过调解工作使人际关系和感情得以保持。这种花较小的成本,不伤和气就能解决基本矛盾的方式,对维护家庭关系的和睦、建立良好的邻里关系和维护社会的稳定、保持民族文化的延续性等具有积极的意义。

第二,人民调解工作的性质决定了心理疏导模式是最好的人民调解工作模式。人民调解工作是由调解人员主导的、当事人自愿参与化解社区矛盾的工作。这项工作的主要目的是依靠调解人员与当事人的沟通与交流,帮助当事人相互理解、达成协议、促进矛盾的化解与纠纷的解决。人民调解工作不具有强制性。

现代人民调解工作有以下三个特征:一是人民调解工作的人际性特征。人民调解工作能够发挥作用取决于当事人对调解人员的接纳程度与信任程度。能否与当事人建立基本的信任关系是人民调解工作能否取得成功的关键。二是人民调解工作的情感性特征。人民调解工作的实质是引导他人、激励他人与说服他人做出决定的工作。人民调解人员不是依靠自己的权威和职务对当事人施加影响力的,而是依靠个人赢得当事人的信任,并与当事人建立关系的,因此理解当事人的心理需要、合理地表达自己的情感十分重要。三是人民调解工作的助人性特征。人民调解工作是现代社会解决民间纠纷、化解民间矛盾的一项基层社会治理工作,是促进社会稳定与促进社会和谐发展的工作。从这个角度来看,人民调解工作好像是单纯为了社会稳定而出现,但实质上人民调解工作是一项利用民间与社会资源为当事人提供服务的助人性工作。

以上三大特征决定了心理疏导工作模式是人民调解工作的最佳模式。解决矛盾的方式具有多样性,例如法律诉讼、行政强制、专家仲裁、居间调解等都是化解矛盾和解决纠纷的方式。这些方式或多或少地带有一些强制性与相互博弈的特征,这种以强制性和博弈的方式并没有给当事人带来心理上的释然。而心理疏导模式不仅能保证矛盾纠纷事实上的解决,而且能使当事人在心理上与情感上接受与释然。

第三,心理疏导模式是建立和谐的人际关系、促进社会整体心理健康水平提升的重要手段。社会心态是指社会成员普遍对待社会问题、社会现象和社会风气的态度,其是社会文化、社会心理和社会价值观的具体体现。[4]目前,我国的社会文化呈现出一定的功利化倾向,这种倾向易引发部分社会成员心理失衡。很多社会矛盾尤其是家庭矛盾、邻里纠纷、员工与企业的矛盾、业主与物业的矛盾等都不是实质性的利益矛盾,而是心态失衡导致的矛盾。这些矛盾的化解不能单纯地依照法律法规的要求来调解,而是需要采用心理疏导的模式来解决。法律法规能解决利益问题,但解决不了心态问题。如果单纯地依靠法律法规的规范,表面上解决了问题,但实质上可能造成更大的问题。

要建设和谐的社会心理,除了要完善与建立社会心理建设体系,人民调解工作还应在这个进程中扮演积极角色。人民调解的心理疏导模式的价值不仅体现在解决具体的矛盾、冲突与纠纷中,而且体现在社会民众的心态建设中。

二、人民调解工作心理疏导模式的类型与主要疏导方法

心理疏导模式是人民调解的工作模式,这种模式的适应范围十分广阔。无论是在化解家庭矛盾、邻里纠纷,还是交通纠纷、医患纠纷中,这项模式都能发挥作用。因为无论是哪种纠纷,要达成最终的协议,都需要当事人之间的友好协商与相互理解。虽然心理疏导模式适用于任何一类人民调解工作中遇到的矛盾纠纷,但是在不同类型的人民调解工作的矛盾纠纷中,心理疏导模式扮演的角色与疏导的层次和深度是不同的。

(一)心理疏导的类型

根据人民调解工作领域的特征,我们把人民调解工作中的心理疏导工作可以分为两类:一是主导型的心理疏导;二是辅助型的心理疏导。除了对当事人的心理疏导之外,还包含人民调解员的自我心理疏导等。

1. 主导型心理疏导

这种疏导是指在人民调解工作中,心理疏导是最重要的工作模式。通过心理疏导可以促进当事人之间建立新的关系模式,促进矛盾得到解决。家庭纠纷和非经济纠纷导致的邻里矛盾可适用于这种疏导模式。

家庭关系是特殊的人际关系。很多家庭矛盾并不是金钱和物质利益之争导致的矛盾,而是情感纠纷和心理上的对立,是情绪情感对立的矛盾。即使是经济利益导致的纠纷也包含着千丝万缕的情感关系。化解这些矛盾不是简单用经济手段就能奏效的,而是要帮助当事人消除心理上的对立和情绪上的对抗,避免获得了经济利益而输了亲情现象的存在。

邻里关系的好坏直接影响个体的生活质量。很多邻里矛盾都不是利益之争,而是不得体的说话方式和不合适的行为模式引起的误解。无论是以熟人为主的乡村社会,还是以陌生人为主的现代城市社区,邻里关系都比较重要。邻里纠纷本身不是经济纠纷,如果有过失的一方对另一方能表达歉意,或者在对方指出自己的不当之处时能虚心接受并加以改正,那么,问题就能较好解决。如果有过错一方不能以积极态度对待他人就会使矛盾激化。

2. 辅助型的心理疏导

辅助型心理疏导是指调解工作中的矛盾纠纷,仅靠心理疏导不能得到化解,但是没有心理疏导模式的参与,其他调解方法又很难顺利实施。在人民调解工作中,无论是居间调解模式或专家裁定模式,其前提条件都在于当事人愿意心平气和地坐下来沟通交流。

辅助型心理疏导工作贯穿人民调解工作的整个过程。在人民调解工作的起始阶段,心理疏导可帮助当事人提高调解的动机和愿望,通过倾听,帮助他们恢复心理平衡,为双方协商解决纠纷创造条件。在人民调解工作的中间阶段,心理疏导工作可以帮助当事人避免意气用事,导致关系恶化。在调解结束阶段,心理疏导工作能帮助矛盾当事人履行达成的调解协议。

3. 人民调解员自我心理疏导和相互心理疏导

这种疏导也是人民调解工作心理疏导的重要类型,对人民调解人员专业素养的提升和团队凝聚力的提升有着重要作用。我们把自我心理调解技能作为一个优秀人民调解工作者核心职业胜任力的重要因素，人民调解人员心理调节固然可以通过专业训练得以提升，但是更有价值的途径是职业实践中提升。因此自我心理疏导和人民调解工作者相互的心理疏导不仅对提升人民调解工作者的情绪调节技能与抗压能力有积极作用，而且对提升他们的工作经验有积极作用。自我心理疏导是保证人民调解人员心理健康的基础，调解人员的相互疏导是促进人民调解队伍建设、提升调解艺术的保障。

（二）人民调解工作中主要的心理疏导方法

1. 积极倾听与情绪宣泄法

这种方法是指在人民调解工作中面对家庭内部或者邻里之间、消费者与服务行业的工作人员之间没有太大的物质利益的矛盾冲突，而是由于语言不和、情感表达不当等造成的矛盾纠纷的处理与解决矛盾的方法。这种方法本质上就是人民调解员倾听当事人的心理感受，并且以感同身受的方法对当事人的行为表示理解，然后再逐渐与当事人建立共识，促进当事人理性对待冲突，达到心理平衡的方法。

在我国传统的人际关系模式中，人们十分重视他人对自己的尊重和理解，很多家庭矛盾和邻里矛盾都是由于当事一方感到没有得到尊重和被理解而产生的。如果人民调解员能为当事人提供一个表达自我感受和发泄情绪的渠道，这类矛盾就能得到化解。

积极倾听与情绪宣泄法的核心是人民调解人员用自己的耐心、热情与真心，积极倾听当事人心声，给当事人提供倾诉内心感受的机会。在运用这种方法对当事人进行心理疏导时，人民调解员主要是倾听者的角色和陪伴者的角色，人民调解员需要给当事人提供一个表达消极情绪的发泄口，这种方法就是人民调解工作中共情原则、尊重原则在具体工作中的体现。

在使用积极倾听和情绪宣泄法对当事人进行心理疏导时，人民调解员一定要掌握倾听技巧，要运用同理心对当事人进行一定的心理疏导。具体来说，运用这种方法时，人民调解员一定要积极倾听，采用追问、质询、澄清与重复的技术开展心理疏导工作。[5]

2. 萨提亚家庭心理辅导法

萨提亚家庭治疗理论是调解家庭矛盾纠纷可以采用的专业性比较强的心理疏导方法。萨提亚家庭治疗与家庭心理疏导法在解决家庭矛盾冲突、促进家庭内部关系的改善与帮助家庭成员之间建立良好的关系上具有重要的作用与价值。萨提亚认为世界上不存在有问题的人,而存在背负问题的人。萨提亚认为使家庭产生希望,唤起家庭成员曾经的梦想,家庭治疗的价值就在于使每个家庭成员都能用新的观点看待问题和处理问题,促进家庭成员把内在希望转换成解决问题的能力。萨提亚这样表达自己的观点:"我希望每天一次会谈都会为个体打开一扇窗户,使他或者她自己感觉更好,并获得更具创造性的与其他家庭成员合作的能力。"[6]

萨提亚认为很多家庭矛盾的产生都是由不良的家庭沟通模式引起的。萨提亚把家庭沟通模式分为一致性的沟通模式与不一致的沟通模式。要解决家庭问题,就需要对家庭沟通模式进行梳理,找到引起家庭不良沟通模式的原因,然后通过家庭重塑雕塑等专业技术,使家庭成员都得到内在的心理成长,使家庭成员建立起一致性沟通的新模式。[7]

萨提亚家庭治疗模式与我国重视家庭关系、重视家庭成员之间的和谐相处的文化氛围十分契合。萨提亚的家庭治疗在解决亲子关系上的矛盾、缓解夫妻关系,甚至在化解离婚后复杂的家庭关系矛盾上十分有效。笔者曾经运用萨提亚家庭治疗模式解决了很多亲子和夫妻关系方面的矛盾。

3. 理性—情绪疗法和认知疗法

理性—情绪疗法与认知疗法是人民调解工作中常用的心理疏导方法。理性情绪疗法(Retional-Emotive Therapy, RET)又称合理情绪疗法,是美国心理学家艾利斯(Ellis)创立的一种心理咨询和治疗方法。理性—情绪疗法的核心思想是强调认知在人的生活中的作用。艾利斯认为,人的情绪和行为障碍不是由于某一激发事件直接引起的,而是由于个体对该事件不正确的认知和评价所引起的信念,导致了在特定情景下的情绪和行为后果。理性—情绪疗法产生于20世纪50年代,60年代逐步形成,至80年代已经发展成完善的心理咨询与治疗体系，并被广泛应用于临床实践中。[8]

艾利斯的理性—情绪疗法也称为艾里斯的 ABC 理论。这种理论的主要观点是：情绪不是由某一诱发事件本身引起的，而是由经历了这一事件的个体对这一事件的解释和评价所引起。这里的 ABC 代表不同的含义，A 是指诱发性事件；B 代表对诱发性事件的认知和信念；C 代表个体的情绪和行为反应或结果。艾利斯便是用这一基本观点来阐释来访者所产生的心理困扰。也就是说，个体的情绪和行为 C 的产生，不是由诱发事件的 A 直接引起的，而是个体对诱发事件的认知和信念 B 引发的，A 只是引发 C 的间接因素。个体做出何种情绪和行为反应取决于个体对诱发事件认知和信念的合理性，理性的、合理的认知和信念引发积极的情绪和行为反应，而非理性、不合理的信念则导致消极的情绪和行为，也就是心理异常。ABC 理论的咨询模式认为，咨询与治疗人员的主要任务就是运用专业技术帮助来访者明确其认知中的非理性成分，帮助来访者放弃非理性、不合理的认知和信念，重新建构理性的、合理的认知和信念，最终使来访者达到行为改变的目标。

理性—情绪疗法完整的模型为 ABCDEF 理论。这里的 A（activating events）是指诱发性事件；B（beliefs）代表对诱发性事件的认知和信念；C（consequences）是指情绪和行为反应或结果；D（debate）是指辩论，在这里专指与不合理信念进行辩论；E（effect）是指治疗效果；F（feel）是指治疗效果在情绪上的反应，即产生新的合理的情绪体验。

在艾利斯看来，不良的情绪或行为 C 不是由某一诱发事件 A 本身引起，而是由经历事件的个体对这一事件的解释和评价 B 引起的，应该通过 D 驳斥 B，取得 E，从而产生新的感觉 F。图 1 就清晰地展示了艾利斯的理论观点。

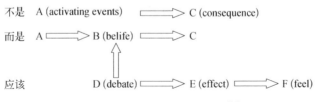

图 1　艾利斯理论观点示意图[9]

人民调解工作中的很多矛盾就是由当事人消极的不合理信念引起的，例如很多老人与子女之间的矛盾、夫妻之间的矛盾冲突并没有实质性内容。在外人看来对给父母十分孝顺的子女可能在父母眼里成了不孝顺的孩子，因为子女没有按照他们的要求去做，很多对妻子态度很好的丈夫，成了妻子不满意的对象，因为他没有对她百依百顺。笔者就曾遇到一对老人，他们要求大儿子每月必须给二儿子经济上的帮助，原因是大家都是一家人，二儿子的生活过得不好，他们心里不安。就因这件事与大儿子争吵不休，甚至要上法院告大儿子不孝顺，这就是由于他们不合理的信念引起的矛盾。其他调解方法都不能发挥好的作用，理性情绪认知疗法却可以帮助老人走出不合理信念的误区，使一家人恢复良好的亲子和兄弟关系。

夫妻关系的矛盾中也存在大量的因不合理的信念所引起的矛盾纠纷，例如妻子要求丈夫把工资卡交给自己，而丈夫不愿意等，这些矛盾都可以采用艾利斯 ABC 理论的思路和方法来化解。艾利斯 ABC 理论的应用范围十分广阔，不仅在调解家庭矛盾中可以运用这种方法进行心理疏导工作，而且在邻里纠纷和消费纠纷中也能发挥作用。

在人民调解工作中除了艾利斯的理性情绪疗法可以得到运用之外，贝克的认知治疗在改善人际关系、缓解人际矛盾和帮助当事人进行心理和情绪调节方面也具有积极作用。

化解当事人纠纷的心理疏导方法不是对立的，而是三种方法可以共同使用。除了以上三种方法之外，其他的心理疏导方法，例如人本心理学的自我探索法、积极心理学的潜能激发法等也可以运用。

三、心理疏导模式实施过程的注意事项

（一）形成积极的心理疏导理念

心理疏导模式是人民调解工作模式之一。这种模式的价值是不容置疑的，在具体的人民调解工作实践中，除了心理疏导模式之外，居间调解模式和专家裁决模式也发挥了重要作用。在人民调解工作过的实践中，这三种模式的关系不是非此即彼的关系，而是相辅相成的关系。

人民调解工作中遇到的矛盾冲突，不能依靠单一的某种模式解决，而是各种模式综合运用的结果，这就要求人民调解人员要对心理疏导模式有清醒的认知，肯定但不夸大这种模式的价值。在具体的工作实践中，以灵活多样的方式将心理疏导模式与其他解决问题的方式相结合，以促进人民调解工作目标的达成。

（二）对自己的角色要有清晰的认知与定位

人民调解工作过中的心理疏导工作是一种调解方法。通过心理疏导使当事人能够心平气和地面对问题和冲突，使矛盾冲突在良好的氛围中得到解决。在这个过程中，人民调解员扮演心理疏导者和心理咨询师的角色。

在人民调解工作的实践中，人民调解员对自己职业角色要有清晰的认知，一定要明白自己的职业身份和角色，明白自己的职责是促进矛盾的化解与纠纷的解决，心理疏导是化解矛盾的工作方法，而不能把自己变成当事人进行专业的心理咨询，不能把是否能促进当事人心理成长作为衡量自己工作成功与否的标准。如果没有这种对自己职业的清醒认知，而单纯地追求心理疏导的效果，人民调解员就会迷失自己的身份，如果心理疏导效果不佳，人民调解人员就可能陷入自我否定与自我怀疑的泥潭中。

（三）要做到对当事人的心理疏导和自我心理疏导的统一

人民调解工作是一项调解员依靠自己的精气神帮助当事人化解矛盾、解决纠纷的工作。在化解矛盾、解决纠纷过程中，调解员会遇到形形色色的人和事，会遇到很多困难和压力，会被调解对象误解甚至辱骂，这就要求调解员不仅要有化解别人心理矛盾、帮助调解对象疏导压力、解开心结的能力，而且调解员要具有自我情绪情感调解和自我压力管理的能力。调解员需要形成完整的心理疏导观念，心理疏导的对象不仅是调解对象，而且是调解员自己。在自我心理疏导上，调解员既可以自行心理调适，也可以在调解队伍中通过分享、交流与研讨的方式相互进行心理疏导和鼓励。只有形成完整的心理疏导意识、建立自我心理疏导的机制，才能使保证调解员处于积极的心理健康状态，保证调解员以饱满的热情投入工作。

心理疏导模式是人民调解工作中重要的模式，我们相信随着心理学的发展和越来越多的调解员对心理学的学习和研究,心理疏导模式在人民调解工作中能发挥越来越大的作用。

【参考文献】

［1］ 张可创.社会治理视野下人民调解工作模式研究[J].检察风云(社会治理理论专刊),2014(6).

［2］ 李庆善.中国人社会心理学研究论集[M].香港:香港时代文化出版公司,1993:248.

［3］ 张可创.和谐心理建设与城市社会安全稳定[J].理论导刊,2008(12).

［4］ 张可创.加强和谐心理建设,提升社会发展内涵[N].法制日报,2019-06-19.

［5］ 张可创.心理咨询与辅导[M].北京:知识产权出版社,2021:207-218.

［6］ 维吉尼亚·萨提亚,米凯莱·鲍德温.萨提亚治疗实录[M].章晓云,聂晶,译.北京:世界图书出版公司,2006:132.

［7］ 维吉尼亚·萨提亚,简·格伯,玛利亚·葛莫利.萨提亚家庭治疗模式[M].聂晶译.北京:世界图书出版公司,2007.

［8］ 阿尔伯特·艾利斯.理性情绪行为疗法[M].郭建,叶建国,郭本禹,译.重庆:重庆大学出版社,2015.

［9］ 张可创.心理咨询与辅导[M].北京:知识产权出版社,2021:104-106.

新就业形态劳动争议调解
组织之建设路径

楼凌宇[*]

摘　要：近年来,随着数字技术和平台经济蓬勃发展,新就业形态已成为劳动者就业特别是灵活就业的重要路径。我国灵活就业人员已达到约 2 亿人。上海作为特大型现代化城市,新就业形态趋势更加显著,劳动者的就业形式选择更加丰富。新就业形态对社会基层治理、劳动者的基本权益保障提出了新的挑战,但不可否认的是,在新就业形态用工模式下,新就业形态下劳动者权益保障的诸多问题层出不穷,如何让劳动者的合法权益获得及时救济,成为值得关注和研究的领域。本文试图从多元化解矛盾的角度,就新就业形态劳动争议通过创新调解组织获得及时化解的可行性方面进行探讨。

关键词：新就业形态;调解;劳动争议;调解组织

一、课题背景

（一）新就业形态劳动争议的界定

近年来,随着数字技术和平台经济蓬勃发展,新就业形态已成为劳动者就业的重要路径。根据上海市第二中级人民法院发布的《2017—2022 年上半年新业态用工纠纷案件审判白皮书》,新业态用工是指平台及相关企业在创新商业模式、经营模式的同时,与从业人员建立的有别于传统用工模式的

---

　* 楼凌宇,上海贸易和调解服务中心调解员。

更为多元、灵活的用工模式。

（二）新就业形态劳动争议的现状

笔者就近年新就业形态劳动争议情况，以饿了么、美团外卖、滴滴打车、叮咚买菜四家平台为关键词，对案由为劳动争议的判决文书进行检索，共检索到判决书 2 460 篇（见图 1）。

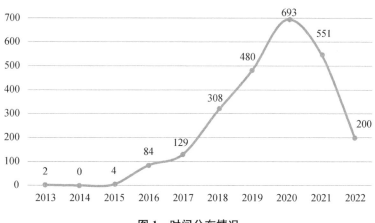

图 1　时间分布情况

为了解上述案件中的具体诉求及裁判情况，以上海地区为限定条件，进一步检索到 199 篇判决书。经分析发现，在 199 篇判决书中，有 84 篇判决涉及劳动关系确认，占比 42.2%，其中 34 篇判决书确认劳动者与企业之间存在劳动关系，占比 40.5%。

从上述检索结果可以看出：新就业形态劳动争议纠纷在逐年上升；在新就业形态劳动争议案件中，平台方与劳动者不一定构成劳动关系；劳动者要求确认劳动关系，获得基本劳动保护仍为主要诉求。

在 2 460 篇判决书中，全文包含"确认劳动关系"的判决书有 522 篇，其中确认劳动关系的诉请在新就业形态劳动争议中占比显著超过其他行业，也一定程度反映了在新就业形态下，劳动者的基本权益需要进一步获得法律的界定。

（三）新就业形态劳动争议的特点

一是新就业形态较传统劳动关系而言更为灵活化。在传统劳动关系中，企业与劳动者存在明显的经济从属性与人身从属性。相比之下，若新就业形态劳动者在执行工作任务中侵害第三人权利，侵权责任承担主体不明确。

二是新就业形态的用工模式出现雇主隐蔽化、平台化的特征。在新就业形态用工模式下，平台企业往往采用"隐蔽雇佣"，从形式上避开直接雇主形象，但在实际履行协议的过程中则仍采用传统劳动关系的管理方式。另外，平台企业往往将服务层层外包或转包给第三方企业，由第三方企业招用人员进行管理。而第三方企业亦有可能与人力资源企业达成合作，从而导致一名新就业形态从业人员可能同时受多方企业管理，这就使得从业人员在发生侵权、工伤等情形后无法找到需要承担责任的主体。

三是新就业形态下的用工劳动关系认定难。实践中，平台企业与劳动者达成合作的形式多样，按照劳动部《关于确立劳动关系有关事项的通知》规定的劳动关系判断标准，有的平台企业与劳动者之间建立的仍为劳动关系，有的则属于与第三方建立劳动关系，有的则属于不完全劳动关系。例如，众包模式下劳动者的身份认定，在"施某与北京某信息技术股份有限公司上海分公司确认劳动关系纠纷"[①]中，法院否定劳动者要求与平台企业确定劳动关系的请求，但在"李某与北京某科技有限公司劳动争议案"[②]中，法官又肯定配送员与平台企业属于劳动关系。

四是新就业形态下劳动者签订书面协议的比例较低。无论是符合确立劳动关系情形的或不完全符合确立的，新就业形态劳动者的书面劳动合同（协议）签订比例都较低，导致双方的法律关系较难确定。

五是新就业形态下劳动者对用人单位的认同感和归属感不高。基于新就业形态依托于互联网发展、众多新就业形态劳动者通过互联网平台获取和完成工作任务的特点，劳动者没有固定办公场所，亦没有传统劳动关系中前往用人单位"上班"的概念。

二、新就业形态劳动争议化解困境与紧迫性

（一）新就业形态劳动争议化解困境

1. 新就业形态下劳动者权益的法律规则尚不完善

2021 年 7 月，人力资源和社会保障部等八部门联合发布《关于维护新

就业形态劳动者劳动保障权益的指导意见》，引起社会各界的广泛关注。之后，全国总工会、市场监管总局、交通运输部等部门接连发布《关于切实维护新就业形态劳动者劳动保障权益的意见》《关于落实网络餐饮平台责任切实维护外卖送餐员权益的指导意见》《关于做好快递员群体合法权益保障工作的意见》《关于加强货车司机权益保障工作的意见》等多个文件，对维护新就业形态从业人员的合法权益提出更加具体的要求，明确目标任务。

虽然以上文件提到了"不完全符合确立劳动关系情形但企业对劳动者进行劳动管理的"内容和确立"不完全符合确立劳动关系"的情形，但是并未对新就业形态劳动者适用法律内容、劳动基准法律标准等加以明确。故在实践中，对于新就业形态下平台企业的法律责任和义务以及劳动者合法权益是否能够获得保障的问题，需要仲裁部门或法院就个案分别认定。

2. 新就业形态劳动争议案件的审理难点

由于新就业形态用工模式存在上述特点，导致由其引发的劳动争议兼有民事法律关系与劳动法律关系的性质。在实体上应适用民法还是劳动法进行裁判，实践中也尚未形成统一观点。有的学者认为应由劳动法调整；[1]有的则认为属于"类雇员"；[2]有的则认为不应引入"类雇员"概念，而是应进行专门立法规制[3]在未有新法出台或新的司法解释口径出台的情况下，新就业形态的劳动争议案件必然有一段探索之路。

3. 新就业形态下劳动争议化解的传统路径

（1）发生纠纷时劳动仲裁或民事起诉仍为首选。一方面，新就业形态下灵活用工雇主隐蔽化、平台化，导致劳动者只能通过仲裁或诉讼要求确认劳动关系，以维护自己的合法权益；另一方面，在平台用工或多重主体存在的情况下，劳动者无法判别真正的用人单位，导致维权困难，在多方推脱的情况下，只能提起仲裁或诉讼。

（2）群体性纠纷的预防化解制度还未健全。据不完全统计，2018 年 1月—2021 年 10 月，上海市共发生涉及新就业形态劳动者的群体性纠纷 45起，其中 22 起发生于 2020 年，涉及劳动者近 4 000 人。随着上海市就业人数的增加，新就业形态劳动者已成为当前群体性纠纷的主要涉及群体。然而即使是一些比较知名或大型的平台企业,也未就群体性劳动关系矛盾纠纷建立专门的预防化解制度,故存在一定制度空白,需引起重视。

4. 新就业形态下平台企业与劳动者之间未建立有效的沟通机制

(1) 新就业形态劳动者加入工会的比例低。虽然近年来上海市总工会大力推进本市新就业形态劳动者入会工作,但实际入会数量与全市新就业形态劳动者仍然差距较大。超过一半的受访者表示未参加过工会,25.47%的受访者表示参加工会并享受过工会服务,剩下21.9%的受访者表示参加工会但未享受过工会服务。

(2) 集体协商制度的作用未能获得充分发挥。除部分快递企业之外,大部分平台企业即使建立工会组织,也未建立健全的职代会和集体协商制度,未将平台企业的这些新就业形态劳动者纳入其集体协商的范畴内。因为对平台企业而言,其并不认为平台企业是新就业形态劳动者法律意义上的用工主体,由于不愿履行用人单位的法定职责,故平台企业多数选择灵活用工模式或众包模式使自己避免承担用人单位的法定责任,从而导致平台企业与劳动者之间缺乏重要的沟通协调机制,为后续纠纷矛盾的产生埋下隐患。

(二)解决上述困境之紧迫性

1. 新就业形态从业规模日益庞大,争议数量随之增加

国家统计局于2022年年初发布的数据显示,当前我国灵活就业人员规模已达2亿。随着新就业形态从业规模扩大而水涨船高的是由此引发的各类争议。根据上海市第二中级人民法院的统计数据,从2020年开始,其每年审结的新业态用工劳动争议案件数量较往年有大幅度增长。其中,2021年审结此类案件的数量相较2019年及以前年份已呈翻倍趋势。

2. 新就业形态劳动者面临严峻的权益保障问题

新就业形态的劳动者为了保障一定的收入水平,大部分新就业形态劳动者每日工作都在8小时以上,且没有与雇主协商报酬的权利。在提供劳动的过程当中,新就业形态劳动者的劳动安全保障不足,安全事故的发生概率远高于传统工作岗位。与此同时,新就业形态劳动者的维权能力亦在客

观上受到一定限制。相比平台企业所具备的财力和人力,新就业形态劳动者大多来自农村,并且学历较低。在上述客观情况下,新就业形态从业人员维权变得较为困难。此外,由于劳动关系主体不明确,涉及新就业形态的矛盾纠纷化解难度非常大。一些平台公司把对快递员、外卖骑手的控制界面和责任甩给算法;同时,又把对劳动者的评价责任甩给客户或消费者。平台企业反而成为这些纠纷矛盾的"仲裁者",导致新就业形态劳动者的合法权益无法得到有效、充分的维护和保障。

三、新就业形态劳动争议调解组织建设的必要性

(一)新就业形态劳动争议化解中亟须解决的重点与难点

1. 聚焦重点行业

根据上海市第二中级人民法院的统计数据,在该院审结的新业态用工劳动争议纠纷案件的行业分布相对集中,涉及快递、外卖、网约车、家政服务、美容服务、网络主播 6 个行业类别,多为劳动密集型服务行业。其中,快递及外卖行业案件数量分别位居第一和第二,这两类行业涉及纠纷数量相加超过了新业态用工纠纷总数的 80%,亦是审判实践中的重点和难点领域。在探讨如何妥善化解新就业形态劳动争议的问题时,需关注上述新就业形态劳动者聚集的重点行业,并根据行业特征设立具有行业针对性的相应举措。

2. 寻找责任承担主体

在新就业形态下,存在多种用工模式、多方法律主体以及错综复杂的用工法律关系。在多方企业的共同参与下,对新就业形态劳动者的管理职能被分散,难以采用传统劳动关系"四要素"的判断标准识别实际用工单位。当劳动者出现工作中受伤或造成他人损害的情形时,如何确定承担雇主责任的主体是新就业形态劳动争议化解中的关键问题。

3. 保权益亦保经济

新就业形态的发展带来了大量灵活就业岗位,但是上述新就业形态中产生的问题导致劳动者权益不能得到保障,与新业态经济发展的愿景背道

而驰。需要认识到,新就业形态劳动者的合法权益以及新业态经济的发展均是我们需要保障的对象。

(二)调解在争议化解中具备独特优势

新就业形态劳动争议往往烦琐并耗时长,几个程序下来,有的甚至需要耗时两年以上,劳动者的权益难以得到及时的保障,而调解具有天然优势。申请调解比劳动仲裁或前往人民法院立案诉讼更为便捷,且不需要当事人提供完备的证据材料。同时,调解不要求调解员处理双方是否存在劳动关系这一在裁审程序中必须面对的焦点问题,只需双方就事实和约定履行义务之间进行和解,解决分歧,大大提高了沟通效率,并节约了矛盾化解时间。无论何种关系,对劳动者而言,其依约可获得的对价是更为重要和关注的,因此,调解在解决新就业形态劳动争议中可发挥其独特优势。

(三)新就业形态下劳动争议化解需要复合型人才

基于新就业形态下平台企业与劳动者之间法律关系的复杂性,传统劳动关系调解员或民事纠纷调解员需提升其知识储备。新就业形态劳动争议虽发生于新就业形态劳动者提供劳动的过程之中,但新就业形态用工模式与传统劳动关系之间的区别导致新就业形态劳动争议兼有民法及劳动法的特征。若处理相关争议的调解员仅具备传统劳动争议或传统劳务争议的调解经验及知识储备,则无法全面妥善地化解新就业形态劳动争议。

(四)调解组织尚未能发挥自有优势

1. 劳动者对调解组织的了解甚少

根据《上海市促进多元化解矛盾纠纷条例》,上海市应坚持和发展新时代"枫桥经验",完善各类调解联动工作体系,努力将矛盾纠纷化解在基层和源头。在多元化解矛盾纠纷工作机制中,调解是将矛盾纠纷化解在基层和源头的核心环节之一,但在调研过程中,笔者了解到,在新就业形态下,当劳动者在日常工作中发生劳动纠纷时,30%的劳动者认为"对自己影响不大,不愿主动去处理",其余部分劳动者会向平台去主动进行求助。而当诉求得不到解决时,很少有劳动者知晓可以向调解组织求助,申请免费公益纠纷调解。

2. 调解组织自身机制和发展存在缺陷

目前的调解组织基于调解机制、人员经费、调解协议效力等限制，无法直接受理社会层面的当事人的调解申请，从而局限了调解组织发挥其更大的矛盾化解功能。以街镇劳动人事争议调解中心为例，对于不属于劳动关系或请求确认劳动关系的案件，街镇劳动人事争议调解中心无法进行处理。而对于符合受理范围的案件，在调解成功并签订调解协议之后，假如企业方迟延履行或拒不履行调解协议的，当事人无法直接向人民法院申请强制执行，只得重新向劳动人事争议仲裁委员会申请劳动仲裁，大大增加了当事人的维权成本。

四、创新新就业形态劳动争议调解组织之探索

（一）引入快速便捷的第三方专业调解

1. 加强司法、人社、工会等部门的指导，使第三方专业调解落地基层

根据《上海市促进多元化解矛盾纠纷条例》，上海市着力构建以人民调解为基础，人民调解、行政调解、行业性专业性调解、司法调解优势互补、有机衔接、协调联动的大调解工作格局。在新就业形态蓬勃发展的情况下，从业人数众多，发生劳动争议时亦具有一定共性。为此，建立专用于处理新就业形态劳动争议的调解组织具有现实基础和可实施性。

《上海市促进多元化解矛盾纠纷条例》规定，大调解工作由司法行政部门负责牵头推进，各相关部门和组织、个人共同参与。为保障新就业形态劳动争议调解工作顺利开展，鼓励新就业形态从业人员通过调解的渠道解决争议，并维护其合法权益，新就业形态劳动争议调解组织可由司法、人社、工会等部门牵头，并通过各区、各街镇工会、行业工会等落地。

2. 相关部门指导互联网平台企业事先引入第三方专业调解组织，建立矛盾纠纷调处机制

对于平台企业而言，在用工过程中发生争议不可避免，但争议的快速解决亦有利于企业节约成本，维护企业正面形象，避免极端事件发生，以维持正常的生产经营秩序。对劳动者而言，不仅可以事先了解权利维护路径，而

且可以送调解服务上门,在纠纷发生时能以最小的成本和最短时间解决分歧,且第三方调解组织中立公平的立场也容易获得劳动者和企业的信任,可有效解决新就业形态劳动者在日常工作中的各类矛盾,确保矛盾不扩大、负面影响小,促进企业和谐的劳动关系。

（二）创新新就业形态劳动争议调解模式和流程,方便劳动者及时维权和结案

基于新就业形态从业人员主要通过互联网平台承接和实施工作任务,新就业形态劳动争议矛盾的化解亦可依托互联网平台,研发在线调解系统,创新新就业形态劳动争议调解模式和流程,赋能调解工作的高效开展和争议的快速解决。

一是新就业形态劳动者往往是互联网平台的使用者。以"支付宝""微信"等平台为例,其有巨额流量,研发以该类平台为主要登录的调解系统,方便劳动者知悉维权路径并一键维权。

二是在线调解系统不仅方便劳动者一键维权,而且可随时与调解员沟通或留言,不受时间约束和场地限制,极大地节约了劳动者的维权和时间成本。

三是在线调解系统不仅可实现在线三方畅通的沟通和交流,给予劳动者申诉出口,而且可实现在线签署,方便矛盾的快速解决。

四是尽可能与人社、工会、法院实现接口对接,方便该相关部门获得即时数据,方便调解组织帮助劳动者申请仲裁确认或司法确认,一揽子解决纠纷。

（三）探索建立新就业形态劳动者的自主调解组织,培育新就业形态劳动争议调解力量

1. 结合新就业形态特点,培育特色调解组织（调解员）

鉴于新就业形态劳动争议的特征,要求调解员需对新就业形态特点、互联网用工模式、当事人工作内容等有一定了解,同时也需学习民法及劳动法的相关内容,尤其是涉及劳动关系确立、工伤认定、侵权责任承担、承揽合同、劳务合同等方面的内容。因此,对新就业形态劳动争议调解组织的调解

员需进行具有针对性的业务培训,确保调解员具备相应业务能力,更好地调处新就业形态劳动争议。

2. 探索公益调解力量建设,鼓励专业人士助力社会治理创新

调解工作不仅要懂法律,而且要懂人事、懂心理,更要有人文关怀。除现有的调解组织及调解员之外,可以探索将社会各界专业人士(例如律师、人事专员、法务等)凝聚起来,让其通过奉献专业力量,助力社会矛盾化解。

3. 发挥头部平台企业力量,实现多方合作调解机制

可从新就业形态头部平台企业的人力资源、法务等部门中邀请若干人员作为志愿者加入新就业形态劳动争议调解组织从事兼职调解工作,并可定期举办交流座谈会,对企业在用工过程中多发的问题进行研讨,共同提升用工合规意识,从根本上保障新就业形态劳动者的权益。

(四)完善新就业形态劳动争议调解组织与其他部门的程序衔接

1. 完善与法院的诉调工作对接

建议法院立案庭开设诉调程序衔接的"绿色通道",设立处理劳动用工争议调解包括新就业形态劳动用工争议调解的特别处理机制,对于调解协议的效力,例如无法通过在线调解系统申请仲裁或司法确认的,应建立新就业形态劳动争议调解协议仲裁审查或司法审查的绿色通道,以简便调解协议的效力确认流程,赋予调解协议可执行力。

2. 多方联动,完善企业失信制度

若企业方出现迟延履行或拒不履行情形的,由劳动者催促履行后仍拒不履行的,劳动者可申请向工商、人社、工会等部门申请将企业纳入失信企业名单,实施联合惩戒措施。

【注释】

① (2017)沪 0104 民初 24481 号民事判决书。
② (2017)京 0108 民初 53634 号民事判决书。

【参考文献】

［1］ 常凯. 平台企业用工关系的性质特点及其法律规制[J]. 中国法律评论,2021(4)：
31 - 42.

［2］ 王天玉. 超越"劳动二分法"：平台用工法律调整的基本立场[J]. 中国劳动关系学
院学报,2020(4)：66 - 82.

［3］ 谢增毅. 平台用工劳动权益保护的立法进路[J]. 中外法学,2022(1)：104 - 123.

专利侵权纠纷中的多元调解机制

储沁　陈宗鑫[*]

摘　要：专利侵权纠纷近年来已经成为知识产权纠纷中占比较大的一类纠纷。我国着力于建设知识产权纠纷解决机制，尤其是在专利侵权纠纷方面立足于司法审判机制，引入纠纷调解机制，打造多元化的纠纷解决路径。尽管调解机制已经在理论及政策层面被引入专利纠纷解决路径中，但是在实践中，调解机制还是存在不少的问题。本文针对专利侵权纠纷中的调解机制，对民间调解、行政调解、司法调解这三大调解机制在专利侵权纠纷中的构建进行分析，并探索三大纠纷解决机制的衔接和融合，尝试建立专利侵权纠纷中多元调解机制。

关键词：专利侵权纠纷；民间调解；行政调解；司法调解；融合与衔接

根据最高人民法院知识产权法庭 2021 年的年度报告，2021 年知识产权法庭受理的民事二审实体案件量为 2 569 件，其中涉及专利侵权纠纷的为 1 382 件，占比为 54%，由此可见，专利侵权纠纷近年来已经成为知识产权纠纷中占比较大的一类纠纷事项。

由此国家加强了对专利侵权的执法和处罚力度，力求遏制专利侵权行为，维护社会主义市场经济的良好运行，保障创新型社会的构建。但是随着专利制度的不断发展和科学技术的进步，专利侵权纠纷呈上升趋势。《2020

---

*　储沁，女，上海政法学院硕士研究生；陈宗鑫，上海政法学院硕士研究生。

年中国专利调查报告》显示,10％的专利权人遭受过专利侵权,拥有专利超过 100 件的专利权人有超过 20％的人遭受过专利侵权。

近年来,为保护人民创新积极性,遏制专利侵权行为,我国着力于建设知识产权纠纷解决机制,尤其是在专利侵权纠纷方面,立足于司法审判机制,引入纠纷调解机制,打造多元化的纠纷解决路径。尽管调解机制已经在理论及政策层面被引入专利纠纷解决路径中,但是在实践中,调解机制还是存在不少的问题,首先是专利权人的思维定式造成调解机制无人问津,根据《2020 年中国专利调查报告》的调查,71％的专利权人在侵权纠纷解决时选择司法裁判,还有 10％的权利人出于成本及难度的考虑而不采取任何措施。由此可见,专利侵权纠纷的解决机制在实践中并没有朝着多元化的方向开展,调解机制在专利侵权纠纷解决中没有发挥出预期的作用。

一、专利侵权纠纷与调解机制

(一)专利侵权纠纷

"专利"一词最早源于拉丁语,直至目前对于专利都没有统一的定义,我国《专利法》第 2 条规定,专利被划分为发明、实用新型和外观设计三类。近年来我的专利成果发展迅猛,有数据显示,2019—2020 年,我国的专利申请增长率接近 20％,[1] 由此可见我国的专利发展是非常迅速的,与此同时,也出现了大量的专利侵权行为。所谓专利侵权纠纷是专利纠纷中的一种,专利纠纷包括的范围更为广泛。有学者将专利纠纷分为专利民事纠纷和专利行政纠纷,专利民事纠纷主要是平等民事主体间因为专利权利义务关系引起的纠纷,例如专利申请权纠纷、专利许可纠纷、专利权属纠纷、专利侵权纠纷等;专利行政纠纷主要是专利权人及利害关系与行政机关之间的专利纠纷,例如专利无效纠纷、专利复审决定纠纷等。本文的主题为专利民事纠纷中的专利侵权纠纷,《专利法》第 11 条规定,专利侵权纠纷可以理解为未经权利人许可,以生产、经营为目的实施专利权的行为。专利侵权纠纷的法律基础是专利权的排他性属性,即专利权在有效期内仅为专利权人所有,其他民事主体未经权利人许可的实施行为均属于侵权行为。

专利侵权纠纷因为其独特性而与一般的纠纷不同,专利侵权纠纷最显著的特点为极强的专业性,专利侵权纠纷中往往涉及非常专业的技术问题,尤其是发明类专利的侵权判断需要对专利的技术要求进行对比,在不具备专业知识的情况下是很难完成的。因此,专利侵权纠纷的解决需要同时具备技术专业性和法律专业性。[2]专利侵权纠纷还具有利益性,专利的一个重要属性就是财产性,专利通常是可以带给专利权人巨大的财产性利益,所以,对于专利侵权纠纷的解决也就不可避免地涉及对财产利益的处置,这也为专利侵权纠纷的解决增加了难度。专利侵权纠纷在纠纷解决上同样有一个重要的特点,即效率性,由于专利权是具备有效期的要求,所以,专利侵权的纠纷务求效率性,如果专家侵权纠纷的解决时间较长,将导致专利价值缩水,并且由于技术的快速更新换代,专利的现实价值转换需要时间效率。

（二）专利侵权纠纷引入调解机制的必要性

专利侵权纠纷目前的主要解决机制为诉讼解决,70%的专利权人在解决侵权纠纷的过程中会选择诉诸司法机关,这一点可从目前司法机关的专利侵权纠纷案件受理量的逐年上涨中看出。尽管司法裁判解决纠纷有着不少的优势,但是从实践角度出发,专利侵权纠纷的司法解决机制还是存在一些缺点和不足。

1. 诉讼解决纠纷的弊端

尽管目前的主流纠纷解决机制就是诉讼,而且诉讼解决机制的确具备权威性,但是对于专利侵权纠纷而言,诉讼解决机制有着一些难以回避的弊端,首先,诉讼解决机制的周期过长,根据《民事诉讼法》的规定,我国的民事诉讼采取二审终审制,即一审、二审,而对于专利侵权诉讼而言,这个过程将会更加复杂,因为《专利法》第45条规定,任何单位或个人均可以就专利提出无效请求,在专利宣告无效期间,法院会中止侵权案件的审理,如此一来,诉讼的时间将会被长时间拖延,但是专利的有效期并不因此而终止,所以,诉讼时间的延长对于专利权人而言并不是一个利好消息。其次,诉讼解决纠纷的成本比较高昂,这也是为什么多数权利人在发现侵权行为后没有及时采取措施的原因之一。

2. 诉讼解决纠纷的效率较低

权利人取得专利权的最终目的在于保护自己的权利,而专利侵权行为的发生则是发生在专利在市场流通中实现自己的财产价值的过程中,因此,专利侵权纠纷与市场是具有高度关联性的,由于专利侵权纠纷的解决需要追求效率,从而实现专利的经济效益,但是诉讼解决机制的高度严谨性和程序性的要求很难兼顾效率的要求,故阻碍了专利在市场上发挥其财产属性。

鉴于专利侵权纠纷中诉讼解决机制的这些弊端和不足,建立多元化的专利侵权纠纷解决机制成为一个必不可少的促进专利发展的手段,因此引入专利侵权纠纷的调解机制的必要性由此体现出来,无论是基于成本控制理论的要求,还是促进和谐社会的目的,在专利侵权纠纷中引入调解机制都将是必要且正确的选择。专利侵权纠纷的调解机制并不是一个新的概念,自改革开放以来,不少学者都对纠纷的多元解决机制有所研究,例如何兵对多种救济解决机制的研究;左卫民从社会学的角度对多元调解机制的研究等,但是这些研究并没有体现出专利侵权纠纷的特殊性。本文从宏观角度出发,对多元调解机制进行研究,对民间调解机制、行政调解机制、司法调解机制在专利侵权纠纷中的构建以及这三大调解机制的协调、衔接进行研究。

二、专利侵权纠纷中的民间调解机制

（一）民间调解

1. 定义

民间调解机制是我国调解机制中的一个重要组成部分,学术上对民间调解的定义分歧不大,经过总结我们可以将民间调解理解为:在第三方主持下进行的由当事人自主协商,并经过调解人,即第三方的劝说,斡旋,双方协议性地解决纠纷的活动。[3]

2. 现状

民间调解作为一种调解形式在知识产权纠纷领域的应用早已进入人们的视野之中,并且国家在制度层面也对民间调解制度的建设有所规定,例如2009 年最高人民法院出台的《关于建立健全诉讼与非诉讼相衔接的矛盾纠纷解决机制的若干意见》、2010 年最高人民法院出台的《关于进一步贯彻"调解优先、调判结合"工作原则的若干意见》等，此外，各地方政府也出台了一些相应的政策以推动民间调解在知识产权纠纷中的适用，例如 2007 年上海浦东新区知识产权人民调解委员会制定了《上海浦东新区知识产权人民调解委员会人民调解工作规定》、北京市知识产权局印发了《北京市加强知识产权纠纷多元调解工作的意见》等。在制度层面的支撑下，我国知识产权纠纷的民间调解机制也进行了一些实践上的探索，例如 2007 年上海浦东新区成立知识产权人民调解委员会，北京市人民调解委员会成立知识产权专业委员会。除人民调解这一形式外，实践中还出现了一些其他的民间调解形式，例如中国互联网协会调解中心等行业调解机制。可见，民间调解机制在我国的实践中已经开始崭露头角。

3. 优点

民间调解机制的优点是比较显著的，首先，民间调解机制的低成本。民间调解有别于诉讼解决，其不需要支付高昂的费用，这对于激发权利人维权可以起到一个正向的推动作用。其次，民间调解还有覆盖范围广的优点，使权利人可以有实际操作性。

4. 缺点

首先，是民间调解的专业性问题。目前我国的民间调解以人民调解机制为主，针对专利方面的专业知识成为制约其工作的一个难点。其次，民间调解的有效性问题也是影响权利人选择民间调解解决纠纷的一个因素。民间调解因为其主体的特殊性，调解达成的调解协议并不像司法调解一样天然地具有权威性，根据目前的法律规定，民间调解达成的调解协议需要当事人双方共同申请司法机关确认后方可发生法律效力，基于效力性的考虑，不少专利权人并不愿意选择。再次，民间调解存在制度供给不足的尴尬境地。我国目前的调解工作主要法律依据为《人民调解法》，该法律主要针对调解工作进行宏观规定，具体到知识产权纠纷就没有详细规定了。最后，专利侵权纠纷中的人民调解制度存在受案范围不明确的问题。尽管《专利权法》对调解可以作为纠纷解决机制进行了规定，但是对于何种纠纷可以适用则没有进行明确的规定。

（二）专利侵权纠纷中民间调解机制的完善

1. 加强法规支撑

民间调解机制的作用是毋庸置疑的，但是没有制度的支撑很难在实践中持续发挥作用，基于专利侵权纠纷的特殊性，或者说是知识产权纠纷的特殊性，笔者认为有必要建立专门针对知识产权纠纷的调解机制，以促使调解机制在知识产权领域的发挥。

2. 完善人员选聘

民间调解机制的作用离不开调解人员，因此民间调解机构的调解人员选聘是至关重要的，尤其针对专利侵权纠纷的调解员需要具备较高的专业素养，因此，民间调解机构的调解员在选聘过程中不妨吸收学者、律师等具备专业知识的人员，以提高人员的专业性，增强调解工作的专业性和权威性。

3. 机构设置

目前我国的民间调解机构的设置严重不足，要发挥好民间调解的作用，需要设置一批专门的调解中心。

4. 解决经费来源

民间调解机构的经费来源也是制约其发展的一个主要因素。根据目前我国的法律规定，调解机构是非营利性质的，对于这一问题可以参考美国的做法，非营利的调解机构资金由政府出资和社会募集的方式获得。

5. 明确受案的范围

对于专利侵权纠纷，民间调解机构应该是具备受理的资格的，但是专利纠纷却并不止侵权纠纷这一种形式，因此对于受案范围需要明确，对于专利权属纠纷、专利无效纠纷并不适合以调解方式解决，以确保民间调解的合法运行。

6. 强调调解的原则

民间调解机制的运行需要遵循一定的调解原则。对于专利侵权纠纷中的民间调解，笔者认为需要强调的是保密原则，即参与人员对于在调解过程中获知的信息应该保密,这对专利侵权纠纷而言是十分重要的。

三、专利侵权纠纷中的行政调解机制

（一）行政调解

1. 定义

受传统儒家文化和谐思想的影响,我国在封建社会就已经建立了行政调解制度,例如唐代著名的"官府调解"制度。[4]关于行政调解制度的性质,目前行政法学者没有统一的意见,有学者认为行政调解属于具体行政行为;[5]也有学者认为行政调解是一种特殊的行政指导行为;[6]还有学者认为行政调解制度的本身是一种调解行为,其只是一种与行政相关的行为。[7]笔者认为将行政调解定性为一种行政指导行为更为合适,这取决于行政调解机制的调解属性,行政机关作为一个居中调解的角色,其调解行为更多的是一种柔性指导的行为。

2. 现状

《专利法》在 2000 年第二次修订时明确地提出了知识产权纠纷行政调解机制。在制度层面上,行政调解机制的规定是比较零散的,虽然针对专利侵权纠纷的行政调解机制,例如《专利法》《专利实施细则》《专利行政执法办法》《专利纠纷行政调解指引(试行)》等法律法规均有体现,但是这些规定的内容较为笼统,对实践的指导作用也较为有限。因此,从实践看,专利侵权纠纷的调解机制有浓重的行政执法色彩。

3. 优点

专利侵权纠纷的行政调解机制对于纠纷化解具备得天独厚的优势。首先,在机构设置上,行政调解的参与主体为行政机关,其机构设置完备。其次,是行政调解的专业性,行政调解参与的行政机关为知识产权相关的行政机关,这些机关中有具备专业知识的人员,可以更好地判断专利侵权纠纷的具体情况,为纠纷的解决提高专业化的意见。再次,行政调解的权威性也是一个巨大的优点,相较于民间调解,由于存在行政机关的参与,参与调解的双方当事人对调解结果的权威性将会更认同和信任。

4. 缺点

目前我国的行政调解制度一个显著的缺陷就在于制度设计上，其规定过于分散，导致行政调解在实践操作中较为混乱。另外，还存在定位偏差的问题，根据《专利行政执法办法》第2条，专利纠纷行政调解适用该办法的规定，由此可见行政调解的定位倾向于行政执法，而忽视了调解的特殊属性，这一点在实践中亦是如此，行政调解具有浓厚的行政执法色彩。

（二）专利侵权纠纷中行政调解机制的完善

1. 制定专门法律

首先，是没有明确的制度指导，这需要制定专门法律去解决这一问题，从而统一行政调解的程序等问题，使行政调解有序进行。

2. 扩张行政调解的主体

目前的专利侵权纠纷行政调解机关的规定是比较狭窄以及不明确的，根据《专利法》的规定，主体仅为管理专利的有关部门，而我国一些地方性法规规章中的规定亦是如此，例如山东省就规定仅省级或者设区的市人民政府的专利主管部门有行政调解的权限，这将导致行政调解难以在基层发挥作用，因此需要对行政调解的主体进行扩张。

3. 行政调解的范围扩展

目前针对专利侵权纠纷，行政调解的范围根据《专利法》第60条的规定仅为赔偿金额的调解，这就限制了行政纠纷调解机制的作用发挥。

4. 增强行政调解协议的效力

对于司法调解而言，其达成的调解协议天然地具备法律效力。对于民间调解达成的协议而言，根据《调解法》的规定，亦可将其视为一种民事合同并申请司法确认。但是对于行政调解达成的协议的性质和效力没有明确规定，如果行政调解协议的效力得不到保障，这将会造成行政资源的浪费，并且会打击当事人选择行政调解的积极性。[8]因此，有必要对行政调解协议建立司法确认制度，并且对这一制度进行统一和明确，做到诉调结合，保障行政调解协议的法律效力。

四、专利侵权纠纷中司法调解机制

司法调解是我国目前主导的调解模式,其是指在司法机关,即人民法院的主持下,具有争议的双方当事人针对案件在自愿平等协商的基础上达成和解,并由法院最终予以确认后终结司法程序的活动,包括诉前调解和诉中调解。它具有程序规范、主体专业、结果具有强执行力等特点,是推动专利纠纷机制建设的重要组成部分。

最高人民法院在 2016 年的《知识产权保护》(白皮书)中统计,地方各级人民法院民事一审案件调解撤诉率达 64.21%;二审案件调解撤诉率达 27.44%,一半以上的纠纷可以通过撤诉结案,这种高效率的能够形成共赢的局面是当事人愿意选择司法调解的主要原因。2020 年,上海浦东法院与世界知识产权组织仲裁与调解上海中心合作,为美国"Levis"运营商与被告针对 2023725 号注册的图形商标的侵权纠纷进行调解,最终促成双方和解,案件圆满解决。[①]2022 年 12 月,上海市宝山区人民法院、宝山区知识产权局、宝山区司法局联合成立了宝山区知识产权纠纷调解中心,以完善宝山区知识产权纠纷多元化解决机制。司法调解相较于民间调解有着公权力的保障;与普通诉讼不同的是,双方和解的意愿使法官处理问题更加高效,既节约了当事人的大量成本,又节约了司法资源,从而在法律层面和社会层面达成了统一。

但当前知识产权纠纷调解机制还不能满足国内或国际社会的期望,未发挥出司法调解的意义和价值,主要原因在于:一是当今主流调解机制在于法院主持下的双方达成和解,这种由法院充当牵头人的模式实质是在自由平等包装下的类审判和类诉讼,但由于多数是法官或仲裁员担任调解员一角色,这种与双方当事人地位的不平等或无法把握角色互换的职能定位,导致容易忽略双方的真正诉求。二是法官队伍对于专利相关的知识产权问题本身的掌握水平参差不齐,会导致同样的问题在不同地区甚至不同法院最终认定结果大相径庭,这种事实认定的不公平应当引起注意。三是目前存在的知识产权纠纷调解机制缺乏公权力的保障,没有完整的相应法律法规或者相关政策去约束和规范调解员的行为和调解的程序,更为重要的是没有具体完整的对调解协议进行描述,从而影响调解协议的公权力以及法院的强制执行力。

五、对完善专利侵权纠纷中多元调解机制的思考

(一)完善诉调对接

目前,在实践方面,"诉"与"调"的衔接存在冲突情况,由于我国现行法律法规缺少针对诉调的具体规定,导致在诉和调对接的时候会产生许多问题,例如在实践过程中,由于现行法律法规并未明确调解和诉讼的确切时间点,产生了当事人既向相关机构提出调解的请求,又向人民法院提出民事诉讼的情况,或者未能达成调解协议或一方当事人拒绝履行协议而继续提起诉讼的情况。这些问题会导致司法和执法的冲突,增加纠纷解决成本,浪费相关资源。

首先,我国应当完善相关的组织机构,进行宣传和引导,增强社会影响力。具体而言,各地方职能部门应当充分发挥其主导作用,在各地建立规范的专利纠纷调解机构,并对组织架构、调解员职能以及调解规则等进行具体规定,同时与民间调解组织协调,使其能更好地发挥调解作用,促进其社会影响力,提升群众信任度。当地可以建立专门的专利纠纷调解中心,并将律师调解和三个调解相结合,以解决纠纷问题。其次,美国是最早采用ADR制度来解决专利纠纷的国家,我国专利纠纷解决存在一元调解的特点,可以参考美国ADR制度中前置审判制度,对于需要调解的争议案件进行分流,以节约司法资源,提高案件解决效率。如果我国法院能够附设ADR机制,则有利于实现争议的和平解决。同时,由于专利纠纷常伴随新技术的出现,导致侵权认定较为困难,因此,各国专利纠纷倾向于将诉讼与非诉讼相结合,以降低纠纷解决成本。如果法院可以提供相应的法律咨询等服务,将大大提高调解和诉讼对接并顺利运作。最后,应当构建司法确认程序。由于现行法规中并未明确规定司法确认程序,从而影响了行政调解协议的效力问题。例如前文所提及的,若一方当事人不履行协议中的义务,那么,纠纷

将会再次进入诉讼程序或者其他路径,这种低效率的情况将不利于专利纠纷中行政调解的发展。目前针对调解协议,存在是否能被法院受理的问题。有学者认为,专利纠纷案件中行政调解协议在向法院申请司法确认后,法院应该只认定协议中的赔偿部分。[9]这样缩小确认的范围可以保障司法确认的准确性,降低确权的风险。但是过小的范围并不能保障当事人的权益,因此,司法确认的范围应当以行政机关受理的范围为准,人民法院只对其形式进行审查。调解协议达成后,在申请程序中,专利管理机关应当选择回避,充分体现当事人的自主性和意思自治。司法确认程序实质是法院对双方当事人自由处分权利的确认,是对存在事实的证明。在人民法院审查后,可以对调解协议确认效力,并应当作出确认裁定书,自作出即日起发生法律效力。如果法院不予确认协议效力,应当裁定驳回其申请,并告知双方当事人选择其他方式解决。

（二）加强专利侵权纠纷调解之间的有机衔接

完善调处化解纠纷的综合协调机制。人民法院在审查立案时,如属案情简单、争议不大且涉案金额不大的情形,可以向争议案件当事人介绍人民调解的优势,在双方当事人达成一致认为人民调解是更为合适的争议解决方式,且人民法院同意时,可以暂缓立案而进行人民调解。这种人民调解和司法调解有效衔接可以减轻当事人的诉累,节约司法资源。同时,有关行政机关在行使行政管理职能过程中,针对事实清晰、争议不大的纠纷也可以通过介绍、宣传人民调解,在征得当事人的同意后,委托人民调解组织进行调解,或与人民调解组织进行联合调解。

【注释】

① 参见(2020)沪 0115 民初 15648 号。

【参考文献】

[1] 2022 年中国专利调查报告：分地区国内专利申请年度状况[R].北京：中国知识产权总局.

［2］ 赵静.论知识产权审判组织及审判运行模式的建制[J].知识产权,2003(3)：28.

［3］ 曾宪义.关于中国传统调解制度的若干问题研究[J].中国法学,2009(4)：28.

［4］ 金艳.行政调解的制度设计[J].行政法学研究,2005(2)：78.

［5］ 姜明安.行政法与行政诉讼法[M].北京：北京大学出版社,高等教育出版社, 1999：177.

［6］ 喻少如.多元纠纷解决机制中的行政调解[J].学术界,2007(6)：181.

［7］ 胡建森.行政法学(第2版)[M].北京：法律出版社,2003：368.

［8］ 姜芳蕊,陈晓珍,曹道成.专利纠纷行政调解协议司法确认程序之构建[J].知识产权,2014(9)：26.

［9］ 姜芳蕊,陈晓珍,曹道成.专利纠纷行政调解协议司法确认程序之构建[J].知识产权,2014(9)：26-31.

纠纷在线调解的困境及其完善路径

田羽纯[*]

摘　要： 区别于传统线下调解当事人必须亲自到现场，在线调解当事人可以仅通过在线调解平台进行异地或非实时的调解，打破了传统调解对时间与空间的要求。近年来，在线调解案件巨大的受理量一方面得益于在线调解本身方便高效等优势；另一方面，也必须考虑疫情给在线调解带来的强推动力。疫情期间大家往往考虑健康因素而放弃线下调解，选择在线调解。在线调解应当在技术和规则等方面继续发展完善，进一步方便百姓。

关键词： 在线调解；多元调解平台；纠纷解决机制

在科技与疫情的双重推动下，近年来在线调解机制发展迅速。所谓在线调解是指由具有一定协调能力的调解组织或调解员，通过特定的在线平台对争端双方进行指导并组织协商，以在线解决双方争端。[1]区别于传统线下调解当事人必须亲自到现场，在线调解当事人可以仅通过在线调解平台进行异地或非实时的调解，打破了传统调解对时间与空间的要求。

2021年通过的《人民法院在线调解规则》解决了之前在线调解缺乏理论支撑的困境，积极响应了习近平总书记关于"推动大数据、人工智能等科技创新成果同司法工作深度融合"的重要部署，回应与发展了新时代的"枫

---

 * 田羽纯，上海政法学院法律学院硕士研究生。

桥经验",[2]未来需规范在线调解活动,为当事人创造更有效率的调解环境。

一、纠纷在线调解的优势

从2018年人民法院的多元调解平台上线以来,已经实现100%的法院接入率,越来越多的当事人选择使用在线调解平台进行调解。在人民法院的在线调解平台上,当事人通过上传相关证据、在线视频的方式进行"同步"甚至"异步"调解。而相较于普通的线下调解,这种调解方式有着诸多优势,主要体现为以下几点。

首先,在线调解打破了时间与空间的限制,对当事人而言更加高效便捷。在小额调解以及离婚调解案件中,当事人大多有较大情绪不愿意坐到一起参与调解,同时线下调解步骤烦琐,一次调解可能需要当事人奔波数次,耗费大量的时间和路费,因此部分当事人不愿或者抗拒线下调解。"让数据多跑路,让群众少跑腿"让小标的额的当事人申请在线调解。值得注意的是,在线调解的案件中有很多是离婚调解,很多需要调解的夫妻都有很大的矛盾分歧,难以坐下来心平气和地协商。线下调解需要异地当事人赶往同一地点参加调解,路程和时间成本消耗较大,尤其跨国案件的调解更是难上加难,研究发现,58%的中小企业因缺乏争端解决机制而不进行跨境交易。[3]而如果借助在线调解平台,当事人可以在不同地点甚至不同时间参与调解。

其次,在线调解有助于促成调解成功。如前所述,遇到诸如疫情封控等情况,当事人难以按时甚至在很长一段时间内无法现场参加调解,给证据的保全带来了挑战。同时积怨由于时间的拉长而越来越深,不及时处理可能会错过调解的最佳时机,导致调解失败。而通过在线调解,当事人可以及时开展调解活动,避免发生证据保存难、当事人抗拒调解的情况,从而促成调解的成功。

调解双方当事人由于存在纠纷,故抗拒与对方达成协议,尤其在一些债务纠纷、婚姻家庭纠纷中,双方当事人可能由于较深的积怨,难以心平气和地坐在一起开展调解,甚至可能因为情绪崩溃而发生肢体冲突。[4]在线调解使当事人隔着网线参与调解,给当事人创造了冷静的距离,从而促成调解的成功。

最后,在线调解有助于缩小调解资源的地区差异,推进调解制度的发展。在很多调解资源较匮乏的地区,由于涉案标的额较大,当事人往往不信任当地的调解员或者代理人。而通过在线调解,当事人可以选择资源更丰富的地区进行调解,避免由于资源弱势导致调解不利的情况发生。

二、纠纷在线调解的困境

作为非诉纠纷解决在互联网领域的积极探索与尝试,在线调解给当事人带来便捷的同时也给调解带来了新的挑战。

（一）在线调解形式的局限性

1. 缺乏亲历性

线下调解要求当事人亲临现场参与调解,可以亲自感受调解现场的庄严、调解员的专业,因此更容易对调解环境、调解员产生信赖,对调解更加重视,也更容易促成调解的成功。相反,在线调解当事人可以在家或公司,很难严肃对待调解,同时熟悉的环境使当事人非常放松,而过于放松并不利于调解的达成,导致各方当事人注意力下降,并且对调解失去耐心。[5]

2. 不能捕捉非语言行为

由于在线沟通的特殊性,其多以在线视频沟通为主,使得当事人只能捕捉到视频范围内的信息。而在沟通过程中,非语言行为是十分重要的,很多时候当事人的肢体语言等更能代表其真实态度,无法展示当事人完整信息的肢体动作必然给调解带来消极影响。[6]与此同时,由于隔着屏幕难以捕捉当事人的表情、情绪的变化,调解员难以根据情况及时做出反应。

3. 存在延迟性

相较于线下真正"面对面"式实时沟通,由于网络延迟、网络故障等诸多原因,在线调解存在延迟性,而如果延迟、卡顿必然会消耗当事人对于在线调解的信心。与此同时,面对情绪激动的当事人,延迟性使调解员无法及时安慰当事人,甚至激化当事人的情绪,导致调解失败。

（二）保护调解数据安全的困境

现代社会,公民的个人数据安全极其重要。但由于在线调解需要借助互联网进行,那么当事人的每一个步骤都将在互联网上留下痕迹,[7]而这也会成为部分当事人抗拒在线解决纠纷的原因。不仅如此,支持在线调解的调解平台随着办案件数的增加,必然会建立专门的数据库,并储存大量包括当事人身份信息、个人基本信息、案件主要信息等重要数据,而就现有的技术而言,难以保障这些数据的绝对安全,给某些不法人员窃取线上调解的相关数据创造了机会,降低了当事人对在线调解的信任。

值得一提的是,在许多商事调解中存在着部分商业秘密,线下调解为了避免商业秘密的泄露,当事人可以请求保护,而在线调解由于当事人处于调解员无法控制的地方,可能出现偷拍、偷录的情况,使当事人的商业秘密处于泄露的状态,因此,相较于小额民事纠纷案件,在涉案标的额较大且可能存在商业秘密保护的案件,当事人往往难以信任在线调解,而是选择更烦琐但更安全的线下调解。

（三）在线调解的技术要求给部分群体带来了挑战

虽然互联网的发展给很多人带来了极大的便利,但部分老年人以及技术设备操作受限的群体不会或无法利用网络参与在线调解。

一些老年人不会使用智能手机、电脑等,对于他们而言适应新事物存在着挑战。与此同时,部分群体由于经济等原因,并不拥有能够支持在线调解的技术设备,也无法参与在线调解。在线调解平台作为一种新兴的互联网产物,对其用户存在着一定的技术要求,一般而言,由于在线调解需要当事人进行在线视频,需要当事人能够拥有能够支持正常视频通话功能的设备且能够熟练使用。相较于现实生活,网络中人们的包容性、耐心普遍会变低,一个不能正确操作智能设备的当事人必然会消耗对方当事人的耐心,导致调解失败。因此,在线调解的技术要求会天然地将部分群体排除在其适用范围之外。

三、纠纷在线调解的完善路径

数据显示,2018—2020 年,在线调解数量从每年 2 917 件增长至 1 011 181

件,三年增长了345.6倍。[8]如此大量的案件受理量一方面得益于在线调解本身方便高效的优势;另一方面,也必须考虑疫情为在线调解带来的推动力。

笔者认为不能将在线调解简单地归为疫情的产物,2018年人民法院的多元调解平台上线,很明显起初在线调解并非服务于疫情的特殊情况,只是刚好因为其可以做到减少人员密集且更为高效便捷才能在疫情期间飞速发展,但是其归根到底是为方便百姓解决纠纷、将"大数据、人工智能等科技创新成果同司法工作深度融合"的一个举措。研究发现,58%的中小企业因缺乏争端解决机制而拒绝跨境交易,[9]而在线调解形式的出现为这部分跨国、异地纠纷提供了较为便捷的纠纷解决路径。

(一)平台技术升级,解决在线调解形式本身的局限

新兴的互联网产物只有通过不断完善才能更好地服务用户,在线调解平台亦是如此,笔者认为在线调解平台的技术升级具体应该包括以下四个方面。

1. 加强调解过程的真实感

一般而言,当事人在线上参加调解时会发现相较于线下缺乏调解的气氛,没有真实感,这也使得当事人不能重视与线下调解有着相同效力的在线调解,最后导致调解失败。目前人民法院的在线调解平台采用视频、音频的方式,但是值得注意的是,相较于专门的调解长桌、名牌等调解室,目前调解过程缺乏"仪式感"。笔者认为可以在视频画面中加入专属水印以及国徽等标识,让当事人在线也能感受到调解气氛的严肃。

2. 优化操作,适应更多群体

如今人民法院的"多元调解平台"已经比较完善,操作步骤也较为简洁,大多数人都能根据提示操作成功,但是平台也应当考虑开发老年人以及残障人士等特殊群体的友好型平台。笔者认为可以通过推出"大字模式""导航模块""辅助模式"等易上手的方式,方便他们进行操作,以帮助这部分当事人使用平台参加调解。

3. 扩大视频范围,捕捉非语言行为

目前在线调解只能看到调解员及当事人的面部,而手部、坐姿等变化难

以被捕捉到。非语言行为在调解中同样起着极其重要的作用,如果能够扩大在线调解的视频范围,捕捉当事人的肢体语言,将有利于调解员及时根据当事人的情绪变化做出引导,让双方当事人了解对方的意向,以促进调解协议的成功达成。除此之外,扩大视频范围也能阻止某些当事人通过偷拍、偷录等行为窃取商业秘密或个人隐私的情况发生。

技术的升级必然意味着对当事人的网络设备提出更高的要求,笔者认为应当将是否扩大视频范围的选择权交给双方当事人,平台应提供相应的技术或方案,但是否使用则由当事人根据案件的具体情况和当事人的愿意决定。

4. 健全数据库,保护当事人数据安全

相较于线下调解,存储于数据库中的当事人数据更容易被盗取,这就要求平台对其储存的当事人数据进行严格监管和保护,具体而言,可以通过技术的升级来加强数据库的防盗系统的性能。[10]同时各级机构共用统一的数据库,实现共同管理、共同保护,不仅可以提高信息管理的效率,而且给盗取信息增加了难度。

（二）调解员履行更多职能,引导当事人参与调解

调解员在调解中起着至关重要的作用,优秀的调解员可以引导当事人进行有效沟通,促成调解的达成。但是在在线调解时基于其特殊性,调解员很难发挥和线下同样大的作用。在线调解时,调解员往往更难察觉当事人的情绪变化并做出及时反应,同时隔着屏幕,调解员很难取得当事人的信任,故应当增加在线调解员的工作职能,让其能够在调解中更好地引导当事人参与调解。

首先,调解员应当在调解前充分准备以更好地取得当事人的信任。[11]在调解开展以前,调解员应当宣读或告知详细双方使用调解平台的流程,尽可能根据当事人的具体情况做出调整。通过调解员的介绍,当事人知晓在线调解的流程和可能出现的状况,也会让当事人更加信任调解员。与此同时,可以通过对调解员的培训加强他们解决调解过程中突发状况的能力。

其次,调解员应当培养更好的专注力。有时在调解中的微小细节可能

会成为调解成功的突破口,而调解员长时间分神可能会导致错过突破口,不利于调解的达成,但是长时间盯着电子屏幕会使人感到疲倦,因此调解员需要培养自己的专注力,尽可能能够捕捉到当事人情绪、态度等的细小变化。

最后,调解员还应当培养更好的观察力和控场能力。基于在线调解的特殊性,在线调解员想安慰激动的当事方相对较难。一方面,调解员可能无法直观地察觉到当事人的情绪变化;另一方面,隔着屏幕调解员很难安抚情绪激动的当事人。而这也就需要调解员通过培训等方式,尽可能地提高自己的观察力和控场能力,以解决调解过程中的冲突。除此之外,调解员应当充当调解过程中的积极引导者,引导当事人按照在线调解的流程逐步推进,促进调解的成功。

（三）加强在线调解宣传,明确当事人有选择调解方式的权利

应当明确当事人有选择调解方式的权利,当事人可以通过协商选择线上或线下的方式参加调解。笔者认为,应当采取以线下调解为原则,在线调解为例外的调解模式,即除非当事人协商一致选择在线调解,否则,应当采取线下调解的形式。工作人员可以根据案件情况进行推荐,但不能进行干涉。

四、结语

一直以来,诉讼案件的大量堆积使得法院难堪重负,非诉讼纠纷解决机制积极响应了习近平总书记关于"要坚持把非诉讼纠纷解决机制挺在前面"的要求。进入数字数代,应当将非诉讼纠纷解决机制和互联网结合,构建"互联网＋调解"的新形式,打造新时代"枫桥经验"的新版本。当然,在线调解仍然存在一些缺陷。但是作为一个具有极大潜力、能够便利公民纠纷解决的方式,在线调解应当不断完善,使非诉讼纠纷解决机制更为方便和有效率。

【参考文献】

[1] 李国族.电子商务法实物研究[M].杭州:浙江大学出版社,2015:167.

［2］　孙航.构建中国特色在线多元纠纷解决制度体系［N］.人民法院报,2022 -
01 - 01.

［3］　郭文利.在线纠纷解决机制发展中的法律问题:联合国贸法会第二工作组第 75
届会议观察［N］.人民法院报,2022 - 07 - 22.

［4］　江心.在线调解跑出"加速度"［J］.检察风云,2022(14):13 - 14.

［5］　吕宗澄,夏培元.新时代法院在线调解平台建设现状及优化策略研究［J］.南华大
学学报(社会科学版),2022(4).

［6］　熊浩.论法院在线调解的机能失调:基于媒介传播与冲突化解的双重视角［J］.法
制与社会发展,2022(2).

［7］　李佳璇.论"互联网＋调解"的现实困境及其完善路径［J］.武汉冶金管理干部学院
学报,2022(4):36 - 40.

［8］　徐隽.人民法院调解平台上线 3 年多,累计调解案件超 1 360 万件［N］.人民日报,
2021 - 03 - 25(19).

［9］　郭文利.在线纠纷解决机制发展中的法律问题:联合国贸法会第二工作组第 75
届会议观察［N］.人民法院报,2022 - 07 - 22.

［10］　李佳璇.论"互联网＋调解"的现实困境及其完善路径［J］.武汉冶金管理干部学院
学报,2022(4):36 - 40.

［11］　郭文利.在线纠纷解决机制发展中的法律问题:联合国贸法会第二工作组第 75
届会议观察［N］.人民法院报,2022 - 07 - 22.

在线调解规则优化中的
数据合规问题：基于国内
在线调解平台的类案推荐功能

张碧珂*

摘　要：近年来在线调解发展迅速，但在调解规范和平台建设上对数据合规问题有所忽视。平台的案件分流与类案推荐等功能有突破调解保密原则和泄露个人信息的风险，对此应当首先遵守调解保密原则，通过提升数据合规管理技术、优化调解规则、调解平台一体化建设等手段确保在线调解数据全生命周期合规，保护当事人的个人信息安全。

关键词：数据合规；数据脱敏；平台一体化

一、在线调解现状概述

近年来，互联网技术打破了线下物理空间与线上虚拟空间之间的壁垒，在司法领域运用逐步深入，为在线调解的产生和发展提供了技术支撑。作为非诉讼化解决纠纷的典型代表，调解程序具有诉讼程序所不具备的灵活性。互联网的介入使调解程序更加灵活，在线调解不仅增强了当事人处理纠纷方式的选择空间，提高了调解的效率，而且使在线调解可选择类型更加多元化。[1]在法院案件处理进展缓慢、线下纠纷解决模式部分失灵、许多案件被推迟的情况下，[2]在线调解有助于改善此类困境。

---

* 张碧珂，上海政法学院法律学院民商法学硕士。

（一）多元化纠纷解决机制建设

我国十分重视调解制度的完善和多元化解决纠纷机制的建设。有学者指出,信息技术在全球范围内影响了纠纷解决方式。[3]黄磊提出诉讼纠纷在线调解背后有着深刻的社会治理变革的逻辑。[4]国际上在线调解也在不断发展,陈翔、眺亮提出在线解决机制最早源于美国,是互联网科技与替代性争端解决机制,[5]但英国迈出了实践性的一步,创建了在线法院 ODR 项目,[6]并成立了女王陛下在线法院,[7]专用于处理小额民事纠纷。[8]澳大利亚也在纠纷各环节利用了视频技术。[9]有些学者认为目前全球调解在不断发展和增多。[10]这对我国智慧法院的建设有很大的参考价值,[11]我们可以借鉴英国司法改革项下的在线纠纷解决机制。有学者提出该平台的建设要包含纠纷解决的全流程,[12]认为该机制强调信息与数据的收集、分析,有效促进了解纷程序的运行。[13]早在 2004 年,我国就提出要建立、健全多元化的纠纷解决机制。学者周汉华提出要在大数据等新兴技术的应用之下,实现社会治理智能化。[14]随后中共中央发布全面推进依法治国若干重大问题的决定,学者胡仕浩认为这是对健全多元化纠纷解决机制进行了强调,是对此项改革所作的进一步部署。[15]2016 年,最高人民法院发布进一步深化多元化纠纷解决机制改革相关意见,有学者提出这有助于推动多元化纠纷解决机制的立法进程。[16]此后,多元化纠纷解决机制的建立和完善工作开始有序运行、稳步推进。2017 年最高人民法院发布《最高人民法院关于加快建设智慧法院的意见》,提出要推进"互联网＋阳光司法",有学者在采访中提到运用大数据和人工智能技术,有助于按需提供精准智能服务。[17]与此同时,有学者指出非诉讼要与诉讼相衔接,当在线调解失灵时,应以司法作为后盾,[18]并且在线流程的选择要依据案件的繁简程度和当事人的处分权进行。[19]总之,在线调解的发展和完善已经是一个大的趋势。

（二）现行法律规范

目前我国主要有两个法律文件对在线调解进行规范:一是《人民法院在线调解规则》。有学者在采访中提到该规则旨在为我国的在线调解奠定制度基础。[20]学者钱晓晨、刘雪梅、徐德芳提出在线调解规则是我国调解方面出台的具有里程碑意义的司法解释，创新完善了互联网时代人民群众参与司法的制度机制，这对于构建中国特色互联网司法范式、[21]建设平安中国具有里程碑意义。[22]二是《人民法院在线运行规则》，学者许建峰、孙福辉、张娴指出其旨在指引人民法院运用信息技术，完善智慧法院信息系统，提高纠纷解决效率。[23]总而言之，《人民法院在线运行规则》《人民法院在线调解规则》形成了在线调解的新架构。

（三）在线调解平台建设

在实践层面，2017 年 2 月最高人民法院牵头建立了省级试点在线调解平台。有学者指出各级人民法院依托在线调解平台可以更加有效地促进矛盾纠纷在线化解。[24]还有学者认为要建立全国统一的在线多元化调解平台，这是大趋势和必然走向。[25]有学者认为线上调解承担起社会矛盾纠纷化解工作，有力维护了社会秩序稳定，恢复了经济发展。[26]

有学者在采访中表示截至 2021 年年底人民法院收到在线调解案件共计 2 437 万件，调解量增长达 85.6%。2021 年在线调解案件量突破 1 000 万件，诉前调解成功案件 604.55 万件。[27]有学者提出调解平台的建设要以群众为导向，进行精准回应，并且调解平台要简单易操作，与此同时，保护用户隐私也是需要重视的一个问题，通过这些举措可以使在线调解深受群众欢迎，发挥更大作用。

"智慧法院"建设以来阶段性成果在不断显现，[28]但也有学者认为因各地地方特色、风俗习惯的不同，导致线上调解的结果有所不同，[29]调解平台呈现区域化的趋势。[30]这些地方调解平台中比较具有代表性的是上海法院的一站式多元解纷平台。学者张华指出上海市高级人民法院充分运用现代化信息技术，以升级建成上海法院一站式多元解纷平台为支撑，以全市法院诉调对接中心为依托，全面打造上海法院一站式多元解纷机制，形成了"3 支队伍＋一系列制度规范"的多元解纷新格局。[31]该平台与人民调解组织、行业调解组织贯通，与法院内部系统交融互通，为当事人提供在线申请调解、委派委托调解等多项服务。广州互联网法院建立了大湾区第一个一体化在线纠纷解决平台。广州互联网法院在线纠纷多元化解平台高度融合了律师、仲裁、行业协会等法律服务要素以及大湾区专业化、国际化司法调解资源,有学者提出这可以进一步使法官结合实际情况选择更妥善的纠纷解决方式,[32]通过全流程纠纷化解模式相互协调,[33]真正实现多元纠纷化解全流程、全业务、全时空,实现便民高效。浙江法院则在全国首先推出了在线纠纷化解 ODR 平台,具备在线咨询、评估、调解、仲裁、诉讼五大服务功能。学者廖永安建议,对于此类平台应根据参与者的反馈来进行完善。[34]胡洁人、王跌茗认为 ODR 的执行同样需要网络、社会和司法力量的协同作用。[35]依托 ODR 平台,当事人能快捷、高效、低成本实现"一站式"化解纠纷。

二、在线调解平台的数据合规问题

(一)数据合规趋势

在线调解平台的深入运用源于越来越发达的技术条件,但发达的技术条件也会带来新的难题,随着我国对于数据要素的保护的深入,在线调解平台的数据合规问题也引起关注。我国已充分认识到了数据的无穷价值,并积极应对数据带来的风险和挑战。数据已成为我国继土地、劳动力、资本、技术之外的第五大生产要素。面对具有高价值属性的数据,我国数据相关法律法规的构建也加快了步伐,形成了以《数据安全法》《网络安全法》《个人信息保护法》等法律法规为核心的数据领域基本法律框架。"数据二十条"进一步建立了数据资源持有权、数据加工使用权、数据产品经营权"三权分置"的数据产权制度框架。2023 年中共中央、国务院印发的《数字中国建设整体布局规划》也将夯实数字基础设施和数据资源体系作为数字中国建设的"两大基础"。[36]2023 年 3 月,我国组建国家数据局负责协调推进数据基础制度建设,统筹推进数字中国、数字经济、数字社会规划和建设,这充分体现了国家将数据作为未来经济社会发展核心的重视。

(二)平台功能建设存在的问题

在线调解平台的功能越来越强大,其中包括根据案由智能分配、进行案件分流的智能分案功能,以及用来辅助当事人的诉讼决策的类案推送和风险预测功能，[37]例如重庆法院纠纷易解平台具有多元解纷评测、数据统计的功能；广东省法院多元化纠纷调解平台具备智能问答、风险评估功能。这类统计、评估、预测功能虽然在一定程度上便利了当事人，并有利于提高分配案件的效率，帮助当事人做出决策，但是这些功能的前提是形成一个容纳大量调解案件结果的大数据库，然后对所有的案件信息进行分析、归类、处理等，最后输出归纳结果，在这个过程中很有可能会侵犯案件当事人的隐私，同时也侵犯了调解的保密原则。在现有的《人民法院在线调解规则》中，并没有对在线调解平台的数据合规问题进行明确规制。

三、在线调解的数据合规举措

（一）坚持调解保密原则

人民调解保密原则既是当事人参与调解的首要参考原因，还是成功进行调解、避免纠纷进一步扩大的核心要素，更是人民调解的灵魂。[38]与诉讼在原则上公开审理、裁判文书公开不同，调解注重过程和结果的保密性，保密原则作为调解中最重要的一个原则，要始终得到遵循和坚持，否则，就失去了调解的意义和价值。保密原则主要体现在形式保密和实质保密两个方面，形式上的保密是指在调解的过程中要保证没有与本案调解无关的人员参与，并且调解的过程和结果都不公开。在线下的物理空间中，调解过程的私密性很容易得到保证，只需保证房间内没有无关人员即可，但在线调解过程的私密性是一个值得注意和需要解决的问题，物理空间的不确定性导致在线调解的过程很容易泄露和被第三方介入。针对在线调解的形式，应通过技术手段保证线上环境的安全性和私密性：一是保证线上传输通道的安全，确保调解过程不会被第三方通过技术手段窃听和盗取；二是保证双方当事人所处的环境没有他人存在，这一点需要在调解过程中辅以多方位的摄像头和智能环境监测系统，确保没有案外人的参与。在当前人工智能发展迅速的情况下，最近已经出现了 AI 主播带货等现象，许多人表示全程并未发现主播并非真人，可见 AI 人脸表情、动作仿真已经可以以假乱真，这就可能导致将来 AI 可以替代当事人参与在线调解，因此，如何确保在线调解双方当事人均为本人成为技术难点,这是技术需要突破之处。除了形式保密之外,实质保密与线下调解比较相似,实质保密一般是指保证参与调解过程的人员对调解过程和内容保密,需要参与调解的人员遵守保密义务,主要依靠调解人员的职业义务和职业素养以及当事人的自觉性,不会因为线上、线下的形式区别对保密义务有所改变,并不需对线上调解过多进行干预。总之,调解保密原则不应当因为在线形式而被有所突破,应当通过技术手段对这一原则进行更好的保护。

（二）优化在线调解规则,加入数据合规相关规定

在线调解规则的设定和平台的建设应当顺应当下对数据保护的强烈需求。我国现行的《人民法院在线调解规则》并没有对在线调解平台和在线调解过程应如何进行数据保护作出明确规定,但在其他领域,我国已对数据保护进行了一些规制,其中许多保护原则和具体规则都可以引入在线调解。在保障在线调解数据安全时,应通过采取必要措施,确保在线调解数据处于被有效保护和合法利用的状态,并具备保障持续安全状态的能力。根据《数据安全法》的要求,在线调解规则应当对数据生命周期过程进行规制。

1. 引入当事人同意机制

在诉讼中,原则上庭审过程和裁判文书均会公开,但调解不同,调解注重过程和结果的私密性。目前调解平台具有案件智能分流和类案推荐的功能,智能分流的功能基于强大的数据库,但在线调解当事人是否愿意自己的案件被纳入大数据库? 类案推荐这一功能很大程度上突破了调解的保密原则,类案推荐功能的主要目的是通过分析相似案件的结果来为当事人提供风险预测的服务,这个功能会基于案件的汇总归纳和大数据分析,但是类案当事人是否同意自己的调解结果被分析和推荐给他人作为参考? 这两种典型的功能需要征得当事人的同意。笔者认为首先应当建立知情—同意机制,确保线上调解案件当事人了解并同意自己的案件信息被纳入数据库中进行分析,被分析到何种程度也应当由平台明确告知,若当事人在同意后反悔,要保证案件信息会被及时收回,不再流入数据库;若当事人不同意,则要建立专门的保密封存机制,应确保案件在数据库中不被查看和使用。总之

在调解平台上应当显示专门的提示界面，让当事人进行选择和确认，并在个案中设置流程，通过法官来对调解当事人进行风险提示和确认。

2. 做好数据脱敏处理

除了建立知情—同意机制之外，即使当事人同意自己的案件信息被入库分析和推荐，也不代表当事人同意自己的个人信息被他人知悉，因此即使案件信息入库，平台也应做好数据脱敏处理。数据脱敏是指对敏感信息通过脱敏规则进行数据变形，实现敏感隐私数据的可靠保护。线上调解应当在数据收集、处理等过程中抹去当事人的个人私密信息和具有标识性的敏感信息，仅提取类案结果所需的部分，确保案件数据无法被还原和指定到特定当事人，并做好当事人个人信息的保密和销毁，确保整个处理分析过程遵守调解保密原则。

（三）提升管理技术，全流程进行数据合规

数据合规的核心在于技术，即使建立再多的原则和规则予以规范，如果技术支持跟不上，那么，只是纸上谈兵，无法从根本上确保数据的安全和保密。如果把在线调解系统比作高楼大厦，那么技术则是地基，只有把地基打好，将硬件设施做牢靠，才能考虑在地基上建高楼，只有先确保技术先进和完备，才能进一步完善调解规范和对流程进行管理，在实践中进行约束。正如国务院办公厅在全国一体化政务大数据体系建设指南中所述的，目前我国的数据安全技术防护能力亟待加强，具体来讲体现在对于可以进行安全运营的专业团队比较匮乏，数据安全管理的规范化水平较为欠缺，在制度规范、技术防护、运行管理三个层面尚未形成数据安全保障的有机整体。这既是政务数据系统存在的问题，也是我国数据安全技术的现状。要保证数据合规得以施行，就要建立专业化的数据安全运营团队，进行在线调解平台的建设和维护，加强数据资源整合和安全保护。

（四）调解平台一体化建设

目前最高人民法院搭建的法院调解平台及各地区的调解平台所涵盖的功能与内容并不尽相同，不同地区的线上调解平台在功能设置上的不同，可能导致最终的调解效果呈现两极分化趋势。由于各地区的技术发展程度不同,诉调平台的一体化建设进程也不尽相同,这有可能会导致诉调衔接卡顿和过程烦琐等问题产生。[39]虽然各地有不同的风土人情和实践情况,各地因地制宜地建设调解平台可能会更"接地气",但总体来讲弊大于利。首先,分散的调解平台的搭建技术和所具备的功能不一致,会导致各地的调解情况有所不同,即使是类案也会出现调解结果的出入相差甚远。另外,各个调解平台之间的信息与数据无法互通,这就导致数据的总结归纳无法非常精准和全面,即使各省之间可以做到信息的互通互换,也会使流程非常繁杂,并且在这个过程中会增大信息泄露的风险,需制定更多的指南和标准来对流程予以规范。除此之外,对于各地当事人到其他地区进行调解也十分不便,其需了解各地的调解平台,重新登录和输入信息。总之,在全国范围内适用一个调解平台会促进调解的一体化,方便当事人操作和法院进行管理。

四、结语

无论是数据合规保护还是在线调解的运用,其二者的发展都是大趋势。在建立在线调解全流程这一座"高楼大厦"时,要先通过先进的技术手段来打好"地基",然后,以在线调解的保密原则作为"中轴线"不动摇,在此基础上"加注水泥"规范在线调解规则,引入相应的信息保护和数据合规机制,最后建成一个一体化的在线调解平台,增强当事人对于在线调解的满意度,促进我国纠纷解决体系的进一步完善。

【参考文献】

[1]　谢登科,张赫. 在线调解的实践困境与未来发展[J]. 法学研究,2022(12).

[2]　吕宗澄,夏培元. 新时代法院在线调解平台建设现状及优化策略研究[J]. 南华大学学报(社会科学版),2022,23(4).

[3]　张卫平. 民事程序法研究(第三辑)[M]. 厦门:厦门大学出版社,2007.

[4]　黄磊. 多元纠纷解决的数字化变革[J]. 检察风云,2022(14).

[5]　陈翔,眺亮. 消费纠纷在线解决一体化机制建设若干问题研究:以诉源治理实质化为视角[J]. 厦门科技,2022(3).

[6]　Smith, Roger. Ministry of Justice for England and Wales Dives into the Deep Water on Online Dispute Resolution[J]. Dispute Resolution Magazine, 2016 –

2017(23).

[7] Richard Susskind. Online Dispute Resolution：For Low Value Civil Claims：Online Dispute Resolution Advisory Group. [J/OL]. [2020 - 04 - 08]. http://www. judiciary. Gov. uk/wp-content/uploads/2015/02/Online-Dispute-Resolution-Final-Web-Versionl. Pdf.

[8] Lord Justice Briggs. Civil Courts Structure Review：Final Report[R/OL]. [2020 - 08 - 30]. https://cdn2. hubspot. net/hubfs/1845352/documents/Lord_Justice_Briggs_-_Final_Report. pdf.

[9] 莫诺·卡佩莱蒂等. 当事人基本程序保障权与未来的民事诉讼[M]. 徐昕译. 北京：法律出版社,2000.

[10] 娜嘉·亚历山大. 全球调解趋势[M]. 王福华等,译. 北京：中国法制出版社,2011：234.

[11] Online Dispute Resolution Advisory Group. CJC ODR Advisory Group response to Lord Justice Briggs Report[R/OL]. [2020 - 08 - 28]. https://www. judiciary. uk/wp-content/uploads/2016/04/cjc-odr-advisory-group-response-to-lj-briggs-report. pdf.

[12] Ministry of Justice. Transforming Our Justice System：Summary of Reforms and Consultation[EB/OL]. [2020 - 08 - 12]. https://consult. justice. gov. uk/digital-communications/transforming-our-court sand-tribunals/supporting _ documents/consultation paper.

[13] Carrie Menkel Meadow. Is ODRADR：Reflections of an ADR Founder from 15th ODR Conference，the Hague [J]. International Journal of Online Dispute Resolution，Vol. 3，2016：5.

[14] 周汉华,刘灿华. 社会治理智能化的法治路径[J]. 法学杂志,2020(9).

[15] 胡仕浩. 中国特色多元共治解纷机制及其在商事调解中应用[J]. 法律适用,2019(19).

[16] 廖永安,张培. 论我国在线调解的路径优化：以技术—组织互构理论为分析视角[J]. 烟台大学学报(哲学社会科学版),2021(3).

[17] 刘婧. 高效支持审判执行活动,满足群众多元司法需求：最高法相关负责人就《人民法院在线运行规则》答记者问[N]. 人民法院报,2022 - 02 - 22(2).

[18] 王公义. 人民调解制度是解决社会纠纷的重要法律制度[J]. 中国司法,2005(8).

[19] 郝晶晶. 互联网法院的程序法困境及出路[J]. 法律科学（西北政法大学学报）,2021(1).

[20] 孙航. 构建中国特色在线多元纠纷解决制度体系：最高法立案庭相关负责人就《人民法院在线调解规则》答记者问[N]. 人民法院报,2022 - 02 - 24(4).

[21] 钱晓晨,刘雪梅,徐德芳.《人民法院在线调解规则》理解与适用[J]. 人民司法,2022(10).

[22] 周强. 深化多元化纠纷解决机制改革,促进提升社会治理法治化水平[M]//李少平. 最高人民法院多元化纠纷解决机制改革意见和特邀调解规定的理解与适用. 北京：人民法院出版社,2017：1.

[23] 许建峰,孙福辉,张娴.《人民法院在线运行规则》理解与适用[J].人民司法,2022 (10).

[24] 卢延林.专业性行业性人民调解组织管理方法探析[J].中国司法,2014(12).

[25] 姚薇.互联网时代在线多元化纠纷解决机制的重塑[J].人民司法,2017(4).

[26] 彭毅.疫情下的人民调解成绩单[J].人民调解,2022(5).

[27] 乔文心.三分之一纠纷诉前化解,人民法院一站式建设实现跨越式发展:最高人民法院发布全国法院一站式建设优秀改革创新成果[N].人民法院报,2023-02-15(1).

[28] 王福华.电子法院:由内部到外部的构建[J].当代法学,2016(5).

[29] 伊森·凯什,奥娜·拉比诺维奇·艾尼.数字正义:当纠纷解决遇见互联网科技[M].赵蕾,赵精武,曹建峰,译.北京:法律出版社,2019:57-59.

[30] Ridley Duff R., Anthony Bennett. Towards mediation: developing a theoretical framework to understand alternative dispute resolution[J]. Industrial relations Journal, 2011, 42(2).

[31] 徐汇区委政法委.长三角一体化背景下协作推进诉源治理实质化的建设构想:以在线调解平台的应用为例[J].上海法学研究集刊,2021(15).

[32] Fredric I. Lederer. Courtroom Technology: For Trial Lawyers, the Future is Now[J]. Criminal Justice Magazine, Vol. 19, 2014.

[33] 范愉.多元化纠纷解决机制与和谐社会的构建[M].北京:经济科学出版社,2011:35.

[34] 廖永安,张培.论我国在线调解的路径优化:以技术—组织互构理论为分析视角[J].烟台大学学报(哲学社会科学版),2021(3).

[35] 胡洁人,王眪茗.发挥优势提高纠纷化解满意度[J].检察风云,2022(14).

[36] 北京版"数据二十条"发布,意味着什么?[EB/OL].[2023-07-08].https://mp.weixin.qq.com/s/qFHJ74LWArh-nger4kUDjg.

[37] 赵蕾.在线调解的实践图景与制度重构[EB/OL].[2023-07-08].https://mp.weixin.qq.com/s/3MtnPuF_TJZCllJeoRy3NQ.

[38] 张宝成.论人民调解保密原则[EB/OL].[2023-07-09].https://mp.weixin.qq.com/s/8YRIV5GgB4tN57dFOA964g.

[39] 吕宗澄,夏培元.新时代法院在线调解平台建设现状及优化策略研究[J].南华大学学报(社会科学版),2022,23(4).

浅析多元解纷中的调解

郝逸轩[*]

摘 要: 在目前社会纠纷数量庞大、司法资源紧张的情况下,构建多元纠纷解决机制既是解决这一问题的迫切需求,也是我国基层社会治理的一项重要内容,对维持社会安定和推动社会发展具有重要意义。然而,调解作为多元解纷的一种重要方式,其功能和作用尚未被人们普遍熟悉并接受,甚至存在误解。究其原因,是人们过度依赖诉讼、对多元解纷认可度低、调解权威性不足、资源配置不合理、政府对调解的政策支持不足以及调解协议的司法确认程序有待完善等多方面因素造成的。因此,为了充分发挥调解的作用,我们需要确认诉外纠纷解决的权威与认同,加强调解人才队伍建设,强化资金保障,完善调解协议司法确认程序。

关键词: 多元解纷;调解;路径

一、多元化纠纷解决中调解的地位

(一) 多元化纠纷解决的类型及对比

"多元化纠纷解决机制,是指一个社会中各种纠纷解决方式、程序或制度(包括诉讼与非诉讼两大类型)以其特定的功能共同存在、相互协调所构成的纠纷解决系统"。[1]

《关于深化人民法院司法体制综合配套改革的意见人民法院第五个五

---

* 郝逸轩,上海政法学院 2022 级民商法硕士研究生。

年改革纲要》[2]是由最高人民法院根据以往多地的实践探索,于 2019 年颁布的。从本质上讲,"坚持把非诉讼纠纷解决机制挺在前面,推动从源头上减少诉讼增量"是"溯源治理"的基本内涵。具体来说,在这个意义上,溯源治理是指从源头上在前端预防或解决纠纷,避免案件在没有过滤的情况下进入法院系统。诉讼是运用国家公共权力来对争议进行裁判,它既要消耗司法资源,又要消耗当事人的时间和金钱,因此,它不是一种低成本地解决纠纷的方法。但是,大多数争议主体并不清楚各种解纷方式的区别和优缺点,而且由于法院的权威和判决的强制性,人们往往会倾向于通过诉讼解决。在这种情况下,为保护个人权益,法庭承受着较大的审判压力。为了改变这种状况,非诉讼纠纷解决机制必须充分发挥作用。

具体来说,由和解、调解、仲裁和诉讼等组成的多元化纠纷解决机制是一个整体,每种纠纷解决方式都有不同的地位,发挥不同的作用。一般来说,诉讼应该放在最后,非诉讼的纠纷解决手段应该放在前面,两者相辅相成。

多元化纠纷解决机制是由多种争端解决手段组成的整体,每一种手段都有其优势和劣势,它们需要在自己的岗位上发挥一定的作用,才能最大限度地实现整体效能。例如,仲裁机构应提高专业知识水平,用专门的规则解释案件的发展趋势,展示仲裁的专业性、保密性和灵活性。同时,合理运用制度设计,例如无争议事项记载、司法确认等,有效运用不同的争议解决手段,避免争议解决过程中的重复和低效率。与仲裁和信访等解决纠纷方式相比,调解在程序上具有更大的自由度,也更易取得良好的社会效果。

(二)域外调解的地位及优越性

《新加坡调解公约》(简称《公约》)于 2018 年 12 月 20 日获得通过。《公约》生效后,各国必须承担的一项重要义务是:在当事人请求法院强制执行和解协议的情况下,法院必须按照《公约》的规定履行协议。

这项义务使《公约》与现行的调解制度之间有了一个重要的突破,《公约》第 1 条对可强制执行的协议案做了一个限制,因此,《公约》规定了国际商事调解的法律效力,虽然这一点暂时不会对我国现行的调解体系产生什么影响,但会对我国的多元纠纷解决机制产生一定的作用。一方面,将调解再一次细分为商事调解,其发展与仲裁规则中的商事仲裁相似,并且在其产生的文书效力上更接近仲裁;另一方面,调解协议具有了可执行性,即类诉讼特征,直接超越了我国现有的人民调解协议的司法确认程序。

《新加坡调解公约》是《人民调解法》颁布后对调解"司法化"的又一次努力,虽然《人民调解法》中的司法确认制度在实质上已具有内在整合的雏形,但无法回避法院的司法确认制度。从社会转型的角度来看,借鉴《公约》中"商事调解"的分类,多元化纠纷解决机制应该涉及更多的纠纷类型完成自身的专业化和特色化,实现纠纷解决类型化的发展。

(三)我国目前调解的实际地位

多元化纠纷解决模式对很多人来说还很陌生,然而,调解尤其是人民调解的发展根植于中国传统社会,特别是以村组、社区和村社为特征的"熟人社会",在此阶段,矛盾双方更易找到可信赖的第三人,调解结果对熟人又起到了制约作用。然而,在快速的城市化进程中,传统的居住模式逐渐被瓦解,城市生活正在从熟人社会转变为陌生人社会,因为人们只有空间上的联系,很少有生活上的互动。

在这样的社会环境下,如果出现了争议,当事人更多是通过诉讼这样更直接的法律途径。从这一意义上讲,调解总量的下降是社会转轨过程中的一个必然结果。立案登记制的实施既降低了当事人在立案、诉讼方面的成本,也降低了寻求法律诉讼的难度。而其他的争议解决方法,例如调解它的法律效果和权威性不能跟诉讼类的解决方式进行比较,对当事人而言,与其他多元化的纠纷解决方式相比,法律诉讼是低投入、高产出[3]。在这种情况下,大部分的当事人会选择通过传统的诉讼途径来解决争议,这就使司法改革带来的利益受到了极大的损害,从而造成司法资源的严重短缺。我们需要确定好"调解"在多元化纠纷解决体系中的定位,促进其改变和解决。

二、调解地位认可度不高的原因剖析

（一）诉讼依赖

在目前的社会、经济条件下，公众乃至相关部门对诉讼的过分依赖，使多元纠纷解决机制没有形成工作合力。[4] 在我国，调解发挥着重要的作用。作为一种具有中国特色的解决争议的方法，其被誉为"东方之花"。多数人认为，诉讼可以得到国家公权力的保障，从而能够更加公平、公正地保护自己的合法权益。与此同时，当前我国的诉讼非常便利，它要求法院有案必立，诉讼费用相对较低，诉讼过程相对较快，诉讼文书更具权威性。所以，人们对多元化纠纷解决机制存在着一种排斥心理，这就使得人们不愿意在人民调解员或者社团组织的主持下进行纠纷化解，他们更倾向于通过诉讼来解决纠纷。

（二）多元解纷认可度低，权威性不足

正如上面所提到的那样，人们对诉讼比较信任，导致大量的纠纷进入法院，使法官处理案件的压力也越来越大。人民群众对于多元纠纷解决机制的性质、程序、功能等理解模糊，在出现矛盾纠纷的时候，多数人还是倾向于选择诉讼方式来解决。与此同时，尽管有一部分群众愿意尝试通过调解、仲裁等非诉途径来解决争议，但是他们对如何申请和调解协议和仲裁的有效性和权威性等方面还不是很清楚，也正是由于这样的原因，尽管诉讼可能具有程序复杂、时间长、判决执行困难等风险，大多数人对于诉讼以外的纠纷解决途径还是缺乏信心。除此之外，多元解纷模式虽然可以对司法资源进行有效整合，减少纠纷的解决时间，但是与此相对应的是，它缺乏诉讼解纷模式所具有的法律强制力，因此它的权威性不足。

（三）资源配置不合理

长期以来，我国对争议的处理一直是以诉讼为主的传统方式。传统的纠纷解决机制，在人力、财力、物力等关键资源的分配方面具有优势，而和解、调解等其他纠纷解决方式的发展则相对迟缓。

作为能够从根源上解决纠纷的群众性自治组织——人民调解组织，其

解纷功能已经被削弱,无法发挥其分流、化解纠纷的作用。再加上我国的纠纷化解工作在人员配备、经费投入、制度建设等各方面的投入不平衡,造成人民调解、行业调解、行政调解等多种调解机制的不完善。在这一背景下,我国多元纠纷解决机制的建设和完善受到了一定的制约。在实践方面,社会力量与资源的调动也不够充分。

与此同时,不同类型的纠纷解决机制的发展并不均衡。对于传统的纠纷解决方式,例如诉讼和仲裁有专门的机构和人员,并且有财政支持。但是,在群众自治的解纷团体建设方面,人力和财力仍然非常缺乏,仅靠公益来进行纠纷化解,已无法满足多元化纠纷解决机制的发展需求。

(四)政策支持不足

缺乏对多元纠纷解决机制的政策支撑,也是导致其难以有效发挥作用的重要原因。相对于美国和日本而言,我国的多元化纠纷解决机制在立法层面上缺少相应的政策支撑。与此同时,许多地方并没有针对多元解纷制定相关的法律,仅依靠区级文件来促进多元解纷,这就很难将多元争议解决机制的效果发挥出来。

一方面,由于在我国现行的民事诉讼中,没有将调解作为民事纠纷解决的前置程序,因此,大多数民众仍以诉讼为主要解决纠纷的主要途径,这就造成纠纷化解的"第一道防线"几乎失效,纠纷大量涌入法院。与此同时,调解协议的司法确认机制也不健全。当前,由于对司法确认案件的管辖标准没有明确,造成调解协议的司法确认率偏低,没有进行司法确认的调解协议的权威性和强制执行力无法得到保障。

另一方面,由于多元解纷所涉及的主体较多,因此,仅依赖于解纷机构和有关部门的主动参与,并不能解决纠纷。在现实生活中,各部门职责重合、相互推诿,即使已经加入了多元解纷团队,也缺乏积极性,没有形成有效化解矛盾的合力。

(五)调解协议的司法确认程序有待完善

在具体的矛盾纠纷调解过程中,因为缺少特定的指导和相关的程序性规范机制,纠纷经调解后,通常不能通过司法确认程序,这就造成非诉调解缺乏规范，调解结果产生的调解协议缺乏法律约束力。由于其不具备强制执行力，常使权利救济的一方当事人在实践中陷入困境，特别是在已经达成了调解协议之后，需要一次性或分期履行的案件，如果没有进行司法确认，则调解协议不具有强制执行力。一旦其中一方违反了约定，对方就不得不再次提起诉讼，而事先的调解程序则归于无效。因此，许多当事人出于对诉讼的信任，即使是付出一定的时间和金钱代价，也会选择向法院提起诉讼。

司法确认程序不仅可以加强并巩固在立案前已经达成的争议化解结果，而且可以推动法院诉讼机制与其他争议解决机制之间的衔接。但是，大部分人都没有认识到司法确认程序的价值，也没有充分认识到在线争议解决平台中司法确认的作用，这就造成了在实践中很少有当事人自助申请司法确认。一般情况下，只有通过有关的调解机构和调解员对当事人进行解释，以推进该项工作。

在具体的案件调解过程中，对司法确认工作的告知与指导会给调解员带来较大的工作压力，由于现行的人民调解员考核机制中缺少对其引导、告知当事人申请司法确认的激励机制，致使一些调解员在指导当事人进行司法确认方面表现得不够积极。

三、提高调解地位的解决措施

（一）确立诉外纠纷解决的权威与认同

如果要使社会调解的资源得到最大限度的利用，就需要有一个卖方市场。这个市场的构建依赖于多元化纠纷解决机制服务质量的不断提高，并做好售后服务，即诉外解纷结果的效力保障问题。要解决这个问题，基本途径就是提高诉外解决纠纷结果的权威性与强制性。我国应当健全相应的立法，赋予多元解纷模式以法律上的约束力。对于违反或者不主动履行调解义务的人给予一定的惩戒，例如失信黑名单曝光制度不仅可以应用于对法院判决的不履行方，而且可以应用于对多元解纷结果的违背方或拒不履行方。

此外，目前的宣传力度还不够，这对于人们关于多元化冲突解决机制的认识和理解产生了一定影响。建立多元化的冲突解决机制需确保调解的良好运作，应加大宣传力度，改变人们的思想观念，充分发挥各种协会和社会团体的积极作用，充分利用手机、电视等大众传播媒介，加强对公众的宣传，使调解"省钱、省时、省力"的优势得到发挥。除此之外，还可以评选优秀调解员，对部分品牌个人调解工作室进行宣传。举办纠纷调解电视节目竞赛，让公众对多元解纷有更多的认识，鼓励社会各界积极参与调解，提高社会公众对多元解纷的认识。

（二）强化人才保障工作

调解员作为多元纠纷解决机制中的关键一环，缺少一种有效的人才保障。目前，调解员的选拔没有设定路径和进入条件。调解员主要通过群众选举和聘用两种方式获得资格，并不要求其具备法律知识、了解行业规则。与此同时，调解人员的整体保障也不够充分，导致调解员整体素质不高。笔者认为可以考虑扩大人才队伍、建立法院专职诉讼外纠纷调解员队伍以及加强调解组织建设来缓解当前人才保障不足的问题。

1. 扩大人才队伍

扩大人才队伍，加强纠纷解决人员的专业素质。各级人民法院应吸收社会解纷资源，扩充特邀调解团队，以提升人民调解员的业务水平，[5]一方面，扩大吸收调解员的渠道，邀请社会威望高、公信力强的代表，例如退休政法干警、高校教师、律师、行业专家等加入调解队伍中；另一方面，加强对特邀调解员相关技能的培养。在司法机关的领导下，研究制定调解员资格考试、认证以及职业培训体系，注重技能培训，定期邀请高校法学专家、资深法官、专业律师进行调解技能培训，以全面提高调解员的业务素质和专业水平，提高调解员的准入门槛，促进人民调解工作的发展。

另外，为了提高纠纷调解效率，加强人民群众对调解工作的认可和对调解员的信任度，还应该探讨建立人民调解员管理标准。对调解员的调解工作实行量化管理，制定有针对性的工作激励机制，充分调动相关人员的积极性，使其充分参与多元化纠纷解决机制的构建。

2. 组建专职庭外调解团队

日本采取"调审分离"的调解体系，调解和审理两个阶段相互独立。这种体制实际上是把部分的司法权力转交给调解委员会，这样不仅减少了法庭的受理案件的数量，而且增加了人民参与司法的积极性。[6]为此，针对我国法院案多人少的现状，应在法院内部设立一支与法官队伍相区分的专业化庭外调解队伍。明确专职调解员的职责，做到分工明确，各司其职，有序运作。这是一种诉讼与审判相分离的新途径，有利于通过诉前调解实现对案件的分流，解决纠纷。[7]

3. 加强调解组织建设

人民调解组织是一个具有"第一道防线"功能的基层社会治理机构，加强人民调解组织的建设不仅可以有效解决社会矛盾，而且可以有效推进社会治理的现代化。在房屋买卖、保险、物业管理、金融交易等矛盾纠纷易发、多发领域，建立行业调解、专家调解委员会可有效化解矛盾纠纷。除此之外，还应该鼓励拥有相关专业特长或工作经验的社会人士建立个人调解工作室，让他们充分利用自己的余力积极参与社会矛盾纠纷的解决。努力打造一批质量过硬的品牌调解工作室，让纠纷调解深入基层，从源头上解决矛盾纠纷。

（三）强化资金保障

目前，诉讼、仲裁等纠纷解决方式有稳定的经费保障，而调解经费严重不足，这对调解的发展造成了很大的制约。一方面，要加强经费保障；另一方面，可以利用市场提高调解组织的工作质量和效率：一是加大财政补助的支持力度。可以在现有资金来源基础上，适当增加补贴标准。运用政府购买服务的方法，将多元纠纷化解工作交给社会力量。同时，各级政府也可将各类纠纷解决机制建设经费作为专项支出纳入财政预算。二是对于直接与政府部门协商解决特殊纠纷的行政调解组织和人民调解委员会，政府有关部门应当从部门财政预算中安排经费予以支持。三是对一些没有资金支持的民间调解机构，可以通过民政部门或有关司法机构，按照他们的工作成果给予一定补助，鼓励更多的社会力量参与人民调解工作。四是对专业性强、社会需求大的行业性纠纷解决组织,可以指导其学习国内一些地方的经验,实行市场化的纠纷解决服务。市场化的运作方式一方面可缓解政府及相关机构的财政压力;另一方面,可利用市场竞争形成适者生存的机制。

（四）完善调解协议司法确认程序

在多元化纠纷解决机制的建立中,司法确认不仅可以为调解协议提供国家强制执行的保障,而且可以提升部分纠纷解决途径的社会公信力。为此,针对当前调解协议司法确认中存在的问题,笔者提出以下建议:首先,在诉前调解或者诉讼委托调解的案件中,人民法院可根据双方当事人达成的调解协议,由特邀调解员直接将案件移送法院进行司法确认。其次,经登记注册的司法行政机关行政调解组织、企业调解组织以及在部分街道、社区设立的个人调解工作室,在调解成功达成协议后,经当事人同意,调解员做好司法确认的前期工作,移送管辖法院进行司法确认。再次,可以加强司法确认功能在人民法院调解平台上的推广与应用,以减少时间成本。最后,可以将人民法院调解协议的司法确认率作为案件处理的质量评估指标,客观反映诉调对接在妥善化解矛盾纠纷中的实际效果,提高人民法院司法确认的积极性。

"将非诉讼争议解决机制挺在前面",需要将纠纷解决的重心前移,将一站式多元化纠纷解决平台从以诉讼为主转向以调解为主,研究调解程序与仲裁程序、诉讼程序的可能结合点,[8]并制定调仲结合、诉调结合的一站式程序规则,最大限度地发挥每种程序的优势,例如调解程序的灵活性和自决性,仲裁程序的终局性和跨境可执行性。

【参考文献】

［1］ 范愉,李浩.纠纷解决:理论、制度与技能[M].北京:清华大学出版社,2010:21.
［2］ 最高人民法院关于深化人民法院司法体制综合配套改革的意见:人民法院第五个五年改革纲要[N].人民法院报,2019－02－28.
［3］ 商京迪.论多元纠纷解决机制的构建[D].济南:山东大学硕士学位论文,2021.
［4］ 张凤兰.重庆市B区多元化纠纷解决机制研究[D].重庆:西南大学硕士学位论文,2022.
［5］ 余桂荣,史亚博.构建金融纠纷诉前调解与非诉化解社会参与机制研究[J].沿海

企业与科技,2023(1).

［6］ 小岛武司.诉讼外纠纷解决法［M］.丁婕译.北京：中国政法大学出版社,
2005：443.

［7］ 沈开举.法院只是最后一道防线［J］.民主与法制,2007(15)：26.

［8］ 成阳.管辖与执行：多元解纷体系中商事调解制度疑难问题研究［J］.上海法学研
究,2022(17).

诉调对接纠纷解决机制研究：以西安市新城区人民法院司法实践为例

宁赐佳[*]

摘　要： 诉调对接纠纷解决机制作为社会多元治理制度中的重要部分，我国不同地区采取了不同措施促进诉调对接模式改革，有的成果显著，有的收获甚微。本文以西安市新城区人民法院的司法实践为例，通过分析其采用的诉调对接纠纷解决机制的现状，从提高调解效率、合理解决纠纷、充分发挥调解在纠纷解决机制中重要作用的角度出发，发掘该制度中存在的问题并探寻优化路径，为我国诉调对接纠纷解决机制进步和发展提供经验。

关键词： 诉调对接；社会治理；多元纠纷解决机制

诉讼与调解对接在我国源远流长，经新民主主义革命时期的马锡五审判方式、社会主义建设时期的"枫桥经验"、改革开放时期的多元化纠纷解决机制等不断发展，在新时代下取得了新的内容和意义。

2010 年我国颁布《人民调解法》，首次在法律上对人民调解和诉讼的衔接予以确认。2015 年，我国开始实行立案登记制，人民法院的案件数量大幅增加，法院急需新举措来改善其人少案多的困境。2016 年，最高人民法院出台《关于人民法院进一步深化多元化纠纷解决机制改革的意见》，明确

---

* 宁赐佳，陕西师范大学国家安全学院(政法与公共管理学院)法律(法学)硕士研究生。

规定建立特邀调解组织和特邀调解员名册等制度,推进了我国诉调对接制度的构建。

在党的二十大报告中,习近平总书记提到要完善社会治理体系,健全共建共治共享的社会治理制度,提高社会治理效能。诉调对接模式创新发展是推进社会治理体系和治理能力现代化的重大课题,要充分发挥调解在社会多元治理中的重要作用,将其他社会力量纳入调解的范畴之内,健全和发展多元纠纷解决机制。

就"诉调对接"的内涵而言,诉是指司法机关的诉讼制度,调是包含广义上的调解,包括法院调解、商事调解、人民调解等多种方式,诉调对接就是在当事人自愿的基础上,将诉讼程序和调解程序相衔接,将原定进入诉讼程序的纠纷通过调解的方式进行化解的一种纠纷解决机制。

从司法实践来看,诉调对接的实质就是提高调解在纠纷解决机制中的地位,强化调解对诉讼程序的积极影响,一方面,从法院角度出发,可以对纠纷进行分类,实现案源分流、减轻诉累;另一方面,从社会治理的角度出发,可以提高化解纠纷的效率,丰富纠纷解决机制的内容,实现以法治为基础的多元主体共同治理的目标。

目前,全国各地基于不同的经济、政治、文化发展阶段,出台的各项诉调对接制度均不相同,目前我国主要运行的诉调对接模式以公权力的参与程度的不同,可分为政府机关主导模式和社会调解力量主导模式两种。前者以法院为主导,以司法机关的公信力为背书,对原定进入诉讼程序的纠纷进行分流,对于案情简单、事实清楚、争议不大且双方当事人有调解意愿的案件寻求调解人员介入,实现纠纷的诉讼前化解,属于传统诉调对接模式。后者则以社会调解力量为主导,法院通过委托方式将大量案源转给调解组织或特邀调解员,并辅助其工作从而实现自身"难易分流,轻装上阵"。[1]这种诉调对接模式的前提是地方有成熟、强大的调解力量,包括但不限于专业的调解组织,从而集中社会调解力量,提高调解工作专业性,实现公正、高效化解纠纷的目的。

本文以西安市新城区人民法院在诉调对接运行中的司法实践为例,探讨我国在诉调对接纠纷解决机制创新发展中可能存在的问题和优化途径。

一、西安市新城区人民法院诉调对接的运行模式

（一）诉调对接的基本运行模式

西安市新城区人民法院的诉调对接模式以诉调对接办公室为基础，由新城区委政法委牵头，新城区法院、新城区司法局共同推进的矛盾纠纷多元化解联动机制，联合出台了《关于建立矛盾纠纷多元化解联动机制的实施方案》。该方案旨在充分发挥司法在多元化纠纷解决机制中的引领、推动和保障作用，通过有效运行联动机制，充分发挥审判机关和人民调解组织的职能作用，将人民法院"诉"的权威性、规范性和人民调解组织"调"的便利性、非对抗性结合起来，形成合力，有效化解社会矛盾纠纷，满足人民群众日益增长的多元司法需求（见图1）。

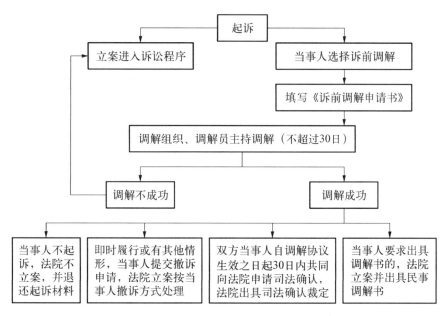

图 1　诉前调解流程

基础诉调对接模式主要分为以下四个步骤：一是法院收案。原告于法院提起民事诉讼，法院在收案的同时，了解原告调解意向。若原告愿意调

解,则联系被告,若原被告任何一方不愿调解,则转入诉讼程序。二是现场调解。法院设置调解值班室,由当日值班调解员现场联系被告进行调解。三是线上调解。若当日调解未完成,次日由诉调对接办公室联系被告,征得被告同意后利用人民法院调解平台,及时委派特邀调解员开展线上调解。法院通过线上平台录入案件,查看案件调解进度,指导特邀调解员开展线上调解,并进行结案工作。四是对于调解成功的案件法院进行司法确认或出具调解书,调解失败或不同意调解的案件则转入诉讼程序。

（二）诉调对接的配套运行机制

在上述基础模式之上,为了推进实现一站式多元解纷化解机制和一站式诉讼服务体系的工作目标,新城区法院建立了配套的各种诉调对接工作方式。

第一,行业调解,协同行业协会成立调解工作室,加强类型化纠纷诉前调解力度。所谓类型化纠纷,即频率高发的、案情具有相似性的纠纷,以行业为分类标准,行业协会作为专业机构更熟悉业内规则,并掌握业内资源的部分支配权,在利益衡平方面较之法院更加专业,[2] 能高效率地化解纠纷。新城区法院联合陕西省建筑业协会成立建设工程纠纷调解工作室,法院通过对其提供法律方面专业指导的方式,协助行业协会开展调解工作,对达成的调解协议及时进行司法确认,充分发挥调解工作室加强类型化纠纷诉前调解力度的作用。

第二,社区调解,将调解平台推进到基层,努力将纠纷消除萌芽阶段。新城区法院协同新城区委社会治理办联合下发《关于印发〈新城区"无讼社区"创建工作方案〉的通知》,联合区委社会治理办、新城区法院、新城区检察院、新城区司法局及各街道办,通过开展"无讼社区"建设活动,完善多方参与的社会矛盾前端预防与多元化解机制,从源头上预防减少矛盾纠纷的发生。

第三,执行对接,同新城区司法局进行信息共享,实现纠纷实际化解的最终目的。新城区法院与新城区司法局建立信息共享机制,定期通报纠纷调处情况,研究解决多元化解联动工作中的新情况、新问题,对工作站调解员主持达成的调解协议及时进行司法确认。

第四,社会调解,与多家社会调解机构对接,充分发挥人民调解的积极作用。截至目前,新城区法院同陕西省金融消费纠纷调解中心、新城区道交调解中心、新城区工会劳动纠纷调解组织等建立诉调对接工作机制,积极发挥调解组织在诉调对接机制中的重要作用。

二、西安市新城区人民法院诉调对接纠纷解决机制的现状分析

（一）基础数据分析

新城区人民法院在 2020 年运用人民法院调解平台受理诉前委派调解案件 1 074 件,调解成功 579 件,申请司法确认案件 65 件,调解成功率53.9％。2021 年,运用人民法院调解平台受理诉前委派调解案件 3 981 件,诉中委托调解案件 133 件,其中调解成功 2 854 件,调解成功率申请司法确认 502 件,调解成功率 69.37％。2022 年,运用人民法院调解平台受理诉前委派调解 2 957 件、诉中委托调解 9 件,调解成功 1 911 件,在线申请司法确认 475 件,申请调解书 718 件,调解成功率 64.38％。

2023 年 1 月 1 日—5 月 31 日,新城区人民法院在人民调解平台共收录调解案件 2 771 件,其中诉前调解 2 770 件,诉中调解 1 件。从最终结果来看,调解成功达成调解协议申请撤诉的案件共 1 286 件,调解成功申请出具调解书的 34 件,调解成功申请司法确认的 118 件,当事人和解的案件 595件,调解成功率达 73.37％。

就上述数据可以看出,自 2020 年新城区人民法院利用人民调解平台受理调解案件以来,其收案量虽然有所波动,但整体呈增加趋势,仅 2023 年前五个月的收案量就接近 2022 年的全年收案量,在调解成功率上,整体上也呈现了上升的趋势。这说明诉调对接机制作为一种新的纠纷解纷解决机制逐渐被纠纷当事人接受,人民群众的调解意愿逐渐增强,同时也反映出调解在化解矛盾、减少诉讼案件方面发挥着积极作用,有利于案源分流,提高纠纷解决效率。

（二）调解组织主持调解的数据分析

以 2023 年 5 月 31 日之前的调解数据为例,陕西省金融消费纠纷人民调解委员会共受理调解案件 192 件,其中 191 件当事人和解,只有 1 件调解失败系当事人无法联系,调解成功率达 99.48％。新城区工会劳动纠纷调

解组织收案 79 件,当事人和解 73 件,调解成功率达 92.41%。法院委派特邀调解员进行调解的 2 499 件,其中当事人和解的 331 件,调解成功申请撤诉的案件 1 286 件,申请司法确认的案件 118 件,出具调解书的案件 33 件,调解率达 70.75%。

就上述数据而言,调解组织的调解成功率明显高于特邀调解员的调解成功率,造成这种现象的主要原因有两方面。

一是调解组织进行调解的案件中存在以某一特定主体为当事人的批量案件,调解组织有能力进行批量处理。例如西安市新城区工会劳动纠纷调解组织调解的案件中有 73 件均是山西某企业管理咨询有限公司为当事人的劳动争议,在调解过程中因为一方当事人特定,且案情相似,进行批量调解无论从时间、沟通、协调等任何一方面来看,都可以降低调解成本,最大限度地提高纠纷解决的效率。

二是调解组织往往是就某一特定领域内的纠纷进行调解,相较特邀调解员而言更具有专业性。调解组织往往是针对某一特定领域内的纠纷设立的,其调解人员具有专业知识和实践经验,在利益衡量上更具有专业性。而特邀调解员来自不同行业,对于本人负责的调解案件领域可能并不了解,促成调解较为困难。

（三）主要案由的数据分析

从表1、表2的数据可以看出,调解案件在案由方面具有以下几个特点。

表 1   2023 年 5 月 31 日前新城区法院调解案件纠纷类型①

案　由	人格权纠纷	婚姻家庭、继承纠纷	合同纠纷	劳动争议、人事争议	与保险有关的纠纷	侵权责任纠纷
案件总数(件)	7	89	1 536	46	9	49
调解成功数量(件)	2	26	970	18	3	7
调解率	28.57%	29.21%	63.15%	39.13%	33.33%	14.29%

表 2　各类纠纷调解成功数量及调解率②

种　类	明　细	案件总数（件）	调解成功数量（件）	调解率
人格权纠纷	生命权、健康权、身体权纠纷	6	2	33.33%
	其他人格权纠纷	1	0	0.00%
婚姻家庭、继承纠纷	离婚纠纷	57	16	28.07%
	离婚后财产纠纷	7	2	28.57%
	抚养费纠纷	2	0	0.00%
	抚养纠纷	2	1	50.00%
	继承纠纷	19	7	36.84%
	同居关系纠纷	2	0	0.00%
合同纠纷	买卖合同纠纷	199	52	26.13%
	房屋买卖合同纠纷	11	2	18.18%
	借款合同纠纷	166	0	0.00%
	金融借款合同纠纷	174	147	84.48%
	民间借贷纠纷	119	36	30.25%
	建设工程合同纠纷	35	7	20.00%
	信用卡纠纷	521	514	98.66%
	租赁合同纠纷	110	65	59.09%
	服务合同纠纷	13	4	30.77%
	物业服务合同	18	8	44.44%
	委托合同纠纷	52	45	86.54%
	追偿权纠纷	75	70	93.33%
	其他合同纠纷	43	20	46.51%

续　表

种　类	明　细	案件总数（件）	调解成功数量（件）	调解率
劳动争议、人事争议	劳动合同纠纷	39	11	28.21%
	追索劳动报酬纠纷	7	7	100.00%
与保险有关的纠纷	保险纠纷	6	3	50.00%
	保险人代为求偿权纠纷	2	0	0.00%
	人身保险合同纠纷	1	0	0.00%
侵权责任纠纷	交通事故责任纠纷	43	6	13.95%
	医疗损害责任纠纷	6	1	16.67%

第一，案由只包括民商事纠纷，不包括行政案件、刑事自诉案件和刑事附带民事案件。

第二，主要的三大案由分别是合同纠纷、婚姻家庭和继承类纠纷、侵权责任纠纷，均属于调解中的传统案由。随着社会经济活动的增多，合同类纠纷成为主要的纠纷类型，其调解成功率也最高；婚姻家庭和继承类纠纷受道德和家庭伦理的影响，调解意愿较高，成功率也较高；侵权责任类案由高频的主要原因则是道交事故的多发导致的。

第三，新型纠纷类型初露头角。随着社会发展、经济活动不断变化，纠纷类型也在产生新的变化，例如与保险有关的纠纷、医疗损害责任纠纷、物业服务合同纠纷等均属于新类型。

三、对新城区人民法院现行诉调对接模式的思考

（一）新城区人民法院现行诉调对接模式的优势

新城区法院目前采取的诉调对接模式主要是在诉前调解阶段将案件委派给特邀调解员或调解组织，社会调解力量调解不成转入诉讼程序的方式，对此，其专门出台了《西安市新城区人民法院关于民事案件繁简分流和诉调

对接工作流程管理规定(试行)》,此种方式的明显优势有以下三个方面。

1. 减少人民法院诉讼负担

自 2015 年我国推动立案登记制和法官员额制改革以来,案件数量的大幅增加,大多数法院都陷入人少案多的困境,实行诉调对接制度,将案情简单、事实清楚、争议不大的案件转入调解程序,通过社会调解力量解决纠纷,明显减少了人民法院的诉讼负担。

2. 纠纷解决更加高效便民

王树江法官认为,纠纷的本质包括两个方面:利益之争和规则之争。前者是为了实现个体利益;后者是为了维护社会规则。因此,纠纷解决应当采取"交叉并行"的方式,对利益之争和规则之争的独立性问题均予充分关注的同时,促进二者的良性互动。利益与规则的"交叉并行"赋予了调解制度存在的正当性、必要性和重要性。相较于诉讼的严格、专业、耗时、费钱等特点,调解更加灵活、亲民、高效、便宜,在纠纷解决上有着不可替代的制度优势。[3]

3. 有利于实现社会共同治理

党的二十大报告中提出要"健全共治共享的社会制度,提升社会治理效能",强调要"建设人人有责、人人尽责、人人享有的社会治理共同体",诉调对接纠纷解决机制充分调动社会调解力量,让各种解纷主体积极参与、多元共治、各取所长、各尽其能,及时、有效、智能化地化解社会矛盾,全面提升基层治理能力和水平,为推进国家治理体系和治理能力的现代化做出贡献。

(二)新城区人民法院现行诉调对接模式存在的问题

1. 司法确认率有待提高

以 2023 年 1 月 1 日—5 月 31 日之前的数据为例,新城区法院调解成功率达 73.37%,其中只有不到 1/10 的案件申请人民法院出具调解书或司法确认的裁定(不排除存在被告已经履行无需申请法院出具调解书或司法确认的裁定的情形),可以看出,调解案件申请法院出具调解书或司法确认的裁定的比例很低。

双方当事人达成的和解协议或调解协议只具有民事合同的效力,不具有任何的强制执行力,达成的协议看似已经解决,但是若任何一方当事人不履行合同,基于同一事实有可能还会产生纠纷,不利于纠纷的实际解决。

2. 特邀调解员队伍有待完善

依据新城区法院出台的《特邀调解员管理办法(试行)》第8—9条规定,特邀调解员由新城区司法局推荐或法院邀请满足特邀调解员任职条件的个人担任,同时第6条第3款规定,特邀调解员应当具备必要的法律和专业知识。但实践中存在部分调解员不是法律专业的从业人员对法律专业知识掌握不足的情形。

实践中,特邀调解员的调解成功率明显低于调解组织的成功率,排除调解组织专业性更强的因素,从实践中看,的确存在大量调解员积极性不高、对调解工作懈怠的情形。尽管《特邀调解员管理办法(试行)》中对此有设立专门的考核措施,但只是简略规定了解聘情形,没有对调解员的考核制度,导致对调解员的监管不到位。

3. 诉调对接的平台建设尚待加强,基础设施和人员配备不足

新城区法院现有的诉调对接制度主要依靠两个平台:一是线上平台,即人民法院多元调解在线平台;二是线下平台,即诉调对接办公室。但在实际操作中,无论是线上平台还是线下平台人员配备均不足。诉调对接办公室由立案庭管理,缺乏统一的专门对接人员。

由于线下平台设施陈旧,场地人员混杂,非常不利于调解工作的展开,使得线上平台的系统时常出现卡顿、数据丢失等现象,比较影响当事人的使用体验。

4. 与社会调解力量的对接机制有待加强

首先,新城区法院目前的诉调对接制度是通过法院委派调解组织或特邀调解员开展调解工作,没有由人民调解委员会或是人民调解员参与调解的案件,自治调解力量薄弱。

其次,与社会调解力量的合作较少。这里的社会调解力量是广义的,包括调解组织、行业协会、其他政府机关、基层群众自治组织等其他组织。一方面,缺少同专业调解机构的合作,目前,新城区法院合作的专业调解机构

仅有三家,针对金融、道交、劳动纠纷三个方面,涵盖范围较少;另一方面,没有利用其他社会调解力量,仅依靠调解员和调解组织,调解力量薄弱。

5. 诉调对接案件范围相对较小

从上述数据可以看出,调解案件主要集中在民商事领域,未对行政案件、刑事自诉案件、刑事附带民事案件进行委派。

即使在民商事领域,委派调解的主要案由是借款、租赁合同等传统纠纷类型,整体案情简单,争议不大,但随着经济和社会的快速发展,社会矛盾已不限于上述纠纷类型,呈现复杂化、多元化发展,例如对商事方面的纠纷委派调解的案件很少,究其原因有可能是纠纷当事人对调解的不信任,此外,商事纠纷一般涉及金额巨大,当事人更倾向于通过法院的专业裁判形成具有强制执行力的裁判文书。

（三）新城区人民法院现行诉调对接模式的优化途径

1. 加强诉调对接基础建设

同时完善线上、线下两个平台,除了在硬件设施上加大投入,更为重要的是就诉调对接工作设立专门人员负责,充分向当事人释明调解制度的优点,提高公众对调解这种纠纷解决机制的认同感。必要条件下,可采取专门措施保障调解案件能够优先立案、优先审理。

2. 加强调解员队伍建设

首先,规范调解员队伍培训。为了提高调解效率,应当由法院指派法官对调解员进行调解培训,培训内容应主要包括:委托调解平台具体操作;调解协议、笔录制作;证据认定和事实认定;对虚假诉讼的识别和处理等,以规范调解程序,提高调解效率。

其次,建立调解员考核制度。细化调解员任务考核制度,出台调解员任务考核指标,要求调解员某月或某季度成功调解纠纷数量不得低于某标准,以年为周期进行考核评估,对于不符合标准的调解员予以解聘,实现调解员队伍标准化管理。

再次,提升调解员整体素质。调解员不仅应当具有法律的专业知识,而且由于不同领域的纠纷实际情况不同,具有不同的专业特点,故法院应当注重对调解员的培养工作,以提升其专业知识技能,通过集中培训、线上学习等方式提高调解员的整体素质。

最后,在激励制度上,新城区法院出台了《特邀调解组织和特邀调解员以案定补管理办法》(暂定),规定了较为详细的激励机制,也得到了充分实施,对调动调解员的积极性起到了十分积极的作用,值得借鉴。

3. 推动建立专门的调解办公室,实现委派案件的专业分流

新城区法院委派调解案件的依据一方面是根据纠纷类型委派给专业调解组织;另一方面,根据时间顺序委派给特邀调解员,但由于现阶段调解组织的数量较少,力量不够强大,与调解组织专业不对口但辖区内常见、多发的纠纷类型只能由调解员进行调解,不利于总结经验,规范类案标准,故应当推动法院主导下同相关社会组织成立专门调解办公室,实现委派案件的专业分流。

专业分流基本逻辑分为三个层面,首先,是对于与调解组织对口的类型纠纷进行分流,由调解组织主持调解;其次,是对成立调解办公室的类型案件第二次分流,由专门的调解办公室主持调解,充分发挥其他社会组织的调解力量;最后,是由特邀调解员主持调解,也可以根据调解员的专业领域分配相关类型的案件。

4. 完善和社会调解力量的对接机制

多元化纠纷解决机制的设计初衷是通过多元协同治理共同化解矛盾纠纷,社会调解力量作为其中的重要部分应当充分调动和利用,具体分为两个方面:一是扩大委托调解组织范围;二是将各类社会调解资源纳入诉调对接工作范畴。

前者依赖于当地自治调解组织的发展水平,例如在上海,当地人民调解组织成长快,水平高,包括一些成熟的商业化的调解组织,法院可以将大量案件委派给这些调解组织,从而有效减少诉讼案件。西安本地的人民调解组织的发展情况远不如上海发达,即使法院有意扩大委托调解组织范围,但可行性不高。相较前者,后者可行性更高,除推动成立专门的调解办公室,还可以从社会组织中选任调解员,同行政机关可建立联合纠纷调解办公室,加强与对接部门、组织的沟通协调,健全多部门协调联动机制,促进形成问

题联治、工作联动。

5. 扩大诉调对接的案件范围

除民商事纠纷外，法院还可考虑将行政争议纳入调解范围。行政纠纷的特殊性在于一方当事人是行政机关，争议焦点是行政相对人对向行政主体做出的具体行政行为不认可，所以，调解人员在解决该类型纠纷的工作重点是寻求具体行政行为的合法性和正当性基础。同时应当注意，此类案件中达成的调解协议不具有民事合同的性质，为了保障调解协议的效力，应当通过法院进行司法确认或出具调解书。鉴于行政争议的专业性，法院在对此类案件适用调解时应当注意调解员的选任和专业培养。

刑事自诉案件和刑事附带民事案件涉及利益重大，专业性更强，大多数调解组织和调解员不具备相关能力，将其纳入调解范围不利于保障公平正义的实现。

四、结语

不同地区的诉调对接纠纷解决机制是基于当地经济、文化、社会发展状况决定的，调解具有很强的自治性，全国上下推行一种模式绝非上策，相反，只有因地制宜制定不同的制度才能发挥调解的最大作用。本文分析了西安市新城区人民法院在诉调对接纠纷解决机制构建和事实过程中的问题和优化途径等内容，并不具有普适性，仅为整体诉调对接纠纷解决机制的创新和发展提供新的思路和探索方向，在实践中遇到问题仍需具体分析。

【注释】

① 西安市新城区人民法院诉前调解数据类型表(统计日期：2023 - 01 - 01—2023 - 05 - 31)。
② 西安市新城区人民法院诉前调解数据类型表(统计日期：2023 - 01 - 01—2023 - 05 - 31)。

【参考文献】

[1] 卫跃宁,刘文斌.诉调对接模式的决策依据与相对选择：基于本土司法数据及实

务经验的原理总结与趋势前瞻[J].河北法学,2020(12):40.

[2] 王树江.文化、治理及转型:"诉调对接"实践的三层考量[J].法律适用,2019(21):9.

[3] 王树江.文化、治理及转型:"诉调对接"实践的三层考量[J].法律适用,2019(21):7.

人民调解员选任制度的建构：
以破产管理人选任制度为借鉴

马博磊　　刘欣鑫*

摘　要：在全面依法治国背景下，人们对人民调解员工作的合法性、专业性的需要与人民调解员较为原则的选任制度的矛盾，使人民调解制度的适用与发展陷入瓶颈。我们应以学习贯彻党的二十大精神为契机，结合现有人民调解制度的基础和优势，借鉴破产管理人选任机制的成功经验，探索符合新时代社会需求的人民调解员选任标准及配套制度，引入人民调解员职业标准，加强社会力量的参与，充分提升人民调解员队伍的整体水平，焕发人民调解制度活力。

关键词：人民调解员选任；破产管理人选任；制度建构

一、问题的提出

中国民间自古就有"调处息争，无讼是求"的法律传统，人民调解制度作为一项极富中国特色的民间纠纷化解机制因其具有简捷、及时、经济等优势，在我国拥有深厚的群众基础，并发展出"枫桥经验"等，在定分止争过程中发挥着积极作用。

党的二十大报告提出"推进多层次多领域依法治理，提升社会治理法治化水平""及时把矛盾纠纷化解在基层、化解在萌芽状态"，为加强以诉源治

---

* 马博磊，上海政法学院法律学院硕士研究生；刘欣鑫，上海政法学院法律学院硕士研究生。

理为目标的人民调解制度的发展指明了前进方向。2022 年新修订的《民事诉讼法》首次提出"依法设立的调解组织"概念,将人民调解等非公权力性质的各类社会调解纳入其中,进一步丰富了人民群众化解纠纷的渠道,但在实务中仍有大量纠纷未经人民调解"过滤"即进入法院,导致诉讼案件数量居高不下,这既有悖于习近平总书记提出的坚持把非诉纠纷解决机制挺在前面,在源头上减少诉讼增量的指示要求,也有悖于社会治理的内在规律。作为调解制度的核心,人民调解员的水平和质量是整个制度有效运转的重中之重,然而目前我国大部分人民调解员的准入标准相对较低,缺乏较为明确的职业伦理规范,无法充分满足全面依法治国要求下人民群众对于调解工作专业化的实际需要。

二、我国人民调解制度的发展与现状

早在 20 世纪 20 年代的第一次国内革命战争时期,现代人民调解制度就初见雏形。在中国共产党的领导下,农会组织设立了调解机构负责调解群众间纠纷。中华人民共和国成立后,人民调解制度在党的领导下得到了进一步的发展。1954 年中央人民政府政务院颁发《人民调解委员会暂行组织通则》,首次在全国范围内确立了人民调解制度。1989 年 6 月 17 日,由国务院第 37 号发布的《人民调解委员会组织条例》(简称《条例》)的第 3、4 条对人民调解委员会的选任作出了规定,包括人民调解委员会的产生以及担任调解委员会委员的要求。2011 年正式施行的《中华人民共和国人民调解法》首次以法律的形式对人民调解制度作出规定。近年来,司法部陆续就人民调解工作颁布《人民调解工作若干规定》《关于加强人民调解员队伍建设的意见》等包括人民调解员的选任和职责等相关规定,尤其是自党的十八大以来,以习近平同志为核心的党中央制定了一系列决策部署,包括完善人民调解、行政调解和司法调解联动工作体系,加强行业性和专业性的人民调解组织建设,并积极发展人民调解员队伍。《关于完善矛盾纠纷多元化解机制的意见》《关于加强和改进乡村治理的指导意见》《关于加快推进公共法律服务体系建设的意见》等中央文件均强调了人民调解制度在法治政府、矛盾纠纷多元化解机制、乡村治理和公共法律服务体系建设中的重要作用。

在我国快速城市化和现代化的背景下，过去的家庭模式和组织形式逐渐被打破，社会中越来越复杂多样的各类纠纷对人民调解员队伍的水平提出了更高要求，而法律规范中关于居委会、村委会群众选举产生人民调解委员会进而担任或聘用调解员的选任制度规定较为笼统，成为阻碍人民调解制度发展的障碍，准入标准和职业伦理规范的不明确导致原有选任制度下选出的人民调解员在公众心目中难以摆脱"和稀泥"的形象。加之目前我国的人民调解员队伍中包括"两新"组织在内的社会力量对于调解工作的参与度并不高，没有法律专业背景的专职人民调解员仍然占据多数，这对于争议双方当事人而言更容易产生不专业的印象，导致调解工作的覆盖面无法有效提升，不利于调解工作的持续开展。

中国统计年鉴的相关统计数据显示（见图1，图2），[①]首先，从调解案件的案件类型来看，除了邻里纠纷调解案件较多之外，其他诸如婚姻家庭、损害赔偿等法律关系相对复杂的民事纠纷类型，其调解案件的数量均有不同程度的下降。其次，从调解纠纷总数来看，自2010年《人民调解法》通过后的5年内曾出现较大幅度的增长，之后开始在波动中逐年下降，其下降的速度甚至超过了人民调解员和调解组织数量下降的速度。与此同时，全国的民事诉讼案件一审案件数量从2010年的609万件上升至2021年的1 661万件，调解案件相较于诉讼案件呈现"此消彼长"的态势。一方面，不可忽视的是邻里纠纷等法律关系较为简单的案件适用人民调解制度的数量仍保持较高水平，人民调解制度快捷、经济等不可替代的优点有很好的群众基础。另一方面，在国民法律意识日渐增强、诉讼越来越便利的背景下，人民调解员选任制度无法满足人们对人民调解员专业性需要时，在审判人员主持下的司法救济路径逐渐成为人们解决复杂纠纷的重要选择，加大了基层法院的诉讼和裁判压力。

2018年3月，中央全面深化改革委员会第一次会议通过了《关于加强人民调解员队伍建设的意见》，充分体现了中央对人民调解工作的高度重视

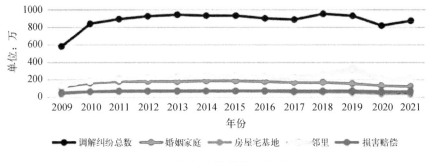

图1 调解案件数量及类型

图2 人民调解委员会 & 人民调解员数量

和对人民调解员队伍的关心。在全面依法治国的背景下，我们迫切需要制定符合当前社会需求的人民调解员选任制度，充分提升人民调解队伍的整体水平，促进调解制度高水平发展。

三、人民调解员选任制度的建构

（一）与破产管理人选任制度的比较

从发展上来看，与人民调解员选任制度类似，我国破产管理人的选任制度经历了由司法机关和行政部门主导并开展工作的阶段。1986年全国人大常委会第18次会议通过的《企业破产法（试行）》规定了破产企业的清算组成员由人民法院从企业上级主管部门、政府财政部门等有关部门和专业人员中指定，但随着市场经济的发展以及民营企业数量急剧增多，破产工作的数量和复杂程度陡增，这一规定已经无法适应社会发展的实际需要。2007年开始施行的《企业破产法》规定了管理人可以由有关部门、机构人员组成的清算组或者依法设立的律师事务所、会计师事务所、破产清算事务所等社会中介机构担任，破产工作开始引入社会力量，不仅有效分担了行政机关的负担，而且提高了破产工作的整体水平。此后，破产管理人的考核、分级、指定和报酬等制度在实践中逐渐完善并不断创新。以上海为例，在破产管理人的指定上，为确保公平公正，目前各法院运用抽签摇号的方法，根据债务人的债务和财产情况在各级管理人中随机分配管理人。

从地位和功能上来看，首先，人民调解员与破产管理人有其相似之处：人民调解员由人民调解委员会产生并主要由司法行政部门管理；破产管理人亦由社会机构委派，两者均不直接隶属于负责审判及破产工作的法院，具有社会属性。其次，破产管理人与人民调解员都在客观上分担了法院的裁判工作压力，利用法院以外的社会力量化解了现实中存在的矛盾问题，达到了良好的社会治理效果。

综上，破产管理人的职业地位、社会功能等与人民调解员有着相似之处，其选任制度的发展历程与人民调解员的选任制度经历过类似的历史阶段，并在改进后取得了良好成效，是人民调解员选任制度可资借鉴的他山之石。

（二）在借鉴中完善人民调解员选任制度

1. 积极引入社会力量参与调解工作

《企业破产法》于 2007 年开始施行后，破产工作开始引入社会力量。经过十多年的发展，在实践中基本满足了经济发展对破产工作需求的增加。

各国在调解事务上对引入社会力量的探索由来已久。20 世纪，随着各国诉讼成本的不断增加，包括美国、英国等国相继开始了替代性纠纷解决机制（Alternative Dispute Resolution，ADR）的探索，[1]由法院引入律师这一社会力量参与调解工作，但是由于英美等国的法治传统和对程序正义的诉求而效果不佳。[2]在我国，与 ADR 类似的律师主导型调解在国内也已经发展了一段时间，并在国内进行了试点，主要的类型包括以下两种。

一是实质主导模式。在这种模式下，人民调解委员会在接受当事人的调解请求后，经过与法院和司法行政机关的协商，将主要调解工作授权给律师事务所或律师个人,由律师主导并掌控调解过程。

二是专门机构模式。在这种模式下,成立了独立于法院和司法行政机关的专门律师调解中心,由当地律师协会或某个律师事务所负责运营。律师调解中心通过组织具有调解经验和专业知识的律师进行调解,为当事人提供专业化的调解服务。[3]

借鉴破产管理人吸纳专业的律师或会计师兼任的优秀经验,在调解工作专业性需求日增的背景下亦可考虑在司法行政机关的引导下充分吸收有志于进行调解工作的专业性人才,以兼职的形式参与调解工作,发挥其专业知识和优秀经验,提高调解工作的整体水平。

2. 建立人民调解员执业资格

从破产管理人选任制度的发展来看,我国结束行政部门主导阶段后也经历过非专业人员和各类中介机构混杂的阶段,破产管理人服务质量和价值也因此饱受质疑,如何培养一批拥有相关专业知识的人员参与破产工作成为重中之重。经过探索和对国外先进经验的学习,我国在各地建立了由法院组织的破产管理人执业考试制度,组织参与破产工作的律师、会计师等拥有专业知识的人员参加考试,通过者即可获得不同等级的破产管理人执业资格。[4]只有拥有执业资格的个人才可入选法院的管理人名册,并作为管理人参与具体的破产案件。从结果上来看,破产管理人执业资格的建立收获了良好的成效,不仅提升了破产管理人的履职水平,而且通过对"破产"这一综合性较强、专业性较高的行业知识为破产管理人的执业标准提供了相对统一且明确的参考。

作为一项对法律知识和调解技巧都具有一定水平要求的工作,人民调解工作也可以参考破产管理人资格考试制度,在司法行政部门的领导下制定明确的调解执业资格和分级制度并组织相关考试。调解执业资格的标准和考核可以随着法律的更新和社会对调解工作的需求而定期变化,以切合调解工作的实际发展,既为社会力量参与人民调解工作的水平提供充分保障,也为人民调解员的工作提供具体指引。

但需要注意的是,相比于破产事务的高度复杂性以及较强的综合专业性，调解工作覆盖面广并且具有较高的基层和乡土属性，是解决农村等地区纠纷的重要制度，[5]因此，对其执业标准的设立不宜过高。很多情况下"老娘舅"的生活经验、在当地的名望以及工作热情是他们身为人民调解员的独特优势，如果因为过高的职业标准而将他们拒之门外无疑是不合理的。鉴于调解职业的特性，调解员执业资格更适合建立认证制而非准入制，即未取得执业资格并不影响调解员开展调解工作，但是执业资格的存在可以作为一种统一的职业标准，一定程度上起到对人民调解员的激励和筛选的作用。

3. 酌情设立调解员补贴

在破产工作中，破产管理人履职对债务人财产进行清算和分配从根本上保障了债权人的合法权益，破产管理人作为破产程序的积极推动者和具体执行者，优先从债务人可供分配的财产中获得报酬有其法理基础。在2007年《企业破产法》试行前夕，最高人民法院审判委员会通过了《最高人民法院关于审理企业破产案件确定管理人报酬的规定》，明确了破产管理人可以从破产债务人可供分配的财产中优先获得管理人报酬，有效提高了破产管理人参与工作的积极性。此外，实践中，法院对于因债务人几乎没有可供分配财产而无法获得报酬的管理人设立了专项补贴。

充分调动专职调解员和社会力量参与调解工作，不能仅依靠社会责任感和个人兴趣，可参考为破产管理人设立报酬的经验，给予调解员一定的经济支持作为保障。目前调解工作的性质总体上仍然被限定为社会公益性服务，根据《调解法》的规定，人民调解委员会调解民间纠纷不收取任何费用，专职调解员的工资通常由各地的司法行政机关负责发放，但从职能上来说，人民调解员同破产管理人一样能分担法院的工作压力，解决当事人的纠纷，因此，司法行政机关可适当考虑向参与调解的调解员发放一定补贴鼓励或增设非强制性的收费机制，以鼓励成功调解达成合意的当事人酌情向调解员支付一定的费用。这种补贴机制一方面可以充分利用社会资源吸引拥有法律以及其他专业知识的个人和"两新"组织参与调解；另一方面，也是对专职人民调解员高质量开展工作的激励。

此外，结合人民调解员执业资格的设立，在设置非强制性收费标准和发放补贴时,拥有更高调解执业资格的人民调解员可以略高于资格较低或者未能获得执业资格的人民调解员,起到激励人民调解员不断强化自身执业水平,进而提高人民调解员队伍的整体水平的效果。

4. 建立多元的培训考核体系

纵观我国破产管理人选任制度的发展,破产管理人协会的发展几乎与破产工作同步进行。职业协会的建立既可以促进行业自律和行业内交流,也可以在执业资格的基础之上制定诸如行业协会规范的软性要求,组织开展定期培训和水平测试,进一步提高执业水平;而在一些发达国家,破产管理人名册也由破产管理人协会与司法行政机关及法院沟通后负责编制并公开,充分体现了协会的行业自律属性。[6]

目前,专职人民调解员以及人民调解委员会的管理主要由司法局主导,人民调解员在各地司法行政部门的组织下参与学习考核,各地也建立了地方性的人民调解员协会。人民调解员协会应当在建立统一的人民调解执业资格的基础上,在司法行政机关的指导下充分发挥行业自律作用,定期组织法律从业者和优秀调解员开展培训活动,促进调解行业的内部交流,并积极参与执业资格与规范以及补贴激励标准的制定,自下而上地提高调解工作的水平。鼓励法院参与对人民调解员的培训,例如可由法院审判人员主导开展的调解工作中组织人民调解员一起学习,使调解工作与裁判工作保持衔接。

根据司法部印发的《全国人民调解工作规范》以及中华全国人民调解员协会《关于开展人民调解员等级评定工作的意见》要求,我国部分地区已经开展了由司法局主导的人民调解员的等级评定工作,有力保障了人民调解员队伍的整体水平。[7]可考虑引入并增加由参与调解的当事人做出评价的机制以及权重,由司法行政机关及人民调解员协会结合其工作成果,例如调解数量、案件类型等对调解员进行客观评价。与破产清算事务的专业性、公平性和严谨性不同,调解制度的核心是通过促成当事人通过意思自治达成合意来解决矛盾,因此,不必对调解员采取强制除名的机制,而是依赖综合评价机制的建立,通过市场这只"看不见的手"筛选出更高水平的人民调解员,提高调解员队伍水平的良性循环。

四、结语

"'为国也,观俗立法则治,查国事本则宜。不观时俗,不察国本,则其法立而民乱,事剧而功寡。'全面推进依法治国,必须从本国实际出发,同推进国家治理体系和治理能力现代化相适应,既不能罔顾国情、超越阶段,也不能因循守旧、墨守成规。"[8]结合新时代的时代背景和中国法治国情,我们可借鉴破产管理人吸纳律师或会计师的优秀经验,积极引入社会力量参与调解工作,并建立执业资格认证、酌情提供补贴等激励机制,确立多元培训和考核体系,促进人民调解员水平整体提高,加快建立符合新时代需求的人民调解员选任制度。在对破产管理人选任制度的借鉴中吸收其成功经验的同时也要注意其与调解制度的差异,充分保留原有调解制度中有效的部分,例如应当赋予当事人对于调解员的自主选择权,只有在当事人放弃选择时再由司法局和法院结合案件类型、繁简程度等因素指定人民调解员。在调解的过程中,应尽力避免法院主导的情况,充分尊重当事人的意思自治,只有在当事人申请审查和确认调解协议效力或因调解不成又提起诉讼时再由法院参与其中,使调解制度和审判制度充分发挥各自优势,并达到"1+1>2"的良好效果。

【注释】

①《中国统计年鉴》,http://www.stats.gov.cn/sj/ndsj/.

【参考文献】

[1] 杜崇.ADR 视角下中国律师调解制度的自治性构建[J].贸大法学,2019(4).
[2] 蒋莉苹.特邀调解下的法院中心现象辨析:以美国附设 ADR 为参照[J].法大研究生,2018(1).
[3] 刘萌.律师主导型调解模式研究[D].天津:天津商业大学硕士学位论文,2014.
[4] 王淑敏.破产管理人执业资格制度研究[D].哈尔滨:哈尔滨工程大学硕士学位论文,2010.
[5] 靳凤娣.村级人民调解员的选任和培训[J].商丘职业技术学院学报,2011(10).

［6］ 种林.破产管理人选任制度：中欧比较研究［J］.政法论丛,2015(4).

［7］ 北京市司法局调解工作处.严选严评,交出人民调解员等级评定满意答卷［J］.人民调解,2023(2).

［8］ 习近平.论坚持人民当家作主［M］.北京：中央文献出版社,2021.

论我国的诉调对接机制

摘　要：随着司法体制改革和社会的不断变革，我国司法运行过程中出现了一种新的纠纷解决机制——诉调对接机制，它将诉讼和调解有效结合，实质上是诉讼与非诉讼途径的有效衔接，是完善我国多元化纠纷解决机制的创新之举。本文首先介绍了诉调对接机制的概念以及它产生的现实和法律依据，明确了建立诉调对接机制的意义，在此基础上提出我国诉调机制方面存在的问题，并提出了完善建议。

关键词：诉调对接机制；法院；调解组织；存在问题；完善建议

一、诉调对接机制的概述

（一）诉调对接机制的概念

目前对于诉调对接的概念，我国理论界和实务界没有达成统一的认识。从广义上来看，大部分学者认为广义上的诉调对接是指法院诉讼和法院外其他非诉纠纷解决方式的衔接。在这种机制中，以人民法院为中心，通过引导社会各界协同参与纠纷的解决。人民法院将案件分流至各调解组织，由调解组织进行调解，调解成功的则反馈至人民法院，依据当事人的申请就调解协议或达成一致意见的其他形式进行司法确认或出具调解书，如果不能达成调解协议的，再经法院转入诉讼程序[1]。广义上也可以理解为诉讼制

度和非诉讼制度的对接,即人民调解、仲裁调解及司法调解等非诉讼调解方式和传统诉讼的有效结合。这种对接结合了法院诉讼和其他非诉讼纠纷解决方式的优势,是一种引导社会协同解决纠纷的纠纷解决机制。[2]从狭义上来看,大部分学者认为狭义上的诉调对接是指人民法院和人民调解组织间衔接而成的纠纷解决机制。"诉"是指人民法院的诉讼程序,"调"是指人民调解,包括诉前调解和诉中调解。在这种机制中通常是人民法院和司法局协同联动,建立诉调对接的中心,在人民法院收到当事人起诉状和相关证据材料后,如果符合诉前调解,则将要受理的案件传至诉前调委会,达到诉前调解和司法确认的对接。[3]狭义上诉调对接的做法可以结合诉讼和调解的优势,提高司法资源利用效率,有效化解纠纷各方矛盾。

（二）诉调对接机制的产生

1. 诉调对接机制的现实依据

笔者认为,任何一种制度和机制的产生与发展都有其特定的时代背景。在当前的时代背景之下,司法是解决现代法治社会纠纷最重要和最核心的方式,公正和效率是司法的重要价值追求。为了更好地实现这些价值追求,解决社会纠纷,稳定社会秩序,诉调对接机制应运而生。

在双方当事人达成的调解协议书不具有法律效力时,会出现部分当事人反悔的情况,导致司法资源的浪费和双方当事人之间矛盾的扩大,而对调解协议进行司法确认,赋予确认后调解书法律效力可以帮助法院节约司法资源,缓解双方当事人的矛盾。这样看来,诉调对接机制的建立符合我国建立和谐社会的目标。[4]

同时,诉调对接机制还注重对纠纷当事人双方自主选择权的充分尊重,赋予当事人充分的自主性,使调解的结果变得更加合乎情理,让纠纷双方更易接受。这样的新型纠纷解决方式正在被更多的群众所接受。[5]

2. 诉调对接机制的法律依据

2003年,江苏省南通市在司法实务中应用"诉讼＋调解"的模式解决纠纷,标志着诉调对接机制雏形的出现。在这一模式有所成效之后,全国各地的人民法院都开始效仿,但还没有明确的相关法律规定。自此我国逐渐开始对诉调对接的机制进行积极的立法引导,先后出台相关法律、政策文件及司法解释,例如《中华人民共和国司法部人民调解工作若干规定》《最高人民法院关于人民法院民事调解工作若干问题的规定》等,对负责调解的组织人员以及如何工作等问题都作出具体规定。[6]

2009 年,《诉讼与非诉讼衔接意见》的出台标志着诉调对接机制在国家层面被首次明确,诉调对接的相关概念逐渐明确,确定了诉讼纠纷和非诉讼纠纷的解决方式的对接等相关问题。

2010 年《中华人民共和国调解法》出台,使得诉调对接有了法律依据,其中第 18 条认为,如果基层法院认为能通过人民调解的途径化解纠纷的,在受理纠纷案件前可以告知当事人通过人民调解的途径来解决纠纷。同时,该法也规定了负责调解的组织和相关程序。

2012 年的《民事诉讼法》,其中第 194 条规定了人民调解协议申请司法确认的相关程序要求,让诉调对接真正成为有法可依的机制。同样,2012 年出台的《关于人民调解协议司法确认程序的若干规定》,为诉调对接机制提供了更多法律依据,对申请司法确认、受理司法确认以及法院受理司法确认的范围和审查方式等都进行了规定。[7]

二、建立诉调对接机制的意义

(一)提高纠纷解决效率

在司法实务的过程中,诉调对接机制能够实现司法和非司法纠纷解决方式的有机结合,将当事人的诉讼需求与调解、仲裁等非诉讼方式相衔接,提高纠纷解决的效率。当事人还可以根据实际情况选择适合自己的解决方式,避免在复杂和耗时的诉讼程序中消耗大量时间和精力。

(二)促进司法公正公平

建立有效的诉调对接机制能够促进司法的公正公平。诉调对接机制能够更好地保护当事人的合法权益。通过引入第三方中立调解人或仲裁员,可以确保争议处理的公正性和公平性,避免可能存在的利益不平衡问题。[8]

（三）有效降低社会成本

与传统的诉讼方式相比,传统的诉讼方式通常需要耗费大量资源,包括时间、金钱和人力等。而通过建立诉调对接机制,可将部分争议转向非诉讼渠道,从而减轻法院工作负担,降低司法和社会成本。

（四）缓和当事人矛盾

通过诉调对接机制,在司法程序烦琐的情况下,当事人可以选择更灵活、高效的解决方式,提高双方当事人对于解决方案的可接受度和满意度。同时,调解和仲裁在处理争议时更加注重当事人的意愿和利益,有助于缓解当事人之间的对立情绪。

（五）促进社会和谐稳定

诉调对接机制的建立符合我国建立和谐社会的目标,其能够有效化解社会矛盾和纠纷,通过早期介入、及时化解争议,可以避免纠纷升级发展为社会问题。

三、我国诉调对接机制存在的问题

（一）立法不完善

目前我国没有关于诉调对接机制的专门立法,只有一些存在于民事诉讼法、人民调解法和最高人民法院司法解释中的相关规定。我国诉调对接机制的立法状态处在未能形成制度的状态,这使得人民法院和相关调解组织在司法实践的过程中难以高效运行。

1. 具体规范和程序缺乏明确的规定

现有的立法中并没有关于诉调对接的具体规范,也没有具体程序的规定,使得各地区人民法院在司法实务的过程中运用的诉调对接形式和具体操作方式存在较大差异,没有统一的操作标准,给司法实务带来了操作困难。

2. 缺乏必要的保障措施

诉调对接机制的立法还缺乏必要的保障措施。例如,在涉及重大利益冲突、社会矛盾突出等案件中,应当设置必要的审查程序和限制条件,以确保公正、合法和公共利益的最大化。目前诉调对接的立法未明确规定,将造成权力的滥用。

3. 缺乏对当事人权益保护的具体规定

在参与诉调对接的过程中存在一些弱势群体或者个人,他们作为当事人容易遭受不公平待遇,处于弱势地位。关于当事人的权益,如果没有具体的保护措施和程序的规定,他们的合法权益可能会遭受侵害。

(二)与诉讼对接的调解组织建设不完善

笔者认为调解组织建设的不完善主要体现在调解人员方面。虽然我国已经进行了一些对诉调对接点和诉调对接中心的重点建设,但在调解人员方面存在的问题依然明显。

1. 专业素质不高

调解组织存在部分人员欠缺法律知识和专业技能。如果调解员缺乏相关背景和培训,则在调解工作中就无法有效地处理复杂的纠纷案件。如果只是对法律条文粗浅地了解,并且在处理纠纷时生搬硬套,不懂得变通,或者说任意地解读法律关系,将不利于当事人纠纷的化解,甚至起到适得其反的效果。

2. 缺乏培训机制

关于调解人员的培训,我国还没有建立完善的机制。笔者认为培训的作用可以让调解人员了解到最新的法规和政策,以增强其专业能力,更好地为群众服务。

3. 老龄化明显

部分地区的调解组织成员结构相对单一,存在部分成员年龄偏大、以退休人员为主的情况,这样的队伍老龄化情况严重,缺乏活力和更新迭代。

4. 激励机制不健全

激励机制不健全会导致队伍成员的积极性和主动性不高,效率低下,还可能影响其对调解工作的认同,对法院委派的案件敷衍了事,最终使调解成功率降低。部分地区的调解组织缺乏有效的激励机制和合理的薪酬、晋升机会以及职业发展空间,使得一些有潜力和能力的人不愿意从事调解工作。

（三）法院和调解组织配合差

1. 协作机制不完善

人民法院和调解组织之间缺乏密切的协作机制，双方在案件处理、信息共享等方面缺乏有效的沟通与合作，例如通过人民调解委员会达成的调解协议在向人民法院申请司法确认时，往往因为不符合诉讼法关于确认调解协议效力的标准规定而被驳回，[9]导致诉调对接受阻，不利于诉调对接工作的高效运行，使无法得到及时处理。

2. 角色定位不明晰

人民法院和人民调解委员会等调解组织在案件处理中各自扮演着不同的角色，如果双方的职责权限边界没有明确的划分，将导致双方在对接过程中的角色定位混乱，造成重复劳动，不利于案件效率的提升。

3. 规范与标准不统一

虽然人民法院和调解组织在诉调对接的工作中扮演着不同的角色，但是人民法院和调解组织需要统一的规范和标准来指导工作。在实际操作过程中，双方在案件处理中存在着不同的操作方法和评判标准，增加了案件处理难度。

四、完善我国诉调对接机制的建议

（一）完善相关立法

1. 制定诉调对接相关的具体规范和程序的规定

由于我国没有关于诉调对接的专门法，故笔者认为应该制定诉调对接的具体规范以及程序性规定，例如明确规定诉讼和非诉讼有效衔接的过程及内容。同时，调解程序立法化也很重要，应确定适用强制调解前置程序的案件范围，不只局限于劳动争议仲裁前置，还可拓展至其他纠纷领域，例如婚姻家庭、医疗养老等涉及民生的案件，真正做到在法律制度层面上让诉讼程序和调解程序衔接规范化。

2. 出台相关保障措施

在涉及重大利益冲突、社会矛盾突出等案件中，设置必要的审查程序和限制条件,以确保公正、合法和公共利益的最大化。例如,对审查的期限进行设置,人民法院将案件委托给调解组织调解时,调解组织应在设置的期限内反馈结果;人民法院在设置的期限内对调解协议进行审查;等等。

3. 立法应当包含对当事人权益保护的具体规定

不仅在立法中需要对当事人权益保护作出具体规定,而且诉调对接工作也应贯彻保障当事人权益。人民法院应对当事人间调解的结果和内容及时跟进,对于消极履行的当事人,调解组织应该及时维护另一方当事人的合法权益。

(二)建设完善的调解组织

1. 建立完善的调解人员培训机制

培训机制意在提升调解人员的法律知识和专业技能。建立统一的调解员培训机制,包括基础培训和进阶培训,提供法律知识、调解技巧和沟通能力等方面的培训内容,确保调解员具备专业素质和技能,使调解人员在调解工作中可以运用丰富的法律知识和熟练的调解技巧,让调解人员了解到最新的法规和政策,增强专业能力,更好地为群众服务。

2. 加强调解员队伍建设

为了解决调解员队伍老龄化的问题,需要加大对调解组织的人力资源投入,提供良好的工作环境和发展机会,培养和吸引优秀年轻人才从事调解工作,并注重引进跨学科背景的专业人员,以更好地适应纠纷多元化和复杂化的现实需求。

3. 健全激励机制

为了解决队伍成员积极性和主动性不高、对工作缺乏认同感的问题,需要完善调解员的激励机制,例如薪酬待遇、职称晋升、荣誉表彰等。通过激励措施吸引高素质人才从事调解工作。

(三)促进法院和调解组织联动

1. 完善协作机制

人民法院和调解组织应该加强沟通与合作,建立定期的沟通会议或工作对接机制,以便及时交流案件信息、解决问题和协调工作。双方应加强信息共享,确保案件能够顺利进行,为诉调高效对接扫除障碍。

2. 明确角色定位

人民法院和调解组织之间应明确各自的职责边界,并通过文件或指导意见等方式予以明确。在案件处理中,要遵循各自的职能,防止重复劳动和冲突,并确保案件得到顺利处理。

3. 统一规范与标准

人民法院和调解组织应制定统一的调解规范和评判标准,确保双方在案件处理中按照统一的要求进行操作。这不仅有助于提高工作效率和提高调解的效果,而且能为当事人提供更加稳定和可靠的调解服务。

【参考文献】

［1］ 曾振云.我国诉调对接机制研究[D].南昌:江西师范大学硕士学位论文,2021:7.
［2］ 侯泉.论我国"诉调对接"机制的完善[D].北京:中央民族大学硕士学位论文,2015:6.
［3］ 纪超.人民调解中的诉调对接机制[D].贵阳:贵州大学硕士学位论文,2021:16.
［4］ 纪超.人民调解中的诉调对接机制[D].贵阳:贵州大学硕士学位论文,2021:17.
［5］ 曾振云.我国诉调对接机制研究[D].南昌:江西师范大学硕士学位论文,2021:6.
［6］ 曾振云.我国诉调对接机制研究[D].南昌:江西师范大学硕士学位论文,2021:8.
［7］ 纪超.人民调解中的诉调对接机制[D].贵阳:贵州大学硕士学位论文,2021:18.
［8］ 陈锦红,左猛杰.诉调对接:价值基础及其制度创新[J].求索,2013(12).
［9］ 周建元.诉调对接制度研究[C]//2019年南国博览学术研讨会论文集(一).北京:中国环球文化出版社,2019:134.

商事调解制度服务长三角和自贸区建设中的机遇与挑战

孙大可　李佳芮[*]

摘　要：长三角一体化发展和自由贸易试验区建设在理念上虽有所不同，但它们的实施区域却有所交集，二者在实际建设中相互促进、相辅相成，携手助力长三角地区高质量一体化发展。长三角四地应持续加强跨域合作，发挥调解的基础性作用，共同推进源头治理，进一步优化法治化营商环境。在日益健全的调解制度和组织支撑下，商事调解在新时代"枫桥经验"实践中面临新契机。然而，目前仍存在顶层设计不足、组织设立标准不一、普及率有限以及专业人才短缺等问题。我们必须加快步伐，开创性地提出上海模式的商事调解方案，旨在为国家商事调解体系的完善贡献实践案例与智力支撑。

关键词：商事调解；营商环境；多元解纷

一、长三角及自贸区多元化纠纷解决机制现状

长三角三省一市以4％的国土面积，集聚了全国约17％的人口，2023年经济总量突破30万亿元，进出口总额超15万亿元，创造了全国近1/4的经济总量和超过1/3的进出口总额。2022年沪苏浙皖自贸试验区货物进出口总额约3.8万亿元，占全国自贸试验区的50.88％。[1]长三角地区是经济

＊　孙大可，上海政法学院硕士；李佳芮，女，上海市长宁区人民法院法官助理。

最活跃、开放程度最高、创新能力最强的区域之一。在这繁荣的经济图景背后，法治扮演着不可或缺的角色。法治是维护市场秩序的基石、企业权益得以捍卫的坚实保障、优化营商环境的黄金法则。

实施长三角区域一体化发展战略五年来，四地法院强化协作力度，通过"一网通办"和"人民法院在线服务平台"可实现诉讼事项跨区域在线办理，跨层级联动办理，解决了异地诉讼难的问题。最高人民法院第三巡回法庭内设长三角一体化发展司法工作小组及办公室，长三角四地法院共签《长三角地区人民法院案例工作"一体化"备忘录》，发挥典型案例的指导作用，促进长三角地区法院法律适用统一，保障长三角一体化发展。青吴嘉三地以长三角生态绿色一体化发展示范区共同签署《青吴嘉政法系统推进高质量平安法治一体化合作框架协议》，助力示范区平安法治建设提档升级。四地检察院共同签署《沪苏浙皖检察机关关于依法服务保障长三角区域民营企业健康发展的意见》《沪苏浙皖检察机关关于建立区域协作机制全面履行检察职能推动长三角区域民营经济发展壮大的意见》等文件从统一区域内的法律适用标准、优化司法案件处理方式，到构建跨省份合作机制，作出了具有针对性、可操作性的规定。上海自贸区建设 10 年来，对外开放平台的功能作用日益凸显，积极融入全国统一大市场，促进了国内大循环更加畅通，代表国家参与国际合作与竞争，对接国际高标准经贸规则，具有国内国际双循环的战略链接地位。2013 年 10 月，上海国际经济贸易仲裁委员会（简称上海国仲）设立中国（上海）自由贸易试验区仲裁院。2013 年 11 月，成立上海市浦东新区人民法院自贸区法庭，是全国首个服务于自贸区建设的专门法庭，打造了涉外商事纠纷"诉讼、调解、仲裁"一站式纠纷解决机制，自贸区法庭已引入了上海世贸商事调解中心等十余家调解机构，并有外籍调解员的加入作为涉外商事纠纷化解的有益补充，实现了本土和涉外纠纷快速案结事了之实效。[2]《上海市促进多元化解矛盾纠纷条例》《人民法院在线调解规则》《浦东新区促进商事调解若干规定》等从地方性立法层面为商事调解组织的设立打通渠道，并着重鼓励开展国际商事纠纷调解。

同时我们也看到，长三角地区和自贸区作为世界级产业集群、平台型经济企业总部的集聚地,四地涉外贸易往来深度融合,涉知识产权、涉外海事商事纠纷、网络平台纠纷数量呈爆发增长,不断涌现新的案件类型,"案多人少"的矛盾逐渐显现。在2024年上海"两会"上,有政协委员通过调研发现,长三角地区面临市场化调解组织市场准入机制缺失、政策支持不足及专业、标准化建设滞后等问题,导致其主要依赖法院委派或委托案件且调解结果的司法确认存在跨域协作上的障碍。委员们提议制定统一的市场化调解组织准入与监管制度,并提供政策激励,明确设立与变更规则,以促进其健康发展。同时,建议构建长三角区域内的专业调解员队伍、服务收费标准、评价体系及行业自治的完整制度框架,以及建立跨区域的案源共享和调解结果互认机制,旨在消除区域壁垒,提升调解效率与司法确认的便利性。[3]

二、商事调解面临新机遇

长三角一体化和上海自贸区的高质量发展,须以营商环境的高质量优化为促进动力。法治是最好的营商环境,而纠纷解决是法治最重要的表现形式。践行"将非诉讼纠纷解决机制挺在前面"的重要指示精神,从源头减少诉讼增量和已有存量,减轻个人和企业的讼累,调解无疑是定分止争的有效途径。调解具有高效率、经济、灵活、保密等优势,以不断完善的商事调解制度互为表里,成为培育发展商事调解的新动能。

(一)制度建设为保障

上海是中国共产党的诞生地,是中国改革开放的排头兵、创新发展的先行者,浦东是中国改革开放的象征和上海现代化建设的缩影。浦东新区法治建设承载着大胆闯、大胆试、自主改,形成一批可复制、可推广的新制度的战略要求。第十三届全国人民代表大会常务委员会第二十九次会议通过授权上海市人民代表大会及其常委会根据浦东改革创新实践需要,遵循宪法规定以及法律和行政法规基本原则,制动浦东新区法规,在浦东新区实施。①浦东新区法规可以对国家法律、行政法规和地方性法规的内容进行变通并优先适用。这是我国适应改革需要,坚持在法治框架下推进改革的法治观念的生动诠释。

2022 年 7 月 15 日生效实施的《浦东新区促进商事调解若干规定》是首部以专门立法形式对商事调解工作发展、商事纠纷解决与国际通行规则接轨进行的创新性探索,其第 4 条规定了商事调解组织的三种设立方式和名册管理制度,明确了商事调解机构的准入方式和监管方式;第 16—18 条规定了调解协议可以通过申请公证、仲裁、人民法院司法确认和申请支付令的方式,确认调解协议的效力;第 19 条规定了从事商事调解业务,可以向当事人收取合理费用,这一规定可促进商事调解机构提供更优质服务,吸引更多专业化人才从事商事调解工作,有助于推动调解成为一种更受欢迎和更有效的解纷方式。2023 年 5 月,世界银行推出了全新的营商环境评估体系,并明确指出上海将作为中国唯一参与此项评估的样本城市。在这一评估体系中,替代性争议解决机制被视为一项关键指标。为了进一步与世界银行的评估体系以及国际经贸的高标准规则接轨,上海市人民代表大会常务委员会作出修订《上海市优化营商环境条例》的决定,[4]为营造法治化的一流营商环境提供制度保障。2023 年 12 月,上海法院国际商事一站式解纷平台正式上线,设有诉讼、调解、仲裁三大解纷服务模块,全市三级法院在统一平台开展涉外商事纠纷一站式解决。2023 年 12 月发布的《浦东新区小微企业法律帮扶若干规定(试行)》第 9 条规定:"争议双方均符合法律帮扶条件的,区公共法律服务机构应当选派不同法律服务机构的法律帮扶人员办理,并优先引导双方进行调解。"2024 年 1 月发布的《浦东新区综合改革试点实施方案(2023—2027 年)》[5]中提出鼓励商事调解组织开展涉外商事纠纷调解,探索建立既有中国特色,又与国际接轨的商事调解制度规则;试点实行知识产权侵权纠纷的调解优先推荐机制,是加快打造制度型开放的有力举措。商事调解以双方公平自愿调解为原则,在当事人没有约定以调解为优先的争议解决方式时,试点实行知识产权侵权纠纷的调解优先推荐机制,既保障了调解的基本原则,又为缓解当前人民法院"案多人少"的矛盾局面提供了一个解决窗口。同时也是减少当事人诉讼成本、节约诉讼时间、提高纠纷化解效率的有效方式,体现了源头治理和调解优先的原则。[6]

（二）先试先行夯基础

习近平总书记指出："改革和法治如鸟之两翼、车之两轮,要坚持在法治下推进改革,在改革中完善法治。"[7]法律的既定框架已为发展铺设了坚实的基础。在上海商事调解的实践探索中,我们不仅积累了一定的经验,而且在这一过程中有力促进了法治的动态完善。

2011年,上海经贸商事调解中心成立。经过十余年的发展,调解中心在纠纷调处方面取得了显著成绩,自成立至2023年6月30日,调解中心共受理案件2 562件,调解案件大多对接法院,涉案标的额约654亿元,调解成功的有1 560件,调解成功率为60.89%。同时携手高校开设商事专业调解资格培训,为商事调解的后续发展创造了条件。上海市第二中级人民法院探索创新商事纠纷先行调解机制,在法院立案前,引导当事人选择专业的社会调解组织来解决纠纷,一方面,促使专业化社会调解组织和调解员不断完善服务质量、高效专业处理纠纷;另一方面,提升了源头治理和社会和谐、高效且低成本解纷的效果。上海市银行业纠纷调解中心(简称银调中心)是2016年设立的民办非企业组织,银调中心与上海三级法院实现全覆盖"诉调对接"机制。截至2019年,银调中心已累计受理各法院委派、委托调解银行业诉讼案件378件,诉讼标的金额累计超过56亿元。[8]2023年1—8月,浦东新区共有商事调解组织5个,共受理商事纠纷5 638件,调解成功5 615件,涉案标的约19.66亿元。[9]2024年1月11日成立的北外滩多元商事调解中心提供"一站式、多元化、全周期、综合性"的争议解决服务,为上海深化"五个中心"建设贡献了法治力量。2024年4月17日,上海市宝山泛亚国际商事调解中心成立,创新性推出"法律＋科技＋调解"模式,通过与多所高校合作,促进产学研一体化的调解人才培养;通过科技赋能,推动调解服务的数字化转型,建立智慧云调解平台,实现案件高效在线处理,并在业内首推有偿调解中的"保险兜底"机制,激励企业积极采用调解方式解决纠纷,减轻企业的调解成本。这一系列措施有效应对了调解领域的三大挑战:人才培养、公信力建设和科技应用,并促进了调解的规范性、透明度与成功率。泛亚中心的模式为上海构建国际化商事调解标杆提供了可行的方案,标志着向高效、便捷的商事纠纷解决方案迈出了重要一步。

三、商事调解面临新挑战

商事调解以其专业性强、保密性强、程序灵活、调解效率高、有偿解纷但成本较低的特点,在解决商事争议方面展现出了优势,显著降低了因纠纷而导致商业合作终止的风险,同时为商业主体进行国际交易提供了便利,极大节约了司法资源,是企业化解纠纷的"快车道"。然而必须承认的是,相较于其他发达国家,我国商事调解仍处于初步发展阶段。长三角地区作为中国经济的重要增长极,因其地理位置相邻、人文相亲,加之人员往来密集、经贸交流频繁,涉企业的矛盾纠纷具有跨地域性特征,这一特点加剧了对各地区司法与执法机构间协作配合的需求,同时也凸显出地方性法规差异可能带来的挑战。

(一)商事调解制度顶层设计尚不完善

党的十八大以来,《中华人民共和国人民调解法》《人民调解委员会组织条例》《人民法院在线调解规则》《最高人民法院关于人民调解工作若干问题的规定》以及各地方多矛盾纠纷多元化解、调解条例出台,较完备的法律法规和司法解释构成了人民调解制度规范。

目前,国家层面尚未出台商事调解的法律法规或制度文件,现有法律依据集中在与调解相关地方性法规中,例如《上海市促进多元化解矛盾纠纷条例》《深圳经济特区矛盾纠纷多元化解条例》《黑龙江省调解条例》等,各省级层面立法正逐步推动商事调解机制的发展,但商事调解领域仍未形成统一的法律规范规制商事调解组织的运营和调解员行为规范,当调解与仲裁、诉讼等多元解纷方式协同作战时显得"底气不足"。2019 年 8 月 7 日,我国已成为《联合国关于调解所产生的国际和解协议公约》的首批签约国,因此,我国的商事调解立法不仅涉及国内商事调解规范。而且还有《新加坡调解公约》的国际商事调解协议的承认与执行议题。[10]

(二)商事调解组织的设立标准和程序不统一

《黑龙江省调解条例》第 22 条规定,成立商事调解组织应当经设区的市级司法行政部门审查同意,并依法登记。仲裁委员会可以设立商事调解组织。《海南省多元化解纠纷条例》第15条规定,商会、行业协会、民办非企业单位、商事仲裁机构等可以依法成立商事调解组织,在法律允许的范围内开展商事调解活动。《山东省司法厅关于坚持和发展新时代"枫桥经验"推动调解工作高质量发展的意见》中指出,鼓励专业法律服务机构以民办非企业单位方式成立商事调解组织。《全国工商联商会调解工作办法(试行)》第12条规定,支持工商联或商会发起设立商事调解组织,省级以上工商联会同司法行政机关等加强对商事调解组织的指导,督促其规范运行。各地方性法规、司法解释、团体规定对商事调解组织设立条件不一,导致各地商事调解组织建设不规范、运行不顺畅、成效不明显。

目前商事调解机构数量较少,截至2023年9月1日,国内已经登记设立约223家独立第三方商事调解组织,且大多集中在大中城市,限于经济发展水平,各地商事调解组织服务水平参差不齐,专职调解员人数少。此外,一些机构的治理结构和管理制度不够规范,影响了调解工作的公正性和公信力。确保调解组织的独立性与公正性是至关重要的,这包括建立调解组织与人民法院之间紧密而独立的诉调对接机制,旨在防范调解机构沦为法院的"附庸"或遭受任何不当干预。为此,需强化司法行政机关等相关部门对调解组织的监管职能,确保调解活动遵循法治原则,秉持公正立场,保持独立运作,并且高效有序地开展工作。

(三)商事调解的普及度不够

调解制度是货真价实的中国创造,有着深厚的历史文化传统。早在西周时期就有"调人"来调处民间纠纷,到清代已分为民间调解和官府调解,虽在调解理念、组织形式和法律效力上与现代调解大相径庭,但可以说是现代诉外调解和行政调解的发端之一。人民调解的兴起可以追溯到第一次国内革命战争时期,到抗日战争时期,人民调解得到了广泛的应用和推广,并在中华人民共和国成立后获得了进一步的发展和完善。尽管"和为贵""无讼"的理念已深入人心,但国内目前对商事调解的认知度较低,很多企业和个人并不了解商事调解的优势和作用。在国际上,商事调解的知名度还比较低,当事人对其知之甚少。在发生国际商事纠纷时,当事人首先想到的是采用仲裁或诉讼的方式,往往不知道还可以通过更加省时、简便、灵活的纠纷解决方式。

(四)专业化人才要求高

2024年1月1日起施行的《黑龙江省调解条例》第38条规定,商事调解组织调解员应当具有大专以上学历,熟悉商事交易规则、商事交易习惯,具备相关法律知识和三年以上工作经历;第42条规定,县级以上司法行政部门应当组建由法学、心理学、社会工作及相关行业、专业领域的专家学者或者具有丰富调解经验的实务工作者组成调解咨询专家库,相关行业主管部门应当予以配合。《中华人民共和国人民调解法》第14条规定,人民调解员应当由公道正派、热心人民调解工作,并具有一定文化水平、政策水平和法律知识的成年公民担任。由此观之,商事调解员的专业化程度高决定了商事调解的发展与走群众路线的人民调解不能相提并论,需要更专业化人才队伍来促进商事调解事业的发展。

【注释】

① 《全国人民代表大会常务委员会关于授权上海市人民代表大会及其常务委员会制定浦东新区法规的决定》,2021年6月10日第十三届全国人民代表大会常务委员会第二十九次会议通过。

【参考文献】

[1] 张学良.准确把握长三角一体化发展辐射全国的重要作用[N].中国青年报,2023 - 12 - 05(10).

[2] 陈凤.上海:扎根法治营商沃土,打造涉外司法高地[N].人民法院报,2024 - 03 - 18(7).

[3] 夏天,陈颖婷等.法治如何更好护航长三角一体化发展[N].上海法治报,2024 - 01 - 29(A02).

[4] 上海市优化营商环境条例[Z].上海市人民代表大会常务委员会公报,2023(10):44 - 64.

[5] 浦东新区综合改革试点实施方案(2023—2027年)[Z].中华人民共和国国务院公报,2024(4):8 - 14.

［6］ 关于《浦东新区小微企业法律帮扶若干规定（试行）》的政策解读［EB/OL］.［2024 -
05 - 19］.https：//www.pudong.gov.cn/zwgk/006023012/2024/26/322582.html.

［7］ 习近平.加强党对全面依法治国的领导［J］.求是,2019(4).

［8］ 上海银保监局.创新深化银行业纠纷多元化解机制建设：基于上海银行业纠纷调
解中心的实践［J］.中国银行业,2020(3)：95.

［9］ 浦东新区 2023 年度 1—8 月商事调解组织及调解数据［EB/OL］.［2024 - 05 -
19］.https：//www.pudong.gov.cn/zwgk/zwgk_zfxxgkml_atc_tg/2023/271/
317416.html.

［10］ 赵毅宇.中国商事调解立法理由的体系化展开［J］.中国海商法研究,2023
(2)：50.

商事调解协议执行力问题研究

裴金金[*]

摘　要：我国签署的《新加坡调解公约》推进了我国涉外法治建设,虽然实现了国内国际商事调解制度相衔接,但是需要解决商事调解协议执行力的问题。《新加坡调解公约》规定商事调解协议具有直接执行力,但我国普遍认为商事调解协议属于合同,不具有直接执行力,只有转化为判决书、裁决书等法律文书才能获得执行力。由于意思自治、商业效率、调解制度价值能够赋予商事调解协议直接执行力,故我国应当通过制定专门的商事调解法、建立商事调解协议直接执行机制、对商事调解组织和调解员进行法律规范等方式来完善我国商事调解协议执行制度。

关键词：商事调解;调解协议;直接执行力

　　我国自古以来倡导"以和为贵""无讼"的价值追求,崇尚人际和谐。党的二十大报告指出:"要加强重点领域、新兴领域、涉外领域立法,统筹推进国内法治和涉外法治。"[1]近年来,我国涉外商事纠纷数量大幅增长,涉外商事纠纷的有效化解已经成为优化营商环境、推进涉外法治建设的必然要求。[2]2023年10月,最高人民法院、司法部印发《关于充分发挥人民调解基础性作用,推进诉源治理的意见》,该意见着眼于实现矛盾纠纷前端化解、实质化解,坚持预防为主、协调联动,进一步发挥人民调解在矛盾纠纷预防化

---

　*　裴金金,上海政法学院硕士研究生。

解中的基础性作用,深入推进源头治理。调解是化解纠纷的多元化机制之一,通过非对抗性的调解方式解决纠纷既与我国传统文化相符合,又能够从源头消除争议,提高社会治理效能。

2020 年 9 月《新加坡调解公约》①生效,该公约规定经调解达成的国际商事和解协议具有直接执行力。随着越来越多的国家签署和通过《新加坡调解公约》,调解将成为与诉讼、仲裁平等的替代性争端解决方式。2021 年 2 月 19 日,中央全面深化改革委员会通过《关于加强诉源治理推动矛盾纠纷源头化解的意见》,该文件提出"把非诉讼纠纷解决机制挺在前面,推动更多法治力量向引导和疏导端用力。"[3]商事调解是多元化纠纷解决机制的重要组成部分。我国的国内调解制度较为混乱,没有专门的商事调解法,调解协议不具有强制执行力,与《新加坡调解公约》的国际规则不能有效衔接。随着我国商事活动的不断发展,商事纠纷日益增多,商事调解作为一种灵活、高效、成本低的争议解决方式,受到了越来越多的关注。然而,商事调解协议在执行过程中却面临着诸多困难,例如缺乏明确的法律依据、转化执行效率低等,这严重制约了商事调解的发展。案件以调解的方式处理之后能否获得履行,如果不能获得履行,调解协议能否获得强制执行是案件当事人最关注的事情。完善商事调解协议执行制度、赋予商事调解协议执行力,有利于促进商事调解的发展。

一、商事调解协议执行力规定的现状

对于商事调解协议的执行,主要存在直接执行机制和转化执行机制两种执行机制。直接执行机制是指一种无需经过额外程序(例如诉讼、仲裁、公证等),直接赋予商事调解协议强制执行力的机制。转化执行机制是指一种将商事调解协议通过一定程序(例如诉讼、仲裁、公证等)转换成强制执行依据的机制。这种机制下的商事调解协议不具有强制执行力,需要通过转化机制将调解协议变更为经确认的法律文书。转化执行机制有三种典型的转化方法,即转化为法院判决书、仲裁裁决书或者公证文书。[4]

（一）《新加坡调解公约》调解协议执行力

《新加坡调解公约》下调解协议的效力具有既判力和执行力。[5]《新加坡调解公约》第 3 条第 1 款规定,缔约国必须根据公约的规定,对当事人自愿达成的调解协议进行直接执行。② 也就是说,对于双方达成的商事调解协议,当事人可以直接请求批准公约的执行机关强制执行,不必经过其他程序转化或者进行司法审查。《新加坡调解公约》第 3 条第 2 款规定调解协议具有抗辩效力,③ 该条款使调解协议能够为基于争端的请求提供抗辩,认可调解协议具有抗辩效力。当事人不是要求另一方当事人履行调解协议,而是将调解协议作为一种抗辩,使其产生防御效力。

（二）我国商事调解协议执行力

我国商事调解协议在法律上被视为一种合同,具有法律效力。商事调解协议的效力与人民调解协议的效力一致,商事调解协议对当事人有法律约束力,但这种约束力仅是契约性的,不能直接申请执行机关强制执行。商事调解协议只有通过执行转化机制转化为法律文书方能申请强制执行。[6] 我国目前还没有将调解协议作为与仲裁裁决相同效力的正式法律文书,尚缺乏专门的执行程序。[7] 通说认为,商事调解协议的法律性质是一种"民事合同"或"契约",调解协议的履行只能依靠当事人的自觉履行,不能和法院、仲裁委员会做出的法律文书具有同等效力,是不能够申请强制执行的。

（三）国外商事调解协议执行力

2017 年新加坡出台了《调解法》,2020 年新加坡对该调解法进行了修订,对和解协议的可执行性进行了规定,进一步提高了新加坡商事调解的影响力。《调解法》第 12 条规定可以将调解协议转变为法院命令,通过此种方式保证调解的可执行性。该条第 5 款规定:"根据本条记录为法院命令的调解和解协议,可以与法院作出的判决或命令相同的方式强制执行。"[8]

在美国,经调解员调解后签署的调解协议具有法律效力,当事人可以申请法院执行。[9]

在法国,当事人经调解达成的和解协议性质是一份合同,当事人应当依约履行。在调解过程中达成的和解协议也可以通过法院认可程序来执行,一旦调解达成的和解协议得到法院认可,就等同于法院判决,可以获得强制执行。在德国,调解协议在性质上等同于合同,调解协议并不自动具有强制执行力。调解协议要获得强制执行力,需要通过公证、诉(仲)调对接、律师见证等方式。

二、赋予商事调解协议执行力具有正当性

商事调解协议是在中立的第三方调解机构的主持下完成的,既在调解过程中审查了案件的基本事实及证据,也为当事人分析了双方之间的法律关系,在这个过程中和法院或者仲裁委员会的调解过程基本一致,商事调解协议应当具有与法院或者仲裁委员会出具的调解书具有同等的法律效力,即商事调解协议应当具有直接执行力。商事调解既具有高度专业性,也具有高效灵活性。通过调解的方式解决商事案件能够实现现实利益和未来利益,提高社会治理水平。国际和国内商业实务越来越多地使用调解代替诉讼,赋予商事调解协议直接执行力具有正当性。

(一)调解协议执行力的正当性基础是意思自治

在私法体系中,在不违反强制性法律规定的情况下,意思自治优先于法律规定。当事人意思自治既包括实体上的意思自治,也包括程序上的意思自治。当事人可以自主选择调解程序,自主决定纠纷解决的结果,一旦达成调解即受其约束。[10]在调解程序中,调解员中立,当事人自由表达其真实意愿,当事人可以全过程把握调解,是否调解由当事人自己选择,调解协议的具体内容也是当事人相互协商确定的,达成调解协议后当事人应自觉履行。调解争议解决体现了商人社会的契约性和自治性,赋予商事调解协议执行力是当事人意思自治、商人社会自治的体现。

(二)调解协议执行力的正当性基础是调解制度的价值

选择调解的方式解决纠纷,通过放弃自身的一些权益快速达成调解协议,实现自身所要追求的利益。如果调解协议仅具有一般合同效力,就会丧失调解制度所追求的从源头解决纠纷的制度价值。虽然调解的结果可能与通过司法裁决的结果不能完全一致,但是达成调解协议不能仅依据司法的

结果,毕竟调解制度追求的是自愿高效的解决纠纷。商业机会瞬息万变,商事纠纷能够高效便捷解决,有助于保障商业利益。调解具有保密性,调解程序不对外公开,能有效维护当事人的商业信誉。

（三）调解协议执行力的正当性基础是商业效率

在商业环境中,时间和效率是极其宝贵的资源。快速解决商业纠纷对于保持商业关系的稳定性和促进商业活动的顺利进行至关重要。如果商事调解协议需要经历烦琐的法律程序才能执行,可能会对商业活动产生负面影响,甚至可能导致商业机会的丧失。赋予商事调解协议直接执行力能缩短纠纷解决的时间,提高商业效率。同时,这也增强了商事调解的权威性和有效性,使争议双方更加愿意选择调解作为解决纠纷的方式。商业效率的追求是市场经济发展的内在要求。在竞争激烈的市场环境中,企业需要快速、有效地解决商事纠纷以保持竞争力,赋予商事调解协议直接执行力符合市场经济发展的规律和要求。

执行力的正当性基础除了上述内容,还主要体现在纠纷解决的彻底性上。如果纠纷解决结果不具有执行力,那么,"白纸黑字"的确定性权利将如镜中花、水中月,不能有效保障当事人的合法权益。当事人将会再次针对同一案件通过诉讼或者仲裁的方式解决争议,既浪费社会资源,也增加了当事人解决纠纷的时间和经济成本,商事调解的发展将会受到限制。

三、我国商事调解协议执行制度存在的问题

（一）缺乏专门的商事调解法律规则

目前,我国尚未制定专门的商事调解法,商事调解协议的执行力缺乏明确的法律依据。在没有专门的商事调解法的情况下,建立商事调解协议的执行机制缺乏配套的商事调解法律制度的支撑。我国目前关于调解方面的法律④规定有其针对性的适用领域,整体而言具有行政化特征。[11]目前商事调解主要依据《人民调解法》,但是《人民调解法》主要适用于民事纠纷而且具有一定的行政性,既没有规定适用于商事调解领域,实践中也不适合用于商事调解。商事调解不仅包括国内商事调解,而且包括国际商事调解,商事

活动往往涉案金额大、专业性强、追求高效率,应当制定专门的商事调解法。

（二）商事调解协议不具有执行力

商事调解协议仅具有合同效力,不具有强制执行力,若使其具有强制执行力需要进行转化。纠纷主体选择商事调解方式解决问题是为了能够高效解决纠纷,纠纷的解决必然需要争议标的的履行;若商事调解协议不能得到执行力的保障,纠纷主体选择商事调解这种解决纠纷方式的可能性将受到影响。我国现有调解法律制度下调解协议不具有执行力,与《新加坡调解公约》赋予国际商事调解协议执行力相冲突。虽然我国商事调解协议可以通过申请司法确认获得强制执行力,但是商事调解与司法确认之间的衔接、司法确认与强制执行机制之间的衔接还不够完善。一是司法确认程序和标准不明确。对于何种情况下商事调解协议可以得到司法确认以及司法确认的具体标准缺乏统一的规定,导致有些调解协议因无法满足某些条件而无法得到确认,进而影响执行力。二是商事调解协议司法确认和强制执行过程中会涉及多个部门和机构,部门和机构之间衔接不畅,信息传递不及时,会影响司法确认和执行效率。

（三）缺乏商事调解组织和调解员的法律规范

商业调解机构在我国种类繁多,这些机构在管理、监督和调解程序等方面缺乏统一的规定。不同地区的商事调解组织在设立条件、调解员的任职条件等方面存在差异,导致调解的适用范围和程序存在不统一的问题,这种不统一也影响了商事调解的公正性和权威性。对于调解员的选拔和培训缺乏统一的标准和要求,不同的商事组织可能有自己的选拔和培训机制,但是这些机制存在差异,导致调解员的专业素养参差不齐,影响了商事调解的质量和效果。

四、我国商事调解协议执行制度的完善措施

（一）健全商事调解法律体系

我国需要对商事调解制度的现状进行立法规制,有观点认为应制定我国专门的商事调解法,实现与国际调解公约的对接;也有观点认为应将商事

调解制度纳入《人民调解法》或《仲裁法》,例如,赵毅宇认为应单独制定《商事调解法》;[12]赵爱玲、高潮认为可以在《人民调解法》中规定商事调解的内容;[13]段明认为可以将商事调解融入《仲裁法》。[14]完备的法律体系是构成商事调解协议执行制度的基础。《人民调解法》和《仲裁法》各有其适用范围,二者与商事调解的适用范围和边界较为明显,将商事调解纳入二者均具有较大难度,制定专门的《商事调解法》更符合现实。我国可以参考《调解和国际和解协议示范法》来制定商事调解法,[15]将我国丰富的调解理念融入其中,推动我国商事调解协议执行制度与《新加坡商事调解公约》直接执行机制相衔接。制定专门的商事调解法,对商事调解的管辖、受案范围、流程、执行、监督等应分章节进行详细规定。

(二)建立商事调解协议直接执行机制

目前,多数观点认为商事调解协议执行机制应采用"双轨制",也就是说,对国际商事调解协议予以直接执行,对国内商事调解协议依然进行司法审查。[16]但是,采取这样的方式不是长久之计,可考虑直接赋予商事调解协议直接执行力,对国内国际商事调解不进行区别对待。建立商事调解协议直接执行机制,可促进国际商事调解协议与《新加坡调解公约》相衔接,促进国内商事调解协议与国际商事调解协议二者执行机制相统一。赋予商事调解协议直接执行力可能需要实践的进一步检验,但是在一定程度上能够增加商人选择调解方式解决纠纷的信心,长远来看,有助于商事调解这类非诉讼解决机制在我国的发展。通过立法的方式明确商事调解协议具有直接执行力,可以作为执行依据。通过法律规定商事调解协议具有直接执行力,可避免对商事调解协议经司法确认转换才获得执行力。

商事调解协议直接执行机制的执行管辖法院可以按照我国现行的管辖原则,按照属地管辖和级别管辖,由被执行人住所地或者财产所在地的中级人民法院负责执行。商事调解协议具有执行力并不是说不对其进行审查,可以考虑由负责执行的法院进行执行前的审查。法院审查的内容主要是审查商事调解协议的达成是否经过合法的调解程序和商事调解协议的达成是否具备无效的情形。只要商事调解协议不存在欺诈、胁迫、违反法律强制性规定、侵害他人合法权益的情形,商事调解协议的直接执行力便可得到认可。

赋予商事调解协议直接执行力可能会导致虚假调解情况的出现,对此需要对虚假调解做出应对,可以考虑参考诉讼程序的相关规定制定或者参照适用案外人执行异议制度。在执行过程中应允许利益遭受损害的主体提出异议,并对执行异议进行审查。经审查确定当事人虚假调解的应对其进行惩治。对于虚假调解和达成调解协议后又拒不履行的行为可以引入信用惩戒机制。一方面,对虚假调解行为进行信用惩戒与监督;另一方面,促进调解协议当事人自觉履行。调解机构可以联合惩戒单位将虚假调解或者无正当理由不自觉履行调解协议的当事人纳入失信名单,予以信用惩戒。

(三)对商事调解组织和调解员进行法律规范

建立商业调解组织和调解员的资质认证与考核等制度,引导商业调解组织朝着市场化方向发展,促进调解员朝着专业化方向发展。商事调解组织的权威性和调解员的专业性都会影响商事调解协议的履行。对于商事调解组织设立问题,建议由县级以上司法行政部门负责本行政区域调解工作的组织、协调、指导、监督,保障商事调解组织的权威性。具备调解组织设立条件的行政机关、人民团体、社会组织、企事业单位、民办非企业组织等依法设立调解组织。建立商事调解协议执行制度应当保障商事调解的程序正当,对商事调解员具体职业素养、调解流程等工作内容制定调解员手册。商事调解员行为手册的关键是确保调解员的独立性和公正性,以确保调解过程的真实性与有效性。[17] 如果没有行为准则,执行审查时将难以判断商事调解协议的达成是否符合标准,将不利于保障商事调解协议的执行。

五、结语

《新加坡调解公约》规定的调解协议直接执行机制充分体现了商人的意思自治,商事调解作为一种重要的争议解决方式,其调解协议的执行力问题亟待解决。我国商事调解协议被认为是合同,赋予商事调解协议执行力具有正当性,我国需要完善商事调解法律体系,赋予商事调解协议执行力,并对虚假调解进行监督与惩戒,以规范我国商事调解组织和调解员的准入与考核,正确面对我国商事调解协议执行中存在的问题,加快构建商事调解协议执行制度,促进我国商事调解事业的发展。

【注释】

① 2018 年,联合国国际贸易法委员会完成《联合国关于调解所产生的国际和解协议公约》起草工作,由于该公约是 2019 年在新加坡签署的,所以,也被称为《新加坡调解公约》。2020 年 9 月 12 日,《新加坡调解公约》正式生效。

②《新加坡调解公约》第 3 条第 1 款:"本公约每一当事方应按照本国程序规则并根据本公约规定的条件执行和解释协议。"

③《新加坡调解公约》第 3 条第 2 款规定:"如果就一方当事人声称已由和解协议解决的事项发生争议,公约当事方应允许该当事人按照本国程序规则并根据本公约规定的条件援用和解协议,以证明该事项已得到解决。"

④ 主要是《中华人民共和国人民调解法》《中华人民共和国劳动争议调解仲裁法》《中华人民共和国农村土地承包经营纠纷调解仲裁法》。

【参考文献】

［1］习近平.高举中国特色社会主义伟大旗帜,为全面建设社会主义现代化国家而团结奋斗:在中国共产党第二十次全国代表大会上的报告[N].人民日报,2022 - 10 - 26(1).

［2］李贤森.我国涉外商事纠纷多元化解决机制的实践困境与优化路径[J].中国应用法学,2024(1):201 - 212.

［3］冯冬冬.《新加坡调解公约》背景下中国国际商事调解协议执行机制的完善[J].国际法研究,2023(2):143 - 160.

［4］房昕.《新加坡调解公约》背景下我国商事调解协议执行力问题研究[J].商事仲裁与调解,2021(5):132 - 147.

［5］江保国.《新加坡调解公约》下国际商事调解协议执行的法律效力[J].国际法研究,2024(3):81 - 95.

［6］陆一戈.《新加坡调解公约》框架下的国际和解协议执行及我国回应[J].经贸法律评论,2022(4):18 - 38.

［7］程华儿.涉外法治发展视域下我国法院对《新加坡调解公约》执行机制革新的因应[J].法律适用,2020(24):46 - 54.

［8］Mediation Act 2017[EB/OL].[2024 - 06 - 26].https://sso.agc.gov.sg/Act/MA2017?Timeline=On.

［9］李政.ADR 视野下私人调解的程序和效力:以美国 JAMS 公司为例[J].法学杂志,2009(11):15 - 17.

［10］ 程勇跃.推进涉外法治建设视域下我国国际商事调解协议执行制度的构建［J］.上海法学研究,2022(19)：177‐186.

［11］ 唐琼琼.《新加坡调解公约》背景下我国商事调解制度的完善［J］.上海大学学报(社会科学版),2019(4)：116‐129.

［12］ 赵毅宇.中国商事调解立法模式选择及其展开［J］.法学杂志,2023(3)：157‐172.

［13］ 赵爱玲,高潮.中国贸促会法律部部长杨中华：商事调解是解决商事纠纷有效途径［J］.中国对外贸易,2007(11)：65‐66.

［14］ 段明.《新加坡调解公约》与中国商事调解的立法选择［J］.商事仲裁与调解,2021(2)：17‐30.

［15］ 连俊雅.经调解产生的国际商事和解协议的执行困境与突破：兼论《新加坡调解公约》与中国法律体系的衔接［J］.国际商务研究,2021(1)：50‐62.

［16］ 宋连斌,胥燕然.我国商事调解协议的执行力问题研究：以《新加坡公约》生效为背景［J］.西北大学学报(哲学社会科学版),2021(1)：21‐32.

［17］ 孙南翔.《新加坡调解公约》在中国的批准与实施［J］.法学研究,2021(2)：156‐173.

枫桥经验视阈下城市基层矛盾治理的现状和优化：基于半淞园路街道的实践考察[*]

夏凌霞　邵祺翔　侯怀霞　赵园园　施艳妍^{**}

摘　要： 城市基层社区矛盾治理是新时代中国特色社会主义法治建设的重要组成部分，目前我国社区治理模式正处于快速转变期，推动城市基层矛盾治理要注重社区自治模式构建，充分运用人民调解手段化解具体矛盾至关重要。通过对上海半淞园路街道的实际调研，当前社区治理行政化、社区治理主体能力不足的问题仍长期存在，调解意识缺位，调解机制的衔接面临困境。社区治理矛盾的治理需要多方努力，将法治理念与思维嵌入社区治理之中。

关键词： 基层社会治理；人民调解；法治理念；法治思维

社区治理是国家基层治理的重要内容，社区治理法治化是社区建设的重要保障。立足于基层社区治理要求建立"预防为先"的制度体系，充分发挥基层群众性自治组织的独特作用。[1]简单的社会治理以"管制"为手段，强调政府对基层社区的有效控制，随着市场经济的发展和人口迁

　　* 本文是 2024 年度上海市党的建设研究会"居民委员会下设人民调解委员会规范化建设研究"课题的阶段性成果。

　　** 夏凌霞，半淞园路街道办事处党工委书记；邵祺翔，半淞园路街道办事处党工委副书记；侯怀霞，上海政法学院教授；赵园园，上海政法学院副教授；施艳妍，半淞园路街道司法所所长。

徙，"单位"的概念在市民心中逐步弱化，社会需求逐渐多样化，市民自治意愿、社会善治理念要求基层社会治理手段多元化、缓和化，能够从管理转向治理。

探讨新时代社区自治模式已成为时代的新命题，社区治理必须以共建共治共享的社会治理制度为遵循，以保障和维护社区稳定、国家安全为宗旨。在社区治理模式的转变过程中，必然存在许多问题，本文旨在发现社区治理中的问题，以法治的视角分析，并提出解决问题的建议与方案，探讨应当如何将宏观指导思想渗透应用于基层实践中。

一、城市基层社区矛盾的特点

社区可被定义为若干社会群体(家族、氏族)或社会组织(机关、团体)聚集在某一地域里所形成的一个生活上相互关联的大集体。[2]在城市化进程中，居民从事着多种社会角色，可以同时是租客、业主、雇员、投资者，并以各种角色与他人交流处事，谋求更多更好的服务，进而提高生活水平。高密度居住环境的楼房虽然在形式上划分了居民之间的边界，但楼房的三维构造却实质性增加了居民活动之间的相互影响。过去20年，这种负外部性受限于较新的基础设施以及居民不断增加的收入难以显现出来，但随着经济高速增长期结束，人口迁徙速度放缓，这种潜在矛盾不断增加。

囿于楼房住宅的私密性，损害的产生难以预防，损害事实往往是在发生后才能被受害者或是社区工作者发现。典型例证是在各地发生的私自拆迁承重墙事件中，被发现时住户已经通过小型挖掘机将承重墙拆除。拆除承重墙事件可以说是偶发事件，甚至侵权人主观上难言恶意，但也存在少部分人借助楼房地形故意实施侵权行为，例如2023年上海静安区江宁大楼居民在忍受持续一个月刺鼻臭味后，在地下室发现隔壁商户故意丢弃于此长达4年之久的建筑垃圾。现代城市基层矛盾显然需要有足够约束力的社区管理人员妥善处理。

在城市基层治理结构上，各地偏好于构建标准化的架构模式，例如在上海共有107个街道办事处，面向2 500万常住人口，2023年以来，上海持续推进 3 000 户以上和有条件的 2 000 户以上的居委会拆分,截至 2023 年年底,上海社区居委会数量为 4 979 个,村委会数量为 1 553 个,平均每个居委会、村委会要管辖 4 000 名居民,而上海全市共有 5.6 万名社区工作者,平均每个居委会不到 10 名配额。可见,政府对基层治理的能力总体偏弱,居民和政府之间容易发生治理脱钩的现象。

二、法治视角下社区治理的厘定

(一) 社区治理模式的选择

基层治理依赖治权,治理意味着行政权力和自治权力的运作。[3] 目前社区治理模式基本可归为三类:政府主导型社区、行政自治结合型社区、居民自治型社区。政府主导型社区从字面意思来看,政府一定是社区治理中最重要的主体,而居民委员会通常被当作政府治理的机构之一,居民委员会具有较强的行政属性。行政自治结合型社区,其发展源于单位制的逐渐解体,居民对单位的依赖被削弱,居民社区自治意识提高,逐步开展社区内部的民主大会,选举民主自治组织,同时政府权力下放,政府的职能转变,社区治理由政府和居民共同进行。居民自治型社区是由居民自治组织主导的社区治理模式,在这种模式下,政府起辅助作用,居民自治组织的能力十分强大,民主决策具有强制力,自治组织拥有自己的资源,而非必须通过政府补助。

我国目前正处于从政府主导型社区向行政自治结合型社区演变的阶段。《城市居民委员会组织法》明确规定居民委员会是居民自我管理、自我教育、自我服务的基层群众性自治组织,但现实中的居委会已成为街道办事处的下属机构,级别、编制和资源配置都由上级政府确定。在居委会干部的任选上,法律虽规定居民委员会的主任、副主任和委员应由居民民主选举产生,然而事实上居委会成员的任选通常由政府的派出机构街道办事处选定数个候选人,虽有居民的民主投票环节,但本质上民主选举仍由政府主导。居委会也被政府当作推行新政策的“下属部门”,政府将大量的行政工作交给居委会承办,给居委会工作分配指标、考核,使居委会行政性工作的比例远大于自治性工作的比例,居委会也因为巨大的工作量不堪重负,这样比例的不均衡和大量的工作导致居民委员会功能不清,角色错位,居委会难以做好基层自治工作,难以保证居民需求与利益。如果居民之间的利益都希望政府来监管和协调就必须增加数倍于现在的人力。

（二）社区治理的制度基础在于社区自治

自治在我国基层自治制度中要求民主选举、民主决策、民主管理、民主监督。法治在社区治理中要求有效遵守宪法法律、限制政府行为、监督社区自治组织,自治和法治的天平不能倾斜,演变为"人治",最终导致权力被滥用。[4]社区居民是社区中最广泛的主体,一个社区的居民参与程度很大程度上决定了社区自治水平的高低。在社区民主决策上,一些居民不愿参与,不愿表达,但在不断城市化的今天,这种依靠辖区企业的经济优势或是当地党员、居民无偿服务已不能完全解决问题,必须尝试以自治来给居民提供定制化的服务。社区治理必然离不开监督机制的保障作用。监督既可以是政府监督,也可以是社区居民监督。在政府监督模式下,例如政府对业主大会、业主委员会决议的监督,其权威性有所保障,从而得以保证社区治理的公平公正、有序开展;其劣势在于政府难以充分了解社区居民的意愿,难以在损害发生前及时做出反馈。而社区居民监督具有天然优点,因为居民作为社区治理的受益者,对于社区治理成效的感知是实时的、直接的,这就需要不断优化社区自治模式。我国目前正处于从政府主导型社区向行政自治结合型社区演变的阶段,这既是对政府职能转变与居民自治能力的重要考验,也是社区法治建设的必然要求。事实上,居民自治型社区在我国基层确实存在且在有效运行。百步亭社区地处武汉占地 5.5 平方公里,常住人口 18 万多人,曾获得包括中国城市管理进步奖、全国和谐社区建设自主创新奖等100 多项国家级奖项。在百步亭社区的管理模式下,百步亭社区取代了街道办事处,由区政府直接管理社区,设立社区党委会。百步亭集团作为企业参与社区管理,建立社区管理委员会,百步亭集团既是原来的开发商,也是现在的物业管理公司,社区管理委员会由居委会成员、业主代表、物业公司管理人员共同组成。其成员没有公务员身份,不是事业编制,企业将自己的物业公司交给社区，由社区支配管理，利润全部留在社区。这种模式将商业运营与行政职能相结合，以社区委员会为主，辅以社区内人大代表和业主委员会，让民众代表具有了否决权。在社区自治上，百步亭采取"六步议事"规则：居民提出议题、社区党委召集有利益冲突的双方讨论、居民代表发表意见、居民议事会拟订方案、请法律和社会管理的专业人士审查文件、召开居民代表会议审议，2/3以上通过实施，为居民自治模式提供了一种范式。

自治是法治的应有之义，是法治的基础，同时自治必须以法治为保障。自治若是不受法治约束，则自治主体的权利将被滥用，社会秩序将不复存在。《城市居民委员会组织法》《人民调解法》等预防性法律规范往往针对顶层设计，没有涉及具体规范，[5]社区自治组织的权利义务详细规范于地方政府的规范性文件或是指导意见中；在治理思想上，要注意法治理念的学习与理解，将法律至上、权利平等的法治理念运用于社区自治，政府有关部门应深入贯彻法治理念。应为居民提供参与社区自治的路径与平台，积极普法，保证居民民主权利，使每一位居民能参与且愿意参与社区自治活动。在面对基层矛盾时，应做好政府与社区的分工整合，将"枫桥精神"和预防性法律制度有效结合，通过调解委员会等自治组织，以人民调解的方式化解矛盾，营造良好的社区治理环境。

三、城市社区治理中"枫桥经验"的运用

（一）半淞园街道调解社区矛盾的具体实践

"枫桥经验"概括起来是："小事不出村，矛盾不上交"，强调把基层的社会矛盾通过基层社会政府的调解程序来解决，城市社区治理中化解居民的具体矛盾应借鉴和发扬"枫桥经验"。笔者通过对半淞园街道下辖的22个居委会基层治理情况的实践情况（见表1），尤其是各居委会中调解委员会的实际工作，归纳了城市基层社区治理中的问题与基层调解委员会的未来发展方向。

表1　半淞园街道各居委会概况表

居委会名称	常住人口数量	居委会管理小区概况	居委会和调委会架构
市民居委会	5 000 口人，居民中青年人及老年人皆有	管理4个小区，既有老旧小区，也有商品房小区	居委会10人，调委会3人，调委会主任是专职调解员
西一委员会	1 580户，3 603口人	管理2个老旧小区，1个商品房小区	居委会9人，调委会3人，无专职调解员
西二居委会	2 561户，5 235人	管理1个老旧小区	居委会10人，调委会3人，调委会主任是专职调解员
西三居委会	约4 000人	管理5个小区，老年人比例较高	居委会9人，调委会3人，无专职调解员
瞿二居委会	1 500多户	管理2个商品房小区，1个老旧小区	居委会11人，调委会3人，调委会主任是专职调解员
黄浦新苑居委会	1 200多户，约4 000人	管理2个商品房小区	居委会9人，调委会5人，调委会主任是专职调解员
徽宁居委会	1 700户，3 532人	管理5个商品房小区，2个老旧小区	居委会9人，调委会3人，无专职调解员
民立居委会	1 441户，约4 000人	管理6个小区，多为老旧小区，少部分商品房	居委会9人，调委会4人，无专职调解员
三门居委会	约2 500人	管理5个小区，为老旧小区拆迁	居委会7人，调委会3人，无专职调解员
制造居委会	1 257户，3 119人	管理3个商品房小区	居委会10人，调委会3人，无专职调解员
海西居委会	2 763户，约4 100人	管理7个小区	居委会12人，调委会6人
瞿溪新村居委会	1 710户，4 017人	管理1个老旧小区，60岁以上人口占比超过40%	居委会12人，调委会3人，调委会主任是专职调解员

续 表

居委会名称	常住人口数量	居委会管理小区概况	居委会和调委会架构
中福一居委会	2 930 户,5 800 人	管理 4 个小区	居委会 12 人,调委会 3 人
中福二居委会	1 482 户,约 3 100 人	管理 1 个小区,主要为外来人员租住	居委会 10 人,调委会 4 人,调委会主任是专职调解员
车中居委会	4 436 人	管理 9 个小区	调委会有专职调解员
迎勋居委会	1 256 户,约 3 000 人	管理 8 个小区,既有老旧小区,也有商品房小区	居委会 9 人,调委会有专职调解员
普益居委会	1 400 户,约 3 900 人	管理 2 个老旧小区,2 个商品房小区	调委会有专职调解员
保屯居委	约 3 500 人	管理 5 个商品房小区	调委会有专职调解员
高雄居委会	约 5 000 人	管理 6 个小区,老旧小区较多,老年人比例较高	居委会 9 人,调委会 3 人,无专职调解员
瞿四居委会	1 687 户,约 3 300 人	管理 4 个老旧小区,1 个商品房小区,年轻人比例较低	居委会 9 人,调委会 3 人,无专职调解员
耀江花园居委会	3 800 多户,超 10 000 人	管理 11 个小区,主要为商品房小区,青壮年比例较高	居委会 12 人,调委会 4 人,调委会主任是专职调解员
益元居委会	503 户,约 1 300 人	管理 4 栋高楼	居委会 7 人,调委会 3 人,无专职调解员

　　"网格化"是近年来面向社区治理的典型形态之一,[6]在社区治理化解具体矛盾上,半淞园路街道充分借鉴枫桥镇实施的三级治理体系,在每个居委会都下设了调解委员会,采取网格化模式,积极运用居委会调解委员会去化解具体矛盾。调解网格化分为简易纠纷、普通纠纷、疑难纠纷和重大纠纷,并进行分级调处。简易纠纷指事实清楚、案情简单,经调解能够当场达成口头协议,并可及时得以履行的纠纷,由块长在发现纠纷苗头时及时调处

化解；普通纠纷指事实基本清楚、案情相对简单，经调解可达成书面协议的纠纷，由居委会调委会主任和块长共同调处；疑难纠纷指案情较为复杂，当事人分歧较大或者案情较为特殊的纠纷，由居民区党总支书记、居民委员会主任向街道调委会申请启动"三所联动"机制，邀请派出所、司法所、社区法律顾问联合处理；重大纠纷指当事人对争议事实存在重大分歧、可能引发民转刑案件的纠纷或案情复杂特殊的纠纷，由街道调委会向街道办事处申请邀请专家、相关委办局下沉调解。

半淞园路街道调委会工作分工总体上较明确，台账的完善、日常的维持均由各居委会调解主任进行主持，调委会调解工作开展流程明确、规范化程度较高，纠纷受理解决回访机制和工作档案归档制度较为完善，从发现矛盾到调解矛盾，再到解决矛盾的整个流程做到了规范化、透明化，同时具有自我改进意识、能够明确每次工作上的问题，并不断优化。半淞园路街道各居委会还搭建有司法所、律所、公安基层派出所调解平台，三方共同解决纠纷，实现了人民调解、行政调解、司法调解的联动。具体做法包括社区每两周请律师来普及法律知识，长期聘请律师进行法律条文的科普与辅助调解；社区内有法官基层驻点调研学习；调解委员会长期接受司法所方面的培训等。

经过问卷调查和实地走访，我们发现基层社区纠纷主要集中于邻里纠纷（噪声、漏水维修、公共区域杂物摆放、口角争执、公共摄像头等）；家庭纠纷（婚姻关系、"熊孩子"等）；物业纠纷（违章搭建等）。调解员在进行人民调解工作时普遍会面对以下问题：一是专业知识不足。人民调解员经常需要律师或者是物业辅助，例如邻居漏水，漏水点在哪里。二是调解员掌握的信息不对等，很难查清楚家庭的情况，对后期情况责任承担判定有困难。例如老年人的指定监护人等事项。三是居民对人民调解的可行性不够信任，调解过程往往需要公共安全部门的协调，例如调解员和民警一起上门更有说服力。四是调解员虽热心主动地提出解决方案，并通过耐心说服促使当事人接受，但这种接受可能并非出于真心，而是在压力下的一种暂时妥协，导致许多调解协议的不履行，甚至可能引发新的纠纷。五是人民调解和司法诉讼之间缺乏案件流转机制。经调研，调解并无执法权与强制执行权，调委会不能解决的,便要求矛盾双方自行通过司法途径解决,基层虽是案件源头,但流转机制的设置操作难度大,故未设置案件流转机制。六是半淞园街道各居委会组成人员大多在 3—5 人,人数虽符合《调解法》3—9 人的要求,但总体来说人数还是相对较少。人员架构上,调解委员会一般由居委会书记、居委会主任和调解主任组成,调解主任往往还身兼治保、党务等工作,甚至存在专职党务或其他工作而兼职调解主任的情况。总之,居委会与调委会的部门职责与权限交叉重叠的情况突出,大多数居委会并无专职调解员的设置。

(二)创新社会治理现代化的法治对策

近些年来,无论是人民调解的内部过程还是外部过程,均有标准化、规范化向精致化发展的趋势。[7]

1. 增强居委会调解委员会的权威性

一是社区治理需要组织保障。地方政府应当积极帮助各社区组织调解委员会,运用宣传、补贴等方式帮助社区建立专职的人民调解委员会,提高调解委员会的权威,增加调解委员会的权限。政府部门应正视各社区之间存在的常住人口比例、经济情况差距、社工学识和经验水平,因地制宜地在资源分配、编制数量和上升渠道上进行区分,以加强各居委会、调委会之间的工作经验交流,通过开设相关讲座与经验分享会,实行工作人员互换交流学习制度,加强工作的透明化。

二是纠纷的有效解决必须有权威机构的介入。人民调解所具有的令人信服的权威依赖于主持者的身份及调解所依靠的准则等,目前,居委会和调解委员会的组成人员高度重合,可以考虑在调解委员会中吸纳业主代表和有党员身份的物业管理人员,例如瞿四居委会有"零距离家园理事会",包括物业、居委会、司法所、居民代表、城管、理事会一起解决居民纠纷。在具体调解实践中可以依赖由居委会搭建的司法所、律所、派出所调解平台,三方共同解决纠纷,实现人民调解、行政调解、司法调解的联动。"三所联动"机制在实际处理基层矛盾中应发挥其主观能动性。我们在调研中发现在市民居委会中,城管加入其中,有效解决了无证经营和油烟问题;在西二居委会中，遇到复杂纠纷或涉及人身伤害无法解决时，有升级调解机制；在瞿二居委会中，律师到调委会志愿服务时，发现矛盾未达到开庭条件，则会推荐进行人民调解；居民直接报警时，警察会进行案由审查，如果发现矛盾简单，冲突难以进一步升级，则建议先到调解委员会调解，如果矛盾仍无法化解，再转到社区民警处。

2. 进一步完善"三所联动"机制

由于基层矛盾纠纷频出且琐碎，以往的基层纠纷调解中"老娘舅"的传统方式已无法适应新时代的矛盾纠纷解决的需求，"三所联动"的创新机制在一定程度上有助于应对人们法律意识的提升和矛盾纠纷的复杂性，增强纠纷解决的专业性。

当然，"三所联动"机制仍有很多瓶颈需要突破，例如如何开拓更多线上服务，如何更好打造"三所联动"线上解纷平台，从而加快矛盾纠纷处置速度等。另外，扩充律师力量、呼吁更多律所参与进来，积极承担社会责任也是促进"三所联动"机制的重要保障。

3. 培养社区居民的法治意识和参与能力

要培养社区居民的法治意识与参与能力，培养社区居民对"自己才是管理者"的认知。要让居民明确自己参与社区治理的权利，同时也有服从社区治理相关条例的义务。基层社区矛盾能否有效化解，切实影响居民自身的生活水平。由于城市基层矛盾具有隐蔽性，基层社区矛盾的萌芽状态依赖于社区居民的监督发现。群众的监督是增强社区居民参与感、提高社区自治组织工作能力、维持社区治理和谐秩序的重要机制。有效利用好群众的监督，能使居委会、调委会、业委会的决策工作公开透明，易获得居民的信任；对居民而言，居民也有责任约束社区自治组织的工作，保证自己的合法利益免受侵害，维护社区的共同秩序。

人民调解涉及法律、社工和心理的跨界整合，要重视对人民调解员的业务培训。当信息不对称时，人们往往会将年龄当作判断眼界、见识、能力的一个重要标记。[8]在对人民调解员培训时，要对调解心理学、言语技巧、特殊情况、典型案例的调解方式等进行特别培训，使调解人员在面对具体纠纷时能对诉求及纷争缘由充分掌握，倾听当事人的陈述；在教导、说服时尽量不要用自身或他案的负面案例来做比较，要参考积极案例，避免引起当事人的逆反心理，态度要和善，尤其是遇到家暴或外遇的当事人，不能有强烈的主观意识，例如说孩子由妈妈照顾更好，爸爸不适合带孩子；调解时不能将调解无关的方法及方式带入调解中，例如课程、游戏、宗教、政治等；不能把调解当作上课、问询，勉强当事人接受和解协议。

人民调解要让当事人的自主选择权获得尊重。《人民调解法》将自愿性作为核心原则，这是确保人民调解有效运作的关键。调解程序的启动要充分保障当事人的自愿参与，不能反复尝试介入或在未考虑当事人实际需求的情况下运用行政力量强行推动调解。要协调完善三所联动机制，做好人民调解、行政调解、司法调解的衔接，包括邻里纠纷、家庭纠纷，应提供规范式的调解协议，简化对调解协议申请司法确认的流程，以及人民调解转向司法调解的流程。调解委员会要做好档案归档工作，在人民调解转向司法调解时，使法院能够通过预先归档的案件事实了解案件本身，避免司法资源的浪费。居委会、律所、司法所、法院之间可以考虑共建线上调解机制，依靠线上群聊和视频会议的形式，建立居委会与法律专家之间、居委会与居民之间、居民与法律专家之间的交流平台，有效弥补专业法律服务援助不足、调解队伍专业水平有限的问题，规避由于法律专业工作者工作繁忙，无法来到线下沟通的问题，加强人民调解与法院调解的衔接，更好地吸纳法律调解志愿者，提高人民调解纠纷的解决质量。

四、结语

社区是一个国家的基本单位，社区治理是新时代中国特色社会主义法治建设的重要命题，社区自治是社区治理的制度基础，将社区自治纳入法治轨道是社区治理建设的必然要求。目前，社区治理在治理主体、政社关系、居民参与方面都有可修正和提高的空间。我们应充分理解"枫桥精神"内涵，积极推动我国社区治理和法治建设，构建良好的社会风气与秩序。

【参考文献】

［1］ 汪世荣."枫桥经验"预防性法律制度建设的实践及其成效[J]. 政治与法律，2024(7).

［2］ 费孝通. 中国现代化：对城市社区建设的再思考[J]. 江苏社会科学,2001(1).

［3］ 陈柏峰. 社会诚信建设与基层治理能力的再造[J]. 中国社会科学,2022(5).

［4］ 郁建兴,任杰. 中国基层社会治理中的自治、法治与德治[J]. 学术月刊,2018(12).

［5］ 江岚,黄博健. 当前乡村人民调解的实践困境与优化路径：基于 H 省五地的经验考察[J]. 中南民族大学学报(人文社会科学版),2024(5).

［6］ 吴新叶. 社会治理精细化的框架及其实现[J]. 华南农业大学学报(社会科学版),2016(4).

［7］ 牛玉兵,许皓铭. 人民调解精细化的理论逻辑与发展限度[J]. 江苏大学学报(社会科学版),2024(3).

［8］ 吴元元. 人民调解制度的技艺实践考[J]. 法学,2022(9).

依法能动履职理念下长宁法院深化涉平台企业源头治理新实践

娄嬿*

摘　要：源头治理是一项深刻反映实践经验和纠纷化解内在逻辑的治理理念,已成为应对人案矛盾问题的关键所在。为化解辖区内涉平台企业诉讼案件增量,长宁区人民法院坚持用改革思维和方法化解人案矛盾,坚持矛盾纠纷源头预防,坚持将非诉讼纠纷解决机制挺在前面,坚持"司法是维护社会公平正义的最后一道防线"理念,完善源头治理机制。创新发展新时代枫桥经验,完善各类非诉讼纠纷解决机制,建立多层次的纠纷解决体系,有效控制辖区内涉互联网平台企业等新型经济主体引发的诉讼案件增量趋势,从根本上缓解法院面临的案件压力,提升审判质效与司法公信力。

关键词：源头治理;平台企业;依法能动履职;非诉机制

一、强化平台企业源头治理的现实基础及必要性

长宁区自 2000 年起实施"数字长宁"战略,持续推动信息技术与区域经济深度融合,作为上海市首个"互联网＋生活性服务业"创新试验区及全国首个网络市场监管与服务示范区,吸引了众多互联网及 AI 企业集聚,推动5G、AI 等数字技术广泛应用,辖区内有 6 000 余家数字经济企业,在线新经

---

* 娄嬿,上海市长宁区人民法院立案庭庭长。

济蓬勃发展。新经济主体以平台经济、在线文娱等为核心,龙头企业带动显著,形成了强大的产业集聚效应。[1]2023 年,长宁区经济保持平稳健康发展,生产总值增速位列上海市各区第一。全区电子商务交易平台实现交易额14 065.87 亿元,比上年增长 33.5%,交易额列全市第一。[2]以辖区内的电商平台拼多多为例,其 2024 年第一季度业绩报告显示实现营收约 868 亿元,同比增长 131%。[1]电子商务交易额快速增长,是区域内数字经济、互联网、现代服务业企业的快速发展和结构优化的良性成果。在电子商务交易速度之快、数量之巨的同时,"发展中的挑战"也应际而生。消费者权益保护、知识产权侵权、合同纠纷等涉企诉讼案件显著增多。同时各大电商平台制定的争议处理规则中约定管辖条款为甲方住所地人民法院管辖,故法院收案量大幅增加。[3]以知识产权案件为例,为贯彻最高人民法院相关规定,自2022 年 7 月 1 日起,上海法院对知识产权案件的管辖进行了重大调整,由原来的集中管辖调整为属地管辖,[4]即各区基层法院开始负责受理本区域内的知识产权案件,这一变革直接导致知识产权案件在基层法院的受理量大幅上升。

面对双重挑战,于电商平台而言,为维护自身信誉、保障用户权益,需不断完善平台运营规则,同时建立快速响应的纠纷解决系统,力求将矛盾化解于萌芽状态,减少诉讼案件发生的自我治理能力成为关键一环。于法院系统而言,涉平台纠纷案件的剧增,加剧了司法资源分配的压力。推广多元矛盾纠纷解决机制、非诉讼途径解决争议不仅是一种策略选择,而且是通过前移防线、下移重心,能动地将法治的触角深入社会肌理,形成多方参与的共治格局,既是对新时代"枫桥经验"的深刻理解和创新实践,也是推动基层社会治理法治化、专业化,国家治理体系和治理能力现代化进程的应有之义。

为确保数字经济在法治框架下行稳致远,进而转化为区域经济持久且强劲的动力来源,长宁法院以法治力量为支撑,始终同频服务区域企业数字化发展,依据平台不同纠纷的具体形态实施源头治理,不断创新适应新时代的数字化矛盾解决机制。历经二十余年的实践探索与积淀中,一系列宝贵的经验做法在微观层面上推动了企业自身的迭代升级,也在中观层面上促进了区域经济的转型和增长,更在宏观层面上助力上海持续构建市场化、法治化、国际化的一流营商环境。

二、人民法院参与社会治理的长宁模式

习近平总书记在不同场合多次强调,要完善正确处理新形势下人民内部矛盾有效机制,加强社会矛盾纠纷多元预防调处化解综合机制建设;要创新社会治理体制,打造共建共治共享的社会治理格局。党的十九届四中全会提出完善"党委领导、政府负责、民主协商、社会协同、公众参与、法治保障、科技支撑"的社会治理体系。源头治理的本质是社会治理,是系统工程,各国家机关应在社会治理体系中依据其职能定位有序协作。[2]2019 年 7 月31 日,最高人民法院发布《关于建设一站式多元解纷机制一站式诉讼服务中心的意见》,提出人民法院工作应"主动融入党委和政府领导的源头治理机制建设。切实发挥人民法院在源头治理中的参与、推动、规范和保障作用,推动工作向纠纷源头防控延伸"。人民法院立足司法职能融入源头治理,发挥终局裁判者、法治守护者、矛盾调处者、公共法律服务提供者以及法治建设推动者等社会治理参与者的作用。互联网时代背景下涉平台的民商事争议,实质上构成了人民群众内部矛盾在网络空间维度的新表现形式,互联网平台纠纷因其跨地域性、技术依赖性、证据电子化及自主解决倾向等特点,对纠纷解决需要创新法律思维、技术支持以及多元的纠纷解决机制。人民法院作为社会治理的重要一环,长宁区法院始终坚持以党建为引领,坚持和完善共建共治共享的社会治理制度,提升社会治理的社会化、法治化、智能化、专业化水平,通过多元解纷机制,以互联网平台经营者在网络空间治理中的主体责任为第一道关口,司法为"最后一道防线"的定位,推动构建"党委政府主导、平台自律自治、多元协同参与、司法推动保障"的分层治理模式,强化基层社会治理。不仅注重事后解决纠纷,而且注重事前预防和源头治理。把矛盾纠纷化解在基层、化解在萌芽状态。

(一)党委引领高位推动,强化源头治理政治引领力

旗帜鲜明讲政治,既是马克思主义政党的鲜明特征,也是我们党一以贯

之的政治优势。人民法院作为党领导下的审判机关,人民法院既是政治性很强的业务机关,也是业务性很强的政治机关,旗帜鲜明讲政治是第一要求,要把习近平法治思想融入司法审判工作全过程各方面,推进审判工作现代化。司法作为法治保障的重要一环,长宁法院深刻理解自身在社会治理格局中的定位,充分发挥司法职能,主动融入并创新社会治理模式,成为连接党委领导、政府负责与公众参与的桥梁,法院不只局限于被动裁判角色,而是更加积极地参与社会治理,成为推动各方主体合力打造平台纠纷一站式解决的关键力量。既坚持将非诉讼纠纷解决机制挺在前面,也重视司法审判的效益价值,以"公正与效率"促进司法审判工作提质增效。在司法审判工作中真正做到讲政治、顾大局,积极能动地发挥审判职能,[3]在形成个案的审理判决中,统一法律适用,形成可预期的法律规则。坚持办案就是治理,通过示范判决所确立的事实认定和法律适用标准,引导类案纠纷以调解、和解等方式实质化解纠纷。同时将预防化解职能精准延伸到潜藏于互联网平台纠纷下,对于尚未浮出水面的风险点,主动识别和解决社会问题,有效遏制未成讼案件的滋生和累积,实现司法资源的优化配置,以高质量司法审判助推经济社会高质量发展。我们组建的"宁聚星火"源头治理党员示范团队,以党支部书记为核心,由院机关党委委员、院团总支书记、青年党员等组成,已制发司法建议、源头治理工作专刊、白皮书和预警提示 20 余份,为区域社会治理提供司法智慧支持。⑤

长法人深刻领悟人民法院审理的每一起案件都关系厚植党的执政根基、国家长治久安、人民安居乐业的重大使命,主动自觉把人民法院各项工作置于党委领导下的工作大局中去谋划,把"从政治上看,从法治上办"落实到法院履职全过程各环节。

(二)前瞻布局诉调对接,提升源头治理解纷实效

观念一新万象更新,长宁区人民法院始终走在探索源头治理道路上的前列。2003 年 6 月,长宁区人民法院是全国首个将人民调解组织引入法院内部的法院,并设立"人民调解窗口",对司法实践中的诉调对接模式进行探索。⑥2006 年 3 月,长宁区人民法院将"人民调解窗口"更名为"涉诉纠纷调

解室",此举将先前的人民调解与诉讼协同机制转变为专业化诉调对接平台,2009 年 4 月,又更名为"诉调对接中心",汇聚人民调解、行政调解、行业调解等多方专业力量,为各类纠纷的解决提供更多的专业支撑。自 2015 年至今,长宁区法院将诉调对接工作融入区域"1＋2＋3＋X"大调解体系,在基层设立联合调解点、社区法官工作室,并联合多部门及专业机构成立各类调解室,下沉司法资源,有效整合了内外部资源,形成"一站式"及"双通道"调解机制,极大提高了调解工作的质效。⑦2023 年 12 月 4 日,长宁区法院将社区法官工作室迭代升级为"彩虹桥"法治工作站,服务面向社区居民和市场主体,覆盖全区的街镇社区、重点产业园区及特色街区,提供调解、调研、法治宣传教育,就地办案等多元服务,成为连接基层法治需求与法治服务供给的桥梁,⑧打通了司法服务人民群众的"最后一公里"。2024 年 3 月 21日,长宁区人民法院源头治理中心正式揭牌启用,长宁区源头治理工作迈入了新阶段。源头治理中心将全面履行多元调解、数助治理、牵引赋能、调审衔接四项基本职能,统一对登记受理的纠纷进行集约化管理,对高发纠纷、特殊主体、重点行业、新兴领域矛盾纠纷进行分析研判,通过情况反映、司法建议、预警提示等方式,为企业和政府相关部门提供可感可知的建议,为纠纷预防和化解提供专业化管理和科学分流,推动源头治理工作落到实处。

长宁区法院已形成"1 个源头治理中心＋N 个彩虹桥法治工作站"的全覆盖源头治理体系,全链条贯通"前端减纷、中端减诉、后端减案"的源头治理格局,致力于通过规范化建设,推动矛盾纠纷源头疏导、综合治理、实质化解,为人民群众提供更加高效、便捷的司法服务。2023 年以来,诉前调解受理的案件中,调解成功分流率近 30％,2024 年第一季度调解成功分流率已超过 40％。

(三)推动平台自律自治,激活源头治理内生动力

20 世纪 80 年代费尔斯丁勒(Felstinler)和萨拉特(Sarat)等人提出的"纠纷金字塔"理论,论证了社会纠纷解决的多层次结构以及各层次之间的关联性。纠纷的解决遵循层次递进的过程,从最基础的双方协商开始,逐渐

升级到第三方介入,直至最高层次的司法诉讼。如果低层次的纠纷解决机制运行良好且被广泛利用,那么,上升到司法程序的纠纷数量就会相对较少。反之,如果低层次的纠纷解决渠道不畅或者效果不佳,更多的纠纷将涌入更高层次,导致金字塔顶部变宽,反映出对正式法律途径的依赖增加。[4]因此,在构建和完善纠纷解决体系时,应重视并优化低层次的诉讼外纠纷解决机制,通过双方协商和解、互联网平台促成调解、第三方 ODR 等方式以减少对司法资源的过度依赖,最终仍无法解决的才纳入诉讼程序。司法对纠纷的终局性解决形成的个案判决,可以起到确定规则,指引平台及经营者活动、减少类案纠纷发生的目的,但是难以在纠纷产生初期将其及时化解,这也决定了平台纠纷源头治理中的司法治理模式难以从根本上预防网络纠纷的发生。要实现互联网平台源头治理,平台经营者的治理责任不容忽视。

网络平台不同于传统的交易市场,平台经营者享有更广泛的治理权力,平台享有制定内部规则和标准的权利,执行平台规则可以对监管违规的商户采取扣除保证金等方式进行处罚或者居中裁决用户纠纷。⑨[5]平台经营者的主体责任主要包括预防纠纷、解决纠纷以及协助解纷。[6]

第一,内部治理,构建健康生态。拼多多平台接连推出"未成年人保护""网络生态"治理行动,加强对商家的审核和监管,强化售后服务体系,减少因此引起的纠纷,致力于提升平台产品和服务质量,保障消费者权益。"图书版权保护"专项治理行动,加大资金投入,吸引出版社官方旗舰店入驻拼多多,既提振了图书市场消费,也压缩了盗版书市场空间。[7]当知识产权所有者发现可能的侵权行为时,可以通过平台下设的知识产权保护平台进行投诉,提供侵权投诉信息后由平台进行处理和反馈,对平台商品被举报知识产权侵权行为成立的,对侵权者采取相应处罚。平台的自律自治显著优化了平台的商业生态环境,促使更多优质商家在平台上经营,现已成为处理和预防知识产权侵权与消费者权益等纠纷的第一道关口。

第二,高效解纷,保障用户权益。虽然电商平台的"仅退款"服务滋生了"羊毛党"干扰正常交易秩序的行为,但是"仅退款"服务对预防纠纷的发生和快速解决纠纷有着无可比拟的优势。"仅退款"服务直接响应消费者的关键需求,针对"货物与描述不符、质量问题、收到商品少件、商品破损或污渍、空包裹、商家发错货、假冒品牌"等问题,为消费者权益纠纷提供了快速解决方案。以拼多多平台为例,根据《拼多多售后服务规则》中关于仅退款流程的规定,当商家未能在规定时间内响应退款请求的,系统将默认商家同意该仅退款申请,将款项直接退还给用户。同时拼多多有权基于用户申请、用户投诉、店铺售后等历史大数据多维度分析,自行决定适当缩短商家处理时限。"仅退款"机制不仅有效地整治了销售与描述不符商品的商家,而且对于那些在面临纠纷时试图通过撤店规避责任的不良商家,以及售卖假冒伪劣产品暂时未发生纠纷的商家形成了强有力的震慑。

第三,信息共享,协助后续解纷。为优化平台纠纷诉调衔接处理程序,长宁区法院设立"前端事务集约处理中心",精准分流事务性工作与调解工作,将信息披露、文书送达等事务性工作纳入集约处理范围,为后续纠纷数字化调裁做好准备工作。⑩《中华人民共和国电子商务法》《中华人民共和国民法典》《中华人民共和国消费者权益保护法》⑪等法律规定,网络服务提供者应承担侵权补救措施、平台内经营者主体身份管理、信息保存和报送等义务。互联网平台基于法律法规赋予的法定义务和信息聚集的大数据资源,对平台内未能化解或流转至源头治理中心的案件进行集约化管理,披露平台内商家入驻时提供的身份信息及联系方式、涉案商品销售情况等证据,当事人有效联系率从 2023 年年初的 38％提升至 2023 年年底的 55％。依托源头治理中心的案件对接系统实现了一键调取纠纷资料,奠定了纠纷高效调处的基础。

三、依法能动履职理念下法院源头治理格局

2013 年以来,全国法院案件总量以年均 13％的增幅快速增长,2023 年达到 4 557.4 万件,法官年人均办案 357 件。长宁区法院共收案 54 836 件,结案 43 667 件,同比分别上升 55.09％和 22.41％,人案矛盾日益显现。[8] 2019 年《最高人民法院关于深化人民法院司法体制综合配套改革的意见——人民法院第五个五年改革纲要（2019—2023）》首次明确提出"诉源治

理"这一新表述、新举措。2021 年 2 月 19 日,中央全面深化改革委员会第十八次会议审议通过《关于加强诉源治理推动矛盾纠纷源头化解的意见》,源头治理被提升到国家社会治理层面的战略高度。源头治理以多元矛盾纠纷化解机制为抓手,创新发展新时代"枫桥经验",从源头上预防和化解矛盾纠纷,以减少诉讼程序的案件数量,紧盯矛盾纠纷的产生、发展、演变三个阶段,突出源头预防、前端化解、关口把控的重点环节。⑫人民法院参与源头治理可以根据纠纷的发展阶段,从三重进路展开:在纠纷尚未发生之时,源头治理着眼于风险防控,将潜在冲突止于未发生;当纠纷已经发生,通过非诉讼纠纷解决机制避免纠纷进入正式诉讼程序;当纠纷不可避免地进入诉讼程序,源头治理的重点转向非诉讼程序与诉讼程序的有效衔接,以优化诉讼流程,注重案件审判质量。长宁区法院立足区域实际,提出"前端减纷、中端减诉、后端减案"的源头治理工作思路,构建了全流程的源头治理工作格局,推动了互联网平台企业纠纷治理见实效。

（一）前端减纷：法企共治,止纷于萌芽

源头治理的第一重进路在于挖掘诉的源头,止纠纷于萌芽。在涉平台企业治理的语境下,不仅要求企业在现行法律框架内开展经营活动,而且倡导其通过合规管理强化内部治理,系统性地防范、识别并妥善处理经营活动中的风险。法院积极融入平台治理中,帮助企业加强合规管理,让法治成为企业发展的内在驱动力,服务营商环境大局,实现预防未来纠纷的目标。

一是发送司法建议。司法建议是法院推动源头治理的重要途径,是实现纠纷化解与社会管理双重效能的重要工具,是发挥审判职能、扩展审判效益的有力抓手,是提升司法公信力、践行司法为民的有效载体。长宁区法院先后向辖区平台企业发送司法建议 6 份,针对平台治理、在线预订纠纷、租赁合同纠纷等类案存在的问题提出整改意见,得到相关平台方的积极回函响应。⑬长宁区法院捕捉潜在的法律风险和纠纷苗头,提出前瞻性的司法建议,提前消除了风险隐患,我们在发挥法院专业优势的同时,形成源头治理的合力。

二是发布典型案例。一方面,源头治理工作需要优化普法宣传,通过提升民众的法律素养来防范纠纷的生成；[9]另一方面,通过典型案例确立为主流价值观所认同的社会行为规范,发挥个案判决的溢出效应,明确纠纷化解预期。针对辖区内电商、在线预订、共享经济等多种平台出现的多样纠纷,选取典型个案进行深入剖析,提炼出类型化纠纷的源头治理有效做法。

三是创设动态治理机制。充分利用司法大数据,实时分析研判涉平台纠纷收案趋势,根据不同情况发展趋势采取针对性治理措施,引导平台完善合规体系,从管理源头上预防纠纷产生。2024 年上半年,针对典型个案、批量维权案和类型化案件分别向电商平台制发风险提示、预警和治理建议超20 份,例如针对知产权利人集中维权、一次性起诉众多案件的现象,向平台企业推送《权利人集中维权纠纷预警及提示》,提醒平台企业扩大核查范围并通知下架侵权商品。

四是制发涉平台纠纷白皮书。长宁区法院对受理的涉互联网平台纠纷案件加强研判,分析纠纷成因特点和目前发展态势,以《涉平台纠纷诉源治理白皮书》的形式提出建议和对策,力争打造主次分明、分工有序、共建共治共享的平台纠纷源头治理新格局。

（二）中端减诉：非诉挺前,止纷于诉外

源头治理的第二重进路是当纠纷已经发生,源头治理的重点是引导当事人通过非诉讼纠纷解决机制来化解,避免纠纷进入正式诉讼程序。一方面,长宁区法院在非诉解纷格局中,推动建设源头治理中心,实现案件集成。引入律师、专职调解员、高校调解专业学生等进入调解队伍,参与诉前纠纷化解工作,引导当事人通过诉前调解化解纠纷。另一方面,构建"网上纠纷不出网"的"云上枫桥"模式。

一是对接电商平台在线争议解决机制。积极发挥电商平台参与互联网空间治理的源头效应和信息聚合优势以及电商平台作为纠纷化解的第一道关口,对于诉至法院的纠纷,充分利用诉调"窗口期",敦促平台剖析纠纷成因,完善规则并对照检查先期处置,对确有不当的及时采取补救措施,促成平台与商家、商家与消费者自发和解。

二是对接在线预订纠纷一站式解纷平台。长宁区法院联合多方力量,牵头建立旅游纠纷一站式解纷平台,高效解决消费者与平台的在线预订纠纷,从调解到解决用时约一周,对于未解纠纷,法院立案后,法官结合平台前期调解材料,释法说理快速促成双方和解,从立案到结案仅 10 天。⑭

(三)后端减案:案结事了,止纷于诉内

基于诉讼兜底的功能定位,在矛盾纠纷化解中,司法是维护公平正义的最后一道防线。司法机关不仅要抓实"公正与效率"以提升司法公信力,不能被动地受理和裁判案件,应主动担当,以依法能动履职理念从根本上减少诉讼增量,提升源头治理效能。

一是注重纠纷的实质性化解,通过高质量审判,形成"审理一案,治理一片"的示范效应,实现司法对社会价值导向和秩序塑造的使命。

二是人民法院司法审判工作虽然是矛盾纠纷源头治理三条进路的最后方式,但并非源头治理格局的最后一环,而是良性源头治理格局的连接点。为应对知识产权民事案件管辖新规实施以来,数量激增的知识产权案件,长宁区法院为提升审判质量与效率,一是组建速裁快审团队。2023 年 3 月,在立案庭成立互联网、知识产权两个快审团队,专门负责审理平台纠纷案件,从简从快审理简单案件,建立简案速裁快审配套机制,大幅提升了审判效率,较好发挥了案件繁简分流的作用。二是拓展要素式审理机制。针对互联网平台案件类型化、同质化的特征,研究制定快速审理机制。案件进入诉讼程序,亦应通过诉前调解制度做到能调则调。将要素式审判机制向诉前调解阶段延伸,制定案情要素表,对调解不成即将进入诉讼的纠纷,同步反馈要素案情,能动衔接调解和诉讼程序,⑮围绕要素事实开展庭审,并据此制作要素式裁判文书,简化裁判文书事实认定及说理部分,促进裁判标准和尺度的统一,使案件审判更为聚焦和高效。⑯

三是做好审判延伸工作。在类案纠纷审理基础上,延伸链条治未病,实现纠纷源头预防,例如电商平台对存在虚假宣传、诱导交易等商家的治理措施虽然降低了消费者的售后投诉,却引发商家的诉讼潮。法院调研发现平台整治措施虽有成效,但存在"一刀切"或"误判"的问题,遂向平台建议向消费端进行个性化推送,提醒直播及交易风险,利用大数据及算法精准识别违规行为,避免误判发生。经平台提前介入,近 80 户商家撤诉。⑰[10]法院通过与源头治理结合,高效解决多起纠纷,并推动平台将治理前移至事前和事中,预防纠纷发生。还有,网络快租平台因其灵活的服务模式业务不断增多,导致租赁合同纠纷频发,在审理此类案件时,承办法官认识到简单的一判了之可能使承租方陷入执行压力,同时影响出租方的胜诉权益实现,因此,采取了"调解先行、快审跑量、前端分流、源头治理"的系统化处理模式。通过优先调解,结合类案特点提升调解效率,调撤率显著提升;利用小额诉讼程序加速案件处理,大幅缩短审结周期;前端分流,指导平台按照示范性判决确定的裁判规则自行化解纠纷,并从源头入手,针对平台管理漏洞发送司法建议,推动风险前置防控,有效控制了纠纷的存量与增量,实现了纠纷解决的体系化、高效化。⑱实践证明,源头治理格局的源头预防优先性、非诉讼解决机制前置性以及法院裁判终局性这三者不仅不相互孤立,而且运行良好的源头治理体系三重进路间应形成紧密相连、相辅相成的良性互动格局。当源头预防机制有效运行能显著降低纠纷发生率;非诉讼解纷机制的提前介入与高效解决,则可以进一步分流案件,减轻司法压力;司法裁判作为兜底保障,不仅定分止争,而且反向促进了源头预防和非诉机制的完善,确保"公正与效率"的最终实现。

四、结语

在数字经济蓬勃发展的浪潮中,长宁区法院秉持依法能动履职理念,践行新时代"枫桥经验",主动融入基层社会治理,推动构建"党委政府主导、平台自律自治、多元协同参与、司法推动保障"的分层治理模式,全链条贯通"前端减纷、中端减诉、后端减案"的源头治理格局,为涉平台企业纠纷的高效化解提供了新路径。

【注释】

① 《关于印发长宁区在线新经济发展"十四五"规划的通知》,长发改〔2021〕46 号。
② 《2023 年上海市长宁区国民经济和社会发展统计公报》。

③ 以辖区内电商平台拼多多为例,《拼多多服务市场争议处理规则(V2.0 版本)》18.3.1.约定管辖。对于因本协议产生的或者与本协议有关的争议,应友好协商解决,协商不成的,任何一方均有权提起诉讼,且双方一致同意由甲方住所地人民法院管辖。

④《上海市高级人民法院关于调整上海法院知识产权民事、行政案件管辖的规定》,上海市高级人民法院审判委员会 2022 年第 6 次会议讨论通过。

⑤《优秀案例区人民法院:党建引领育生态诉源治理绽繁花》,长宁机关党建微信公众号,2024 年 7 月 4 日。

⑥《20 年,这份"长宁样本"硕果累累》,"平安长宁"微信公众号,2023 年 11 月 29 日。

⑦ 周嘉禾:《以"枫桥经验"推进人民法院把非诉纠纷解决机制挺在前面》,"上海市法学会东方法学"微信公众号,2020 年 10 月 26 日。

⑧《上海长宁这个法治工作站架起社区、园区、街区与法院间的"彩虹桥"》,"上海长宁法院"微信公众号,2023 年 12 月 4 日。

⑨ 以拼多多平台为例,协议 11. 承诺与保证、13.1. 纠纷处理、15. 违约责任等为义务性规范和责任条款,商户如进入平台,只得接受平台合作协议的约束。

⑩ 上海市长宁区人民法院:《上海市长宁区人民法院涉平台纠纷诉源治理白皮书(2021 年 1 月—2023 年 10 月)》。

⑪《中华人民共和国电子商务法》第 27—31 条、《中华人民共和国民法典》第 1195—1196 条、《消费者权益保护法》第 44 条等。

⑫《最高人民法院关于深化人民法院一站式多元解纷机制建设推动矛盾纠纷源头化解的实施意见》,法发〔2021〕25 号。

⑬ 上海长宁法院:《直播乱象必须"治"平台监管怎么"理"》,"上海长宁法院"微信公众号,2023 年 9 月 15 日;《国际机票中转第三国是否应办理过境签证? 平台应尽何种范围的告知义务?》,"上海长宁法院"微信公众号,2023 年 10 月 16 日;《快租平台纠纷频发,法院助力源头化解》,"上海长宁法院"微信公众号,2023 年 10 月 27 日。

⑭ 上海长宁法院:《推动"数字长宁"创新局,平台纠纷化解大网格如何搭建?》,"上海长宁法院"微信公众号,2023 年 11 月 15 日。

⑮ 上海市长宁区人民法院:《上海市长宁区人民法院涉平台纠纷诉源治理白皮书(2021 年 1 月—2023 年 10 月)》。

⑯ 上海长宁法院:《提速审结,专业解纷! 知识产权类型化案件快速审理机制在这里推行》,"上海长宁法院"微信公众号,2023 年 4 月 21 日。

⑰ 上海长宁法院:《直播乱象必须"治"平台监管怎么"理"》,"上海长宁法院"微信公众号,2023 年 9 月 15 日。

⑱ 上海长宁法院:《快租平台纠纷频发,法院助力源头化解》,"上海长宁法院"微信公众号,2023 年 10 月 27 日。

【参考文献】

[1] 拼多多公布 2024 年第一季度未经审计财务业绩[EB/OL]. [2024 - 05 - 20]. https://pinduoduo.gcs-web.com/investor-relations/.

［2］ 张文显.新时代诉源治理的认识论和辩证法［J］.人民司法（应用），2024(13).

［3］ 最高人民法院工作报告解读：最高人民法院办公厅副主任、最高人民法院工作报告起草组负责人余茂玉［EB/OL］.［2024－05－20］.https://www.chinacourt.org/article/detail/2024/03/id/7838445.shtml.

［4］ 陆益龙.转型中国的纠纷与秩序：法社会学的经验研究［M］.北京：中国人民大学出版社，2015.

［5］ 拼多多平台合作协议 V4.2［EB/OL］.［2024－07－01］.https://mms.pinduoduo.com/other/rule?listId=8&id=1131.

［6］ 黄磊.论平台经营者在网络空间诉源治理中的主体责任［J］.数字法治，2024(2).

［7］ 拼多多图书市场管理规范［EB/OL］.［2024－07－01］.https://mms.pinduoduo.com/other/rule?listId=7&id=1369.

［8］ 最高人民法院工作报告［R/OL］.［2024－07－01］.https://www.chinacourt.org/article/detail/2024/03/id/7838581.shtml.

［9］ 冯晶.从"制度"到"人"：纠纷主体交互视角下的全过程诉源治理研究［J］.中国法律评论，2024(3).

［10］ 周辰.用好"诉调对接"，探索"矛盾纠纷不出平台"［N］.文汇报，2023－11－29(2).

新时代"枫桥经验"：大城市调解的法治化和市场化

梁德阔[*]

摘　要：市场化是大城市调解发展的趋势，应让"市场产生的问题由市场解决"，"专业的问题由专业人士解决"。一些地方开展了实践活动，例如杭州市探索律师调解收费制度，推动行业调解多元化；上海浦东新区通过组织创新加快调解市场化和专业化进程，在街道创建人民调解工作室，在区级成立专业调解中心。

关键词：枫桥经验；新时代；法治化；市场化

"枫桥经验"是观察中国基层社会治理现代化进程的一个典型样本。尽管它在不同历史时期的内涵、外延和形式各有变化，但其依靠群众将矛盾化解在基层的实质没有变化，党的二十大报告要求"在社会基层坚持和发展新时代'枫桥经验'……及时把矛盾纠纷化解在基层、化解在萌芽状态。"六十多年来，"枫桥经验"始终坚持与时俱进、不断创新的理论品质，形成了符合时代要求的基层社会治理经验，实现了从传统"枫桥经验"向新时代"枫桥经验"的转变。新时代"枫桥经验"实现了从乡村到城市，从解纷到服务，从社会治安到平安建设的应用升级。习近平总书记多次肯定"枫桥经验"在浙江和全国各地的生动实践，并对学习推广新时代"枫桥经验"作出重要论述。

---

* 梁德阔，上海师范大学社会学系教授，博士后。

一、"枫桥经验"的内涵及启示

20世纪60年代，浙江省诸暨市枫桥镇干部群众创造了"发动和依靠群众，坚持矛盾不上交，就地解决"的"枫桥经验"。1963年11月，毛泽东批示"要各地仿效，经过试点，推广去做"。[1]1998年，经浙江省调研总结和《人民日报》推广介绍，"枫桥经验"被提炼为"党政动手，依靠群众，立足预防，化解矛盾，维护稳定，促进发展"的特色经验。[2]2017年，中国法学会指出："新时代枫桥经验"是"在党的领导下，由枫桥等地人民创造和发展起来的化解矛盾、促进和谐、引领风尚、保障发展的一整套行之有效且具有典型意义和示范作用的基层社会治理方法，其基本元素包括党建统领、人民主体、'三治'结合、共建共治共享、平安和谐等。"[3]尽管"枫桥经验"的时代内涵不断丰富和发展，但其核心要义始终是"坚持和贯彻党的群众路线，在党的领导下，充分发动群众、组织群众、依靠群众解决群众自己的事情，做到'小事不出村、大事不出镇、矛盾不上交'"。[4]

"枫桥经验"最常用的表达是："小事不出村，大事不出镇，矛盾不上交"；新时期"枫桥经验"的基本理念是："党政动手，依靠群众，立足预防，化解矛盾，维护稳定，促进发展"；新时代特色的"枫桥经验"是："以人为本，依靠群众；抓早抓小，就地化解；维护稳定，建设小康"。"枫桥经验"最典型的"四前"工作法是："组织建设走在工作前，预测工作走在预防前，预防工作走在调解前，调解工作走在激化前"。"枫桥经验"中的"四先四早"工作机制："预警在先，苗头问题早消化；教育在先，重点对象早转化；控制在先，敏感问题早防范；调解在先，矛盾纠纷早处理"。对调解的要求是，六个优先："容易激化的纠纷优先调处，经济纠纷优先调处，'三养'纠纷优先调处，有倾向性、牵连性的纠纷优先调处，影响生产的纠纷优先调处"；四个统一："调解干部调解纠纷时认识要统一，调解纠纷程序要统一，法律政策依据要统一，处理方案要统一"；六个用心："倾听当事人陈述要专心，调查取证要细心，开展疏导要耐心，调处纠纷要诚心，下达结论要公心，遇到反复要有恒心"；"四快"工作法："矛盾纠纷及时受理，取证调查及时到位，组织调解及时有效，案件办毕及时报结"。[5]

张文显把"枫桥经验"的核心要义概括为五个方面：以人民为中心是新时代"枫桥经验"的政治本质；发动和依靠群众就地解决矛盾，是新时代"枫桥经验"的"真经"；共建共治共享一体化，是新时代"枫桥经验"的基本原理；党组织领导的自治法治德治相结合，是新时代"枫桥经验"的制度创新；平安、和谐是新时代"枫桥经验"的根本价值。[6]"枫桥经验"由五个核心要素组成：党建统领、人民主体、自治法治德治"三治"结合、共建共治共享、平安和谐，这五个要素构成了"枫桥经验"的鲜明特征和时代内涵。其中，党建统领是根本保证，人民主体是价值核心，"三治"结合是核心要义，共建共治共享是基本格局，平安和谐是目标效果。[7]

法治化既是现代社会治理的基本原则，也是一个成熟社会的基本标志。[8]"枫桥经验"健全完善各类社团组织章程、村规民约（社区公约）、风俗习惯等社会规范，充分发挥社会规范的作用，实现最大限度整体性预防化解矛盾纠纷的效果。[9]如果这些章程、民约、习惯等地方社会规范与国家法律法规发生了冲突，或者矛盾纠纷所涉及的法律法规超越了村民自治的范围，该如何处理自治与法治之间的张力？这是一个值得深入思考的问题。

专业化是现代社会治理的内在规律，随着社会分工越来越细，社会治理必然朝着专业化方向迈进。[10]2008年，诸暨市开始推进行业性和专业性人民调解建设，成立了诸暨市联合人民调解委员会，并建立了交通事故调解、劳动纠纷调解、消费者维权调解、婚姻家庭纠纷调解、医疗纠纷调解、物业纠纷调解和电力纠纷调解等七个专业人民调解组织。此外，还在纺织服装协会、袜业协会、珍珠产业协会、五金管业协会和装修业协会设立了五个行业调解委员会。专业性和行业性人民调解覆盖面广，数量庞大，涉及复杂的专业知识，例如知识产权纠纷、金融消费纠纷和医患纠纷等。这对调解员的专业知识和能力提出了很高的要求，而街镇和居村人民调解委员会的调解员通常是由工作人员兼职担任，难以具备相应的专业知识和能力。这一情况引出了专（行）业调解市场化和人民调解组织创新问题。为了解决这些复杂的专业问题，必须遵循"市场产生的问题由市场解决"和"专业的问题由专业人士解决"的原则。

二、在法治轨道发展"枫桥经验"

(一)法治与自治的张力

诸暨市建立了三级调解组织,分别为村组、片区和镇。镇政府设立了综合治理委员会,调解组织包括司法所和人民调解委员会,解决的纠纷数量占总量的15%。社会力量调解组织包括村民委员会、居民委员会、企业组织等,以老年协会、妇联组织、团支部和其他组织作为调解的辅助力量,社会力量调解的纠纷数量占75%。个人调解占调解数量的5%,参与者包括各级人大代表、党员干部、企业主和老年人等。派出所和法庭调解的纠纷仅占5%。综上所述,社会调解和个人调解占总调解数量的80%,人民调解占15%,行政和司法机关调解仅占5%。西北政法大学谌洪果教授调研发现,在枫桥镇,"调解中灵活运用的各种政策、民意、习惯、法律、村约等,都不过是一种服从和服务于化解矛盾及和谐社会大局的资源。"[11]这种为了平安而平安、为了和谐而和谐的做法,是存在法治风险的。

于是,学界出现了各种观点,其中一种观点认为,"枫桥经验"的内涵之一是自治、法治和德治相结合。基层自治不能苛求其完全合法,因为不尽合法的自治符合本地的风土人情和传统习惯,具有合理性和生命力。相反,有些矛盾纠纷如果硬要依法解决,效果可能并不理想。另一种观点则认为,"枫桥经验"中的"矛盾不上交"意味着某些刑事案件可以私了。最高人民检察院原副检察长曾认为,这两种观点是对"枫桥经验"与法治关系的误解。对不合法的自治行为或结果,如果在基层有权自治的范围之内,且政法机关无权管辖,则政法机关不宜干预,但如果基层越权自治,或者所涉事项在政法机关管辖范围,则政法机关应依法予以纠正。朱孝清强调,"枫桥经验"中的"矛盾不上交"绝不是掩盖矛盾,更不意味着可以随意将刑事案件私了,而是指就地积极化解矛盾,能不麻烦政府的就尽量不麻烦政府,但这并不意味着对超出自治范围、该由政府或政法机关解决的事也擅自自行处理。[12]

中央政法委原书记曾指出,坚持把群众路线与法治方式结合起来,运用法治思维和法治方式预防化解社会矛盾,是"枫桥经验"所蕴含的创新精神的必然要求。[13]在全面依法治国的新时代,党中央强调"法治国家、法治政府、法治社会一体建设",以及"办事依法、遇事找法、解决问题用法",并倡导"运用法治思维和法治方式深化改革、推动发展、化解矛盾、维护稳定"。这里的"法治社会"应当包括基层社会,这里的"事"和"问题"应当包括基层治理所涉之事和问题。[14]

在浙江工作期间,习近平将"枫桥经验"作为建设法治浙江的重要抓手,强调将学习推广"枫桥经验"与贯彻依法治国基本方略、推进依法治省各项工作以及加强基层民主建设有机结合。[15]2013 年,习近平总书记作出重要指示,强调要"善于运用法治思维和法治方式解决涉及群众切身利益的矛盾和问题,把'枫桥经验'坚持好、发展好,把党的群众路线坚持好、贯彻好"。[16]

(二)法治化路径

谌洪果认为,中国特色的法治建设模式与"枫桥经验"之间具有内生性、衍生性和共生性三方面的联系。"枫桥经验"体现了一种法治的本土资源,关注法治建设中的本土传统与现代制度文明的内在统一。"枫桥经验"所蕴含的中国法治模式源于其独特的政治运作,因此,应避免将"枫桥经验"工具化。[17]李林认为,"枫桥经验"蕴涵着许多普适性法治规则和法治方式,具有新时代中国法治发展和法治创新的普遍性意义。推进新时代"枫桥经验"法治化,就是要在习近平新时代中国特色社会主义思想的引领下,根据中国特色社会主义进入新时代的新形势、新要求、新目标,把"枫桥经验"的核心要素纳入国家法治范畴,转换为法治精神和法治原则。[18]

强化"硬法"与"软法"的协调兼容,构建"硬法"与"软法"混合法治模式。[19]"枫桥经验"内含软法治理的功能与手段,通过运用村规民约、替代性纠纷解决机制、地方性知识等本土资源进行柔性干预,不仅促进了多元主体之间的对话、协商与合作,而且有效地填补了国家法因为各地差异、社会快速发展造成的微观治理"权力真空"。[20]在规范性和功能性上,软法和"枫桥经验"具有高度的契合性。大力推动新时代"枫桥经验"的软法理念嵌入硬法框架之中得以落实,要加强国家立法中的倡导性、号召性、激励性、宣告性等非强制性规范的建设,提升国家机关规范性文件中法规范的软法水平,不断探索硬法规范借由软性手段的实现机制,高水平实现"行为模式—法律后果"式的刚性规范与软性条款的合作共生、互补互济,加快由单一僵化的硬法体系向软硬交错的混合法体系进化。[21]

深化柔性执法机制,健全刚柔并济的行政执法体系。[22]柔性执法强调方式和手段的人性化,不是对规则和尺度的放松,更不能选择式执法和放任违法行为。在 20 世纪 60 年代的社会主义教育运动中,枫桥镇干部以说理斗争的形式把绝大多数四类分子改造成为新人。同时,在"柔性执法"中也要释放"刚性力量",完善柔性执法自由裁量权的实施准则,科学界定轻微违法的具体情形和一般要件,规范非强制性执法手段的适用条件,避免自由裁量权的滥用和不当适用,防范纵容行政违法、限缩行政处罚自由裁量权等法律风险。[23]

深化人民调解制度,完善诉讼与非诉并行的解纷体系。中央全面深化改革委员会第十八次会议强调,坚持和发展新时代"枫桥经验",把非诉讼纠纷解决机制挺在前面,推动更多法治力量向引导端和疏导端用力,加强矛盾纠纷源头预防、前端化解、关口把控,完善预防性法律制度,从源头上减少诉讼增量。[24]一个关键工作就是持续擦亮"人民调解"这张中国法治实践的金名片。坚持"多元化解",实现诉讼与非诉讼相衔接,加强综合治理和系统治理。

三、杭州市专(行)业调解市场化

(一)专业调解市场化

我国的人民调解是"不收费"的,其定位是具有较强公益属性的社会服务。《调解法》规定:人民调解委员会调解民间纠纷,不得收取任何费用。然而,律师调解是可以收费的,2017 年《关于开展律师调解试点工作的意见》(简称《意见》)指出,建立科学的经费保障机制,在律师事务所设立的调解工作室受理当事人直接申请调解纠纷的,可以按照有偿和低价的原则向双方当事人收取调解费。在人民法院设立律师调解工作室的,由政府采购服务渠道解决调解经费。2018 年,《关于扩大律师调解试点工作的通知》(简称《通知》)鼓励和支持律师事务所根据当事人需要,以市场化方式开展律师调解业务。《意见》和《通知》均对经费保障作出具体规定,即采取"公益＋市场化"并行方式。

"市场产生的问题由市场解决",杭州市在专业调解市场化方面先试先行,律师、公证、仲裁调解工作可按法律服务收费标准依法收费。杭州市专业调解市场化得到了党委、人大、政府的支持与保障,杭州市委政法委牵头,杭州市人大深入推动,杭州市政府提供资金和政策支持,杭州市物价局将市场解纷服务列入收费目录。[25]杭州律协调解中心出台的《律师调解引导类案件收费标准》规定,调解不成功的不收费;财产案件按诉讼费的 50% 收费;单件收费不满 500 元的,最低按每件 500 元收取。实践中,专职调解律师派驻法院(法庭)的收费模式有两种,即"公益＋市场化"和"纯市场化"。"公益＋市场化"模式例如钱塘区法院义蓬法庭,其尝试每个案件都进行市场化收费,但对于标的额小的案件以 300 元/件补贴给调解员。"纯市场化"模式例如上城区法院九堡法庭,法庭没有案件费用补贴,所有案件全部市场化收费。[26]

（二）行业调解多元化

"专业的问题由专业人士处理"。行业调解具有专业性和自治性等特点,这些特征不同于人民调解的属性,能够弥补人民调解组织力量的不足。杭州市积极推动法院、司法行政、公安、妇联、人社、工会、卫生、旅委、知产局、银行、证券、期货、保险、贸促会、消保委、工商联等部门和机构,建立纠纷多元化解机制,构建以人民调解为基础的大调解格局。首先,要加强各行业调解组织建设,确保在纠纷易发、多发的重点行业内,都有行业协会或者行政主管机关建立的调解组织,能够第一时间调处行业内相关纠纷。除了在金融、知识产权和消费领域建立调解组织外,建筑行业、房屋买卖租赁行业、物业管理行业等也需建立相应的调解组织。其次,将行业矛盾纠纷案件委托给行业组织进行前置调解,这是在当事人愿意接受行业调解的情况下进行的。最后,推动政府主管部门将行业解纷业务纳入政府采购目录,鼓励行业调解组织将矛盾纠纷化解业务外包给律师、公证、仲裁等市场化解纷组织,实现调解组织间的优势互补。这种方式不仅提升了调解的专业性,而且加强了调解组织的效率和覆盖面。[27]

(三)人民调解社区化

人民调解的空间范围应限定在村民委员会和居民委员会,否则会出现人民调解"小马拉大车"的情况。人民调解以化解民间纠纷为对象,定义民间纠纷是界定人民调解适用范围的关键。民间纠纷是指熟人之间因日常生活事件而引发的纠纷。民间纠纷主体是熟人,这是因为"民"长期生活在一个自治社区,拥有共同的传统和地方性规范,体现了民间的非官方、乡村、传统的内涵。熟人间有高度的信任,他们一般不看重法律上的权利义务,而在乎情理和脸面,因此,调解民间纠纷的重点是做好主体间的沟通工作。民间纠纷指向日常生活事件,这些事件往往是老百姓的家庭邻里琐事,容易化解,可突出人民调解灵活便捷的优势。日常生活性纠纷不一定具备法律纠纷的形式要素、法律性要素和实质要素,绝大多数是熟人间发生的非法律性纠纷。虽然法律纠纷可以人民调解,但是解决法律纠纷不是人民调解的应有之义。[28]

四、浦东新区人民调解组织创新

(一)创建人民调解工作室

长期以来,被誉为"东方之花"的人民调解在化解基层矛盾纠纷方面发挥了显著作用。然而,在当前社会背景下,这种作用受到了限制和约束,居(村)人民调解委员会的功能正在被弱化。这是因为人们对居(村)委调解的效力存在质疑,更愿意向行政部门、司法部门寻求帮助,选择通过明确的法律规则和具有强制力的国家规制进行社会调整。[29]此外,居(村)调解委员会的成员多由居(村)委工作人员兼任,其专业性难以满足日益复杂的纠纷化解需求。当前的基层矛盾不仅限于婚姻、家庭和邻里纠纷,而且涉及许多专业性较强的财产、债务和金融纠纷等。况且,当前基层社会凝聚力和共同体自治力在下降，内部调整作用差，人们更多强调和维护自我权益，[30]人民调解中常用的人情、面子、道德、伦理等手段难以奏效。为了解决基层人民调解委员会功能弱化的问题，亟须对人民调解制度进行创新，以适应新形势的发展需求。

上海市浦东新区率先在街镇层面设立了人民调解工作室。这些工作室独立承担辖区内较为突出的疑难纠纷、重大意外事故、群体性事件和信访接待等事务，并在居（村）委或其他部门无法处理的情况下发挥作用。作为人民调解的外延和补充，工作室还负责提供法律咨询、法律宣传以及居（村）调解员的业务培训等工作。此外，人民调解工作室还需配合法院和派出所进行委托调解，具体包括法院的民事委托、派出所的治安委托和检察院的轻伤害案件委托。工作室的人员构成包括一名主任和若干名调解员，调解员主要由司法行政机关及相关行业的退休人员和社会工作者组成。为了规范调解工作的专业性，实施人民调解员持证上岗制度，明确了人民调解员的准入资格和资质管理。工作室的运作经费主要依靠政府购买服务，社会捐赠较少。虽然一些工作室拥有独立的财务账户，但是缺乏财务自主权，由街镇司法所代管。另一些工作室没有独立账户，挂靠在街镇司法所，经费使用需经街镇审批。只有极少数工作室可以法人独立审批，具备完全的财务自主权。

人民调解工作室在解决矛盾纠纷时，并不是独立运作的，而是与其业务主管部门及街镇相关职能部门之间相互协作，在政府购买服务的框架下开展项目化运作。首先，街镇与工作室每年签订政府购买服务合同，明确规定合同期限内的工作量和各项指标。其次，工作室在街镇办事处和街镇人民调解委员会的委托下，由司法所负责进行业务指导和日常管理，核对年度工作指标。在街镇层面，工作室的调解业务由街镇司法所领导，并对其负责。由此可见，人民调解工作室虽然采用了准社会化的运作方式，但同时也深深嵌入于街镇的工作网络中，从某种程度上来说，相当于街镇下属的职能部门。[31]这种双重管理模式确保了工作室在保持一定独立性的同时，能够充分利用街镇的资源和支持，提升其调解纠纷的效率和效果。

人民调解工作室推动了人民调解工作的规范化、专业化、社会化和市场化发展。政府通过购买服务的方式,推动社会服务机构这一社会力量参与基层矛盾纠纷化解,有效弥补了居(村)人民调解委员会的不足。作为第三方力量,人民调解工作室专门负责街镇层面的重大、疑难、复杂以及跨地区、跨单位的民间纠纷化解。这不仅使政府的治理目标更易被民众接受和认可,而且实现了自下而上的利益表达和民意传递,起到了联系政府与社会的桥梁作用。尽管人民调解工作室具有独立法人资格,并拥有体系化的调解内容和规范化的调解程序,但其自身仍存在路径依赖和能力限制的问题。同时,它也面临着人员、资金和服务等方面的约束。

(二) 成立东方调解中心

在区级层面,上海市浦东新区建立了专门的行业性人民调解组织。在半熟人社会和陌生人社会中,人们的行为诉求变得更加理性化、个体化和法治化,传统的"老娘舅"式解纷方式面临挑战。大量出现的劳动争议、医疗纠纷、物业纠纷和金融纠纷等问题亟须加强行业性、专业性人民调解委员会的建设。2015 年 12 月,浦东新区建立了全国首家集成式、专业调解平台——浦东新区专业人民调解中心。该中心于 2017 年 11 月改制为民办非企业单位"东方调解中心"。东方调解中心实现了统一办公场地、统一调解标识和统一调解流程,规范了窗口服务,提供"一门式"受理专业人民调解服务。东方调解中心的资金来源多元化,虽然政府购买服务的项目经费仍是主要来源,但并非唯一来源。中心不断开拓市场,其他部门购买其服务的经费逐年增加。东方调解中心在物业管理、民商事纠纷调处等领域表现出明显的市场化倾向,通过主动承接社会购买服务项目,以专业知识和服务参与市场竞争。

东方调解中心的专业化主要体现在调解员的职业化、调解流程的规范化以及调解方法的专业性方面。东方调解中心聘用具有不同专业和行业背景的全职调解员,采用标准化的调解流程和专业化的调解方法,为公众提供高质量的矛盾纠纷化解服务。中心的专业调解员不仅具备调解所需的专业背景,而且包括一支由 275 名律师组成的特邀调解员队伍,以及一个由2 000 多名心理学、医学、金融、法律等领域专家组成的专家库。此外,东方调解中心的主任同时担任政府司法行政部门专调办的主任,这一角色使得中心能够连接更多的政府资源,从而增强其服务能力和覆盖范围。东方调解中心还制定了相应的《调解规则》,对咨询接待、申请受理、调查、调解、回访等各个环节明确了操作流程和调解指引,并要求工作人员使用中心研发的调处系统,将每一起纠纷文书独立成档,录入信息系统,以备查阅。东方调解中心重视调解方式的专业化,可以总结出以下要点：情绪安抚—信任关系建立—多方征求—充分收集材料—征询当事人意见—制定调解方案—循序执行调解程序—当事人自决—签订调解协议。这一套注重调解前准备、调解中当事人情绪和自决的调解步骤与方式充分体现了调解手段的专业性。[32]

东方调解中心的行业化主要体现在矛盾纠纷化解的多元化方面。多元化解机制旨在通过和解、调解、仲裁、行政裁决、行政复议、诉讼等多种方式,构建一个诉讼与非诉讼有机衔接、协调联动的矛盾纠纷化解体系,为当事人提供多样、高效、便捷的解决途径和服务。[33]截至 2018 年年底,东方调解中心已设立了医调委、物调委、交调委、迪调委和民商事调委等 5 个常驻调解委员会,此外,还涉及知识产权纠纷、消费者权益纠纷、劳动纠纷等 37 家行业性、专业性人民调解委员会。结合上海科创中心的建设,东方调解中心不断巩固和发展知识产权人民调解委员会,先后成立了版权纠纷调解委员会、计算机协会调解委员会和商业联合会调解委员会。在对标上海国际金融中心建设和自贸区建设要求的背景下,东方调解中心建立了上海金融消费纠纷人民调解委员会和上海现代服务业联合会人民调解委员会等。这些调解委员会覆盖了金融服务业、信息服务业、流通性服务业和生产性服务业等多个领域,进一步拓展了人民调解的工作空间。

【参考文献】

［1］ 建国以来毛泽东文稿(第 10 册)[M].北京：中央文献出版社,1996：416.

［2］ 俞红霞."枫桥经验"的形成和发展历程[J].中共党史资料,2006(2).

［3］ 中国法学会"枫桥经验"理论总结和经验提升课题组."枫桥经验"的理论构建[M].北京：法律出版社,2018：17-18.

[4]　习近平谈治国理政(第3卷)[M].北京：外文出版社,2020：224.

[5]　谌洪果."枫桥经验"与中国特色的法治生成模式[J].法律科学,2009(1)：17-28.

[6]　张文显.新时代"枫桥经验"的核心要义[J].社会治理,2021(9)：5-9.

[7]　张文显.新时代"枫桥经验"的理论命题[J].法制与社会发展,2018(6).

[8]　周强.最高人民法院工作报告[N].人民日报,2018-03-26(2).

[9]　汪世荣."枫桥经验"视野下的基层社会治理制度供给研究[J].中国法学,2018(6)：5-22.

[10]　周强.最高人民法院工作报告[N].人民日报,2018-03-26(2).

[11]　谌洪果."枫桥经验"与中国特色的法治生成模式[J].法律科学,2009(1)：17-28.

[12]　朱孝清.检察机关学习践行"枫桥经验"的几个问题[J].国家检察官学院学报,2019(3)：11-17.

[13]　孟建柱.加强和创新群众工作,为全面建成小康社会创造和谐稳定的社会环境：纪念毛泽东同志批示"枫桥经验"50周年[J].求是杂志,2013(21)：3-6.

[14]　朱孝清.检察机关学习践行"枫桥经验"的几个问题[J].国家检察官学院学报,2019(3)：11-17.

[15]　张文显.习近平社会治理思想引领"枫桥经验"创新发展[J].国家检察官学院学报,2019(3)：3-10.

[16]　习近平就创新群众工作方法作出重要指示强调把"枫桥经验"坚持好、发展好把党的群众路线坚持好、贯彻好[N].人民日报,2013-10-12(1).

[17]　谌洪果."枫桥经验"与中国特色的法治生成模式[J].法律科学,2009(1)：17-28.

[18]　李林.推进新时代"枫桥经验"的法治化[J].法学杂志,2019(1)：9-16.

[19]　高景峰.坚持立破并举,深化司法体制综合配套改革[J].红旗文稿,2023(8).

[20]　蒋建森.充分发挥新时代"枫桥经验"推进良法善治的独特作用[N].光明日报,2022-11-07.

[21]　韩春晖.社会主义法治体系中的软法之治：访著名法学家罗豪才教授[J].国家行政学院学报,2014(6).

[22]　叶阿萍.论新时代"枫桥经验"的法治化进路[J].法治研究,2023(5)：97-107.

[23]　张淑芳.免罚清单的实证与法理[J].中国法学,2022(2).

[24]　习近平.完整准确全面贯彻新发展理念,发挥改革在构建新发展格局中关键作用[N].人民日报,2021-02-20(1).

[25]　浙江省杭州市中级人民法院课题组.都市版"枫桥经验"的探索与实践[J].法律适用,2018(17)：21-29.

[26]　李军,刘晓辉,麻伟静.律师调解市场化的"杭州样本"实践探析[J].中国法治,2024(3)：86-93.

[27]　浙江省杭州市中级人民法院课题组.都市版"枫桥经验"的探索与实践[J].法律适用,2018(17)：21-29.

[28]　梁德阔.论人民调解的适用范围[J].民间法,2023(31)：219-232.

[29] 熊易寒. 人民调解的社会化与再组织：对上海市杨伯寿工作室的个案分析[J]. 社会,2006(6)：95－116.

[30] 范愉. 社会转型中的人民调解：以上海市长宁区人民调解组织改革的经验为视点[J]. 中国司法,2004(10)：55－62.

[31] 赵方杜. 城市基层矛盾纠纷化解的社会机制研究[M]. 上海：华东理工大学出版社,2021：68－85.

[32] 赵方杜. 城市基层矛盾纠纷化解的社会机制研究[M]. 上海：华东理工大学出版社,2021：111－113.

[33] 赵秋雁,贾琛. 新时代"枫桥经验"的法治价值及其创新发展路径研究[J]. 北京师范大学学报,2022(3)：113－119.

国家治理现代化背景下
调解文化的传承与发展

李晶[*]

摘　要：国家治理现代化要求调解文化的传承与现代化发展。传统调解是在小农经济形态下，统治者实现和谐、无讼的治国理想，维护宗法等级制统治秩序的有效工具。经济基础、社会结构、价值观念等的变革导致调解既要传承和谐、仁义等理念，又要作为共建共治共享治理模式的组成部分，在法治框架下坚持自治性与社会化运作并存，向专业化和多元化拓展，通过社区整合与社会合作，传播社会主义核心价值观，从而实现调解文化的现代化转型。

关键词：国家治理现代化；调解文化；自治；合作治理

一、引言

习近平总书记指出，优秀传统文化是一个国家、一个民族传承和发展的根本，如果丢掉了，就割断了精神命脉。党的十九届四中全会通过的《中共中央关于坚持和完善中国特色社会主义制度、推进国家治理体系和治理能力现代化若干重大问题的决定》指出，"发展社会主义先进文化、广泛凝聚人民精神力量，是国家治理体系和治理能力现代化的深厚支撑"。可见，国家治理的现代化离不开对国家优秀传统文化的传承和发展。调解文化是传统

＊　李晶，嘉兴南湖学院副教授。

文化当中和调解有关的内容,在中国有着悠久的历史。在"礼治""德治"时代,调解文化是中国古代统治者管理国家方略的有机组成部分。当前,中国社会结构、价值观念、治理模式正经历深刻变革,作为多元化纠纷解决机制组成部分的调解不仅是解决社会纠纷的有效机制,而且在党全面领导、多元社会主体共同参与的治理模式中也不可或缺,调解文化的传承与发展自然也是国家治理能力现代化的必然要求。本文旨在探讨调解文化在国家治理现代化背景下的传承与发展方向,通过梳理调解文化的传统根基,分析其遭遇的挑战,提出适应国家治理现代化需求的调解文化发展策略,以期为促进调解文化的更新、实现国家治理体系和治理能力现代化贡献力量。

二、国家权力真空的填充:传统调解文化的存在根基

根据我国学者的相关研究,作为一种制度的调解,最早在尧舜时期就已经萌芽,及至西周,已经设有职掌为"司万民之难而谐和之"的"调人",至明清时期,调解制度在发展中日趋完善。[1]作为制度的调解以"和谐""无讼"为其思想基础。李约瑟认为:"古代中国人在整个自然界寻求秩序与和谐,并将此视为一切人类关系的理想。"[2]正所谓"人法地,地法天,天法道,道法自然","天人合一"是也。孔子在和谐的基础上,提出了他认为的和谐社会——"大同",一个人人讲诚信、关系和睦的社会,而为了消除纠纷,实现人与人之间的和谐,孔子教诲世人"听讼,吾犹人也,必也使无讼乎。"①如果和谐是古代统治者、思想家、民众都追求的理想化目标,那么,无讼就是达到和谐这一目标的必经之路,在这个意义上,"无讼"是古代国家治理的最高境界。

在国家治理的角度上,儒家主张"礼法并用,德主刑辅",西汉统治者采用后,在中国古代沿袭数千年,其中蕴含的"礼治"、道德教化进一步巩固了调解在解决社会纠纷、达到和谐、无讼的社会秩序中的地位。因为"礼治"的实质就是推行宗法等级制为中心的行为规范,而宗法等级制依赖宗族与乡绅对村民的管理,宗族、乡绅则需要通过儒家"和为贵"等处理人际纠纷的道德准则对村民予以道德训诫和驯化。此外,因为中国古代家国同构的社会

结构,家长、族长在履行其调解家族成员间纠纷这一应有职责时,通过维护家族的稳定,同时也维护了整个社会的稳定。正如有学者指出的那样:"传统调解是古代国家权力社会渗透不完整的结果,具体表现为国家权力与民间力量的'合作',起着秩序维护之'第三领域'的作用。"[3] 可见,调解之所以能成为"东方经验",其形成、确立和存续恰恰是出于当时统治者填补国家权力真空、实现国家有效治理的需要。

传统调解在纠纷解决中展现出的实用性与灵活性,能够有效降低社会冲突的成本,减少诉讼带来的负面影响,例如人际关系的破坏、社会资源的消耗等。通过乡贤、族长甚至是官员等的第三方介入,借由道德劝说为主的调解,促使当事人达成和解,这种模式不仅体现了社会的和谐理念,而且强化了道德规范对于社会治理和国家治理的影响。

三、现代化冲击：传统调解文化遭遇的挑战

有学者认为现代化有广义和狭义之分:广义而言,现代化作为一个世界性的历史过程,是指人类社会从工业革命以来所经历的一场急剧变革,这一变革以工业化为推动力,导致传统的农业社会向现代工业社会的全球性的大转变过程,它使工业主义渗透到经济、政治、文化、思想各个领域,引起深刻的相应变化;狭义而言,现代化又不是一个自然的社会演变过程,它是落后国家采取高效率的途径(其中包括可利用的传统因素),通过有计划地进行经济技术改造和学习世界先进,带动广泛的社会变革以迅速赶上先进工业国和适应现代世界环境的发展过程。据此,无论采广义说还是狭义说,现代化都是指一个国家政治、经济、社会、文化领域因应农业生产方式向工业生产方式转变而发生的变革。在国家治理现代化的进程中,经济基础、社会结构、价值观念以及法律制度的变革对调解文化的生存基础与运作模式提出了新的要求,传统调解文化的传承与发展面临着前所未有的挑战,传统调解文化必须进行适应性调整与创新,才能服务于社会治理现代化的目标。

（一）经济基础的变迁削弱了传统调解的生存根基

中国延续几千年的农耕经济和农业文明将求稳、求和写进了国民的血

液,然而经济基础决定上层建筑,中国经济基础的变迁导致传统调解的生存土壤发生了根本性变革。对于严重依赖天时、地利、人和的自然经济而言,保持和睦的家庭生活、维系和谐的人际关系不仅是民众稳定生产、降低生存风险的保证,而且是社会有序、统治稳固的保障;随着传统的小农经济彻底瓦解和计划经济与市场经济的登场,民众和国家在经济上对土地的依赖日益减弱,工业化时代人际互助合作需求多元化、可替代性增强,传统调解的需求随之下降,加之社会经济利益关系更为复杂,纠纷类型日益多样化,传统调解在纠纷解决中的优势逐渐丧失,民众调解的意愿也随之降低。

(二)社会结构的变迁消解了传统调解的权威

在熟人社会中,传统调解的主体或者是家长、族长,或者是单位里的领导、司法工作人员,他们的共同点是"天赋权威":前两者基于血缘的羁绊,后两者基于体制的光环,他们都拥有足够的知识和威信,在不同程度上掌控了资源分配与道德舆论主导的权力,在纠纷调解过程中具有很强的奖惩能力,因此能使纠纷双方心服口服。改革开放使中国迅速走向了工业化时代,随着工业化、城镇化进程加速,以及互联网技术的广泛应用,以血缘、亲缘、地缘为连接的乡土社会解体,即使居住在同一社区多年,邻居之间也未必认识,彼此互动较少,家庭类型也由世代同居大家庭转向父母子女两代构成的核心家庭,传统社会的熟人关系网络逐渐被打破。人际交往模式从封闭走向开放,从单一走向多元,中国的社会关系由熟人社会转向陌生人社会,纠纷主体复杂化,社会中的利益冲突多元化,传统"差序格局"中调解权威所依赖的关系网络与道德影响力日益衰落,传统调解的适用和权威性因此受到质疑。

(三)价值观念的转变导致传统调解遇冷

经济基础和社会基础的变革导致价值观念的深刻变化,民众个人主义、权利意识增强,对公平正义有了更高诉求,使过多倚重"和为贵""息事宁人"等传统道德价值的调解方式遭遇了信任危机。针对自然经济或计划经济时期的纠纷,传统调解可以通过不具备专业知识的权威主体的社会阅历、人生经验、道德情感,甚至是人格魅力就能够平息的,市场经济环境下复杂的纠纷形态使传统调解方式往往显得力不从心。在一些人看来，强调"调和""情理"往往意味着吃亏，尤其一些要求专业知识才能理清的利益纠葛，接受传统调解远不如通过诉讼途径维护自身权益，而不能有效解决纠纷、实现纠纷当事人追求的公平的传统调解自然就成为于现代法治观念格格不入的落后文化。

（四）传统调解融入法治的进程仍在磨合期

目前，我国法律体系已比较完善，宪法、法律权威已基本确立，公众法治观念普及，这对调解的规范性、透明度和公正性提出了更高要求。一方面，调解需要在法律框架内进行，以确保其依据的合法性与结果的可执行性以及纠纷解决的有效性，提升调解的公信力；另一方面，调解程序的透明度、调解人员的职业化和专业化程度却还比较低，免不了有"和稀泥"式调解的做法，难以有效保障公民权利不受侵害，导致调解在纠纷解决中的竞争力下降。此外，调解文化中固有的柔性与灵活性，与法治的刚性要求之间存在张力，如何在法治与调解文化之间找到平衡点是当前面临的重大挑战。

四、调解文化的现代化发展

文化的变迁与创新推动着国家治理现代化，国家治理现代化内含文化的变迁与创新。国家治理的现代化包含构建更加高效、公平、法治的社会治理体系，这对调解文化提出了新的要求，即要求调解文化既能延续我国传统调解对秩序、和谐的追求，又要在传承中剔除传统调解文化当中不适应现代化发展的消极因素，更好适应现代社会的需求。

（一）自治性与社会化共存：调解文化现代化的逻辑起点

1. 调解自愿与调解优先的关系厘清

中国国家治理现代化以维护、保障和实现人民权利为出发点，体现调解自治性的调解自愿原则与此不谋而合。长期以来，理论与实践、政策与法律对调解自愿原则似乎存在摇摆态度，而是否能够坚持和贯彻该原则，决定了调解自治性的有无，从而影响调解现代化的程度。

1958年，国家制定了"调查研究，调解为主，就地解决"的审判方针，

1964 年，这个方针被发展为"依靠群众，调查研究，就地解决，调解为主"的十六字方针。1982 年的《民事诉讼法（试行）》将"调解为主"的提法改为"着重调解"，1991 年的《民事诉讼法》则将"着重调解"改为"根据自愿和合法原则进行调解"。或许是由于 20 世纪 90 年代法院审判案件的压力空前增大，调解的作用被重新评估。2006 年，最高人民法院提出"能调则调，当判则判，调判结合，案结了事"的十六字方针。2009 年，调解的作用被进一步强化，最高人民法院在《关于建立健全诉讼与非诉讼相衔接的矛盾解决机制的若干意见》中，提出了"调解优先，调判结合"的口号。2010 年公布的《人民调解法》第 2、3 条则明确表达了"调解自愿"的理念，当事人可以自愿选择是否调解，调解过程自愿，调解协议自愿，不得因调解而被阻止通过仲裁、行政、司法等途径维护自己的权利。同年，最高人民法院发布的《关于进一步贯彻"调解优先、调判结合"工作原则的若干意见》重复了调解优先的原则："法院在处理案件过程中，首先要考虑用调解方式处理；对于有调解可能的，要尽最大可能促成调解；同时强调了调解自愿原则，指出要积极引导并为双方当事人达成调解协议提供条件、机会和必要的司法保障。除了法律另有规定的以外，要尊重当事人选择调解或者裁判方式解决纠纷的权利，尊重当事人决定调解开始时机、调解方式方法和调解协议内容的权利"。2024 年开始施行的《民事诉讼法》没有舍弃调解自愿原则，其第 96 条规定："人民法院审理民事案件，根据当事人自愿的原则，在事实清楚的基础上，分清是非，进行调解。"从上述一系列规定可看出调解自愿原则从无到有，调解优先则从强到弱再到强的发展历程。由于调解优先是法院系统提出的，带来的猜测就是调解自愿原则是摆设，自愿的调解都是在得到法院首肯之后才可能实现的。果真如此的话，调解是纠纷当事人合意、自治的体现就无从谈起。

事实上，调解优先意味着调解自愿原则被舍弃是误解，两者的使用语境不同。调解优先是指法院处理案件有诉讼和包括调解在内的非诉选择，在此情境中，法院需考虑能不能使用调解手段，如果能使用调解手段，就需要征询当事人的意见，此时就是调解自愿原则的适用阶段。如果当事人出于真实意思表示，同意调解，调解优先原则和调解自愿原则就是共存关系；如果当事人出于真实意思表示，拒绝调解，此时调解优先原则要让位于调解自愿原则，法院应尊重当事人的意愿，达到立案条件的，应及时立案。不可否认，现实中有一些法院为了追求调解率等各种考评指标，不考虑当事人是否有调解的真实意愿而再三召集当事人进行调解，或者利用自己掌握专业知识的便利，运用变相强制手段，实质违反自愿原则的情况。这些现象是对调解优先原则的错误理解和执行，并不能说明调解优先原则本身会导致调解自愿原则的虚设。

2. 调解的重新定位

有学者根据中国法律年鉴中的人民调解统计数据发现，1986—2002 年人民调解解决纠纷数量持续下降，人民调解解决纠纷数量与同期人民法院受理一审民事案件数量比持续下降；2002 年以后，下降的趋势停止，人民调解"总体上呈现出'U'形回归的态势"。[4] 上述现象在学界有不同解读，有学者认为这是人民调解制度的复兴，也有学者认为此乃人民调解的转型，更多学者由此对包括人民调解在内的调解制度的定位展开了反思，主要有人民调解概念泛化，应当重塑我国社会调解体系，人民调解和商事调解、行业调解、律师调解等民间调解，演变成"新型社区调解"；[5]"人民群众参与下国家向普通民众免费提供的一项公共产品"；[6] 人民调解本身就是民间调解的一种，应从政府推动控制型向社会自治型转型，从半官方调解转化成真正的民间调解；[7] 等等。考虑到我国强政府、弱社会的历史与现实，彻底脱离国家权力网络支持、完全自治的调解制度虽然实现了自治的纯粹性，却有可能重蹈人民调解在诉讼中心观念盛行时期的覆辙，甚至走向凋零。但是，过度依托行政或司法机关权力支持的调解行政化色彩浓厚，有可能扼杀调解蕴含的公民自治、社会自治诉求，长此以往，与培育社会自治能力，实现国家与社会合作治理的国家治理新模式背道而驰。因此，现阶段应允许党政力量对人民调解的支持和保障，但通过调解的社会化运作，"即在充分界定与区分人民调解组织和政府职责范围的基础上，依靠自治性的社会组织承担人民调解的具体工作、为当事人提供调解服务；而政府通过购买服务的形式对人民调解工作提供资金支持和监督管理"，[8] 在调解的自治性和行政化之间寻求平衡。

（二）调解文化现代化的前提：法治与调解的深度融合

"依法治理是国家治理现代化的内在要求、基本特征和根本路径，也是国家治理体系成熟和高效的标识。依法治理重在通过强化法治保障，运用法治思维和法治方式治理国家，在法治轨道上全面推进国家治理现代化进程。"[9]调解文化的发展需要在法治的框架下进行。在经济形态、社会结构、价值观念、法律制度发生深刻变迁的背景下，国家政策、法律对调解制度的坚定支持毋庸置疑。党的十六届六中全会通过的《中共中央关于构建社会主义和谐社会若干重大问题的决定》明确要求"更多采用调解方法，把矛盾化解在基层、解决在萌芽状态"。2010 年，我国第一部专门、系统、完备、规范人民调解的法律《人民调解法》正式颁布实施，使人民调解"法律化"，回应了调解实务的痛点，将各类非司法性、非行政性的社会调解都纳入人民调解的范围，人民调解正式步入法制化、规范化发展轨道。2015 年 12 月，中共中央办公厅、国务院办公厅出台《关于完善矛盾纠纷多元化解机制的意见》，强调建立健全诉讼与非诉讼相衔接的矛盾纠纷解决机制，为健全专业调解制度进一步提供法律保障。2016 年，司法部、中央综治办、最高人民法院、民政部《关于推进行业性专业性人民调解工作的指导意见》出台，对推进行业性、专业性人民调解工作，促进及时有效预防化解行业、专业领域矛盾纠纷有重要意义。此外，《人民调解法》对调解协议的效力、政府的财政保障和调解员的权益维护等方面作出了明确的规定，有助于提高人民调解员的工作积极性，减少后续法律纠纷，提升调解的社会认可度和公信力。

（三）调解文化现代化的路径：调解专业化、多元化拓展

在国家治理现代化的进程中，调解文化需要不断创新与拓展，以适应社会转型和专业化、多元化的纠纷类型。传统调解往往局限于民间纠纷，而现代调解应涵盖更广泛的领域，包括但不限于商业纠纷、环境纠纷、知识产权纠纷等。习近平总书记指出：坚持人民调解、行政调解、司法调解联动，鼓励通过先行调解等方式解决问题。在多元化纠纷解决机制的构建中，人民调解可以与司法调解、行政调解形成互补。人民调解应当发挥其贴近民众、

易于接受的优势,解决日常生活中的小矛盾小纠纷,例如邻里纠纷、家庭矛盾、消费争议等,行业调解则针对专业领域的复杂纠纷,例如知识产权、医疗纠纷等,由行业内的专家进行调解。行政调解和司法调解则处理涉及公共利益或法律纠纷的案件。调解也可以与仲裁、行政裁决、行政复议、诉讼等解纷机制形成联动,发挥各家所长。截至2019年,全国20个省份出台了诉调对接、公调对接、访调对接等衔接联动工作机制的意见,通过在基层人民法院、公安派出所、交警大队、信访等部门设立派驻人民调解工作室,接受有关部门移交委托开展调解,有效缓解了法院、公安和信访等部门的工作压力。[10]

(四)调解文化现代化的内容

1. 调解文化的社区整合与社会参与

国家治理现代化强调共建共治共享,调解文化在这一背景下应发挥社区整合功能,促进社区内部的和谐与稳定。调解项目化针对社区问题更为系统的纠纷解决机制是实现这一目标的有效途径,[11]例如安徽省马鞍山市司法局、池州市司法局组织的"百姓评理说事点""两代表一委员"调解工作室等,将调解融入社区日常,形成纠纷预防和化解的长效机制。同时,动员社区内的法律明白人、法律顾问等资源,组建专业服务团队,提升社区调解的效率和质量。此外,调解文化的传承与发展离不开社会的广泛参与,应当通过媒体宣传、教育培训等多种方式,提高公众对调解文化的认知,营造良好的社会氛围,使调解成为社会大众解决纠纷的首选方式。目前,全国20多个省份开办了电视调解栏目,例如江西的"金牌调解"、北京的"第三调解室"、山东的"有话好好说"等,通过这些有效传播渠道,发挥了"调解一案、教育一片"的良好社会和法律效果。

2. 调解文化应融合社会主义核心价值观

国家治理现代化要求调解文化与社会主义核心价值观紧密结合,调解过程不仅是解决纠纷,而且是传播社会主义核心价值观的过程。调解员在调解过程中应遵守和履行《人民调解工作规范》规定的调解员义务和职责,秉持公正、诚信、友善的原则,引导当事人在法律和社会主义道德的框架内求同存异,在解决纠纷的同时宣扬民主、文明、诚信、友善等社会主义核心价值观,使调解成为民众学习法律、化解争议、践行社会主义核心价值观的实践平台。

综上所述,现代社会是利益多元化和自主化、矛盾纠纷复杂化的社会,在此前提下,国家治理现代化需要多元社会主体共同参与,创新有效预防和化解社会矛盾的制度。作为矛盾纠纷多元化解机制的重要组成部分,调解既要保持其"和谐"与"仁义"的传统精神内核,又必须开启自身的现代化变革。一方面,促进纠纷当事人在协商对话的基础上,高效、公平地实现自己利益的诉求;另一方面,实现社会的自治、和谐与稳定。

【注释】

① 《论语·颜渊》。

【参考文献】

［1］ 曾宪义.关于中国传统调解制度的若干问题研究[J].中国法学,2009(4).
［2］ 梁治平.寻求自然秩序中的和谐[M].北京:商务印书馆,2013:193.
［3］ 郑英豪.我国调解制度变迁中国家权力的角色承担与未来向度:基于法社会学的观察[J].法学评论,2015(1).
［4］ 朱新林.人民调解:衰落与复兴——基于1986—2009年人民调解解纷数量的分析[J].河南财经政法大学学报,2012(4).
［5］ 廖永安,王聪.人民调解泛化现象的反思与社会调解体系的重塑[J].财经法学,2019(5).
［6］ 何永军.乡村社会嬗变与人民调解制度变迁[J].法制与社会发展,2013(1).
［7］ 徐昕.迈向社会自治的人民调解[J].学习与探索,2012(1).
［8］ 胡杰容.大调解时代人民调解制度的社会化运作[J/OL].[2023-10-01].https://www.bj148.org/dj/fxyj/201907/t20190717_1521140.html.
［9］ 赵中源.国家治理现代化的中国方案[J/OL].[2023-10-01].https://m.gmw.cn/baijia/2023-02/09/36354851.html.
［10］ 刘振宇.中国特色人民调解制度的传承与发展[J/OL].[2023-10-01].https://www.moj.gov.cn/pub/sfbgw/zlk/201911/t20191108_174221.html.
［11］ 侯怀霞,王者.浅析调解文化的传承与发展[J].人民调解,2023(3).

社会信用体系建设背景下
信用调解的法治完善[*]

赵园园　司雨晴^{**}

摘　要：信用调解利用"人民调解"与"信用机制"双职能，借助第三方征信公示平台，发挥信用治理与联合惩戒作用，以柔性方式促使企业及时履行义务、修复信用，是坚持和发展新时代"枫桥经验"的重要举措。因此，明确信用调解的独特优势，探讨信用调解的核心特点、功能及其运作机制，通过柔性手段促进企业自律、维护市场秩序，进而为社会经济的持续发展提供有力的保障至关重要。

关键词：信用调解；信用建设；社会治理；源头治理

近年来，为优化营商环境，维护市场竞争秩序，我国多地通过深入贯彻习近平法治思想，坚持和发展新时代"枫桥经验"，紧密贴合企业实际，持续完善工作举措，探索出独具特色的"信用调解"建设新路径。[1]信用调解机制成本低、效率高、灵活性强，能够有效提升矛盾纠纷的化解效率，促进社会诚信体系的建设，为新时代"枫桥经验"注入了新的活力与内涵，为中华优秀传统经验的创造性转化和创新性发展提供了动力。

---

　*　本文系国家社会科学基金项目一般项目"智慧社会信用体系法治完善研究"（项目批准号：21BFX205）阶段性成果。

　**　赵园园，上海政法学院副教授；司雨晴，上海政法学院硕士研究生。

一、信用调解机制的概念和特点

信用调解是在调解中运用信用机制，通过"信用机制＋专业调解"模式，从功能理念、制度规范和作用机制等方面推进社会信用体系的发展，也是完善基层社会治理体系的重要体现。[2]

信用调解利用"人民调解"与"信用建设"双职能，借助第三方征信公示平台，发挥信用警示与联合惩戒作用，以柔性方式促使企业及时履行义务、修复信用。相关数据显示，我国很多地方的企业信用纠纷调解委员会在调解工作中取得了显著成效。①发展信用调解是在纠纷解决领域构建政府规制与社会自治互动的社会协同治理网络，其不仅是创新和完善基层社会治理体系的关键一环，而且是优化和提升基层社会治理效能的有效路径。[3]通过信用调解机制的推广与实践，我们能够更好地实现政府与社会力量的互补与融合，共同应对复杂多变的社会矛盾，推动社会和谐稳定与可持续发展。

新时代"枫桥经验"是中国式基层社会治理的重大经验，既有社会治理的一般特征，又有鲜明的中国特色，彰显了中国式基层社会治理的独特优势和强大活力。纠纷解决机制不断吸纳国内外先进的理论成果与实践经验，进行调适与优化，与时俱进地融入新的时代元素，逐步构建起以治理效能为核心，独具中国特色的多元化纠纷解决体系。[4]

信用调解作为一种创新的纠纷解决方式，凭借其独特的原则、丰富的功能以及高效的运作机制，日益受到社会各界的广泛关注与认可，其特点如下。

一是自愿性。信用调解的参与各方必须是出于自愿，排除任何形式的强迫或威胁。这一原则体现了对当事人自由意志的尊重，是信用调解得以有效进行的前提。具体而言，它体现为三个方面：一是当事人有权自主选择是否通过信用调解解决纠纷，[5]调解机构无权强制介入；二是在调解过程中，当事人可以自由表达意见，自主协商解决方案，调解员仅起引导和协助作用；三是最终达成的调解协议必须是双方自愿接受的结果，任何一方不得被迫接受不公平的条款。

二是公平性。调解员在整个调解过程中要保持公正无私的态度，确保所有当事人的权益得到平等且充分的尊重与保护。这体现了调解的正义与合理性的内在要求。具体而言，调解员需做到以下几点：首先，应平等、无差别地对待每一位当事人，确保调解过程不受任何偏见或偏袒的影响；其次，在深入审查事实和法律依据的基础上，调解员应公正地评估各方的主张和证据，确保每一方的主张都被认真倾听和考虑；最后，调解协议作为调解过程的成果，应当合理平衡各方利益，确保没有一方因调解而受到不应有的、不合理的损失，从而真正实现纠纷的公平解决。[6]

三是公正性。公正性虽与公平性紧密相连，但侧重点略有不同。公正原则更强调程序上的正当性和结果的合理性，它要求调解过程必须严格遵循既定的程序规则，确保每一环节都公开透明，从而保障各方当事人的合法权益得到充分且平等的尊重与保护。[7]同时，调解协议的形成应建立在充分的事实依据和法律依据之上，确保其内容既合理又具可操作性，能够真正有效地解决纠纷，让当事人及社会各界均感信服。此外，为了进一步增强调解的公信力和权威性，调解过程可以在保障当事人隐私和利益的前提下，适度地向社会公开，接受公众的监督与评判。

四是公信性。强调信用调解机构及其调解行为必须拥有高度的社会公信力和权威性。这一特点不仅关系调解结果的执行效力，而且直接影响对调解机制的认可度与信任度。为此，调解机构应确保自身的独立性和专业性，以公正、高效的态度处理各类纠纷，从而赢得社会各界的广泛信任和支持。同时，调解员作为调解过程的关键角色，应具备深厚的法律功底、丰富的实践经验、高尚的职业道德以及精湛的调解技巧，以便在调解过程中赢得当事人的充分尊重和信任。最终，调解协议作为调解成果的体现，应得到双方当事人的自觉履行；对于任何拒不履行协议的行为，应依法采取相应的法律措施，以确保调解结果的执行力和权威性得到切实维护。

二、信用调解的必要性和可行性

（一）信用调解是应对社会变革的新路径

信用体系建设作为社会治理创新的基本构成要素，在我国治理体系和治理能力现代化建设中扮演着重要角色,能够从信用优化公共资源配置、信用创新政府监管机制、信用维护市场经济秩序等维度为社会治理优化赋能。[8]

信用调解,作为一种非诉讼纠纷解决机制,凭借其包容性、开放性和灵活性,在调和法律刚性规定与社会柔性需求、缓解法律稳定性与社会变动性之间的矛盾方面展现出独特优势。它不仅能够有效解决具体纠纷,而且通过实践经验的积累,推动法律的不断完善和发展,实现了形式法治与实质法治的有机统一。

（二）信用调解是实现信用自治机制的重要举措

信用调解注重当事人参与和自治。传统的纠纷解决方式依赖司法机关的介入和裁判,而信用调解则鼓励当事人积极参与调解过程,通过自我协商、自我管理来解决纠纷,这既减轻了司法机关的负担,又提高了纠纷解决的效率和质量,尤其是通过信用调解,可以让债务人明白其义务所在,明确偿债对于债务人自身、债权人乃至社会信用秩序稳定的意义所在。信用调解还有具有教育作用,激励债务人尽可能偿还自身债务,从而维护企业信用利益,降低司法系统的负担。[9]

信用调解还是实现信用自治机制的题中应有之义。信用自治机制强调社会治理的自发秩序,具有在特定场景适用的非强制性的特点,比政府的刚性规制具有更强韧性,更有利于有效解决供需双方的信息不对称性的问题。[10]同时,信用调解提供了更加便捷、高效、灵活的纠纷解决途径,它能够与诉讼、仲裁等其他纠纷解决方式相互补充、相互衔接,共同构建起多元化、立体化的纠纷解决体系,为社会治理现代化提供有力支撑。

三、信用调解的运作机制

在信用调解的实际操作中,主要依靠信用机制进行运作,通过信用评价机制、信用奖惩机制和信用修复机制的有机结合,构建一个"信用支撑调解,调解强化信用"的良性互动循环体系。

（一）信用评价机制

通过收集和分析当事人的履约记录、违法违规历史等信息,建立详尽且准确的个人或企业的信用档案。根据信用档案，可对当事人进行客观公正的信用评级，并将评级结果以适当方式公开，使调解员可以基于信用评价结果，在调解过程中采取更有针对性的措施。例如，对于信用评分较低的当事人，调解员可能会加强对其履约意愿和能力的评估，以确保调解协议能够得到有效执行。

信用评价机制将促使当事人在经济活动中更加注重维护个人或企业的良好信用，从而积极履行调解协议。同时，通过公开、透明的信用信息展示，信用评价机制能够有效引导和促进会诚信氛围的营造，诚信的市场环境也有助于提升整个调解过程的可信度和有效性。

（二）信用奖惩机制

信用奖惩机制不仅是调解过程的核心组成部分，而且是推动调解协议顺利执行和维护良好信用环境的关键力量。[11]这一机制的核心在于守信联合激励和失信联合惩戒，通过明确的奖励和惩罚措施，对当事人的信用行为产生直接而深远的影响。

对于信用评级较高的当事人，信用奖惩机制给予了充分的正向激励。这些当事人因为长期以来的守信行为和良好的履约记录，获得了社会的广泛认可和尊重。为了鼓励他们继续保持和增强这种守信行为，可以给予一定的优惠政策或便利条件，例如降低贷款利率、优先获得政府支持等，[12]这些实质性的奖励措施不仅直接减轻了当事人的经济负担，提高了他们的市场竞争力，更重要的是传递了一种明确的信号，即守信者将获得更多的机会和利益。这种正向激励既有助于当事人主动履行调解协议，又有助于他们形成稳定、可靠的守信习惯，为整个社会的信用环境注入正能量。

而对于信用评级较低的当事人，信用奖惩机制则采取了较为严格的负向惩戒措施，限制其参与某些经济活动，例如加大贷款审核难度、降低贷款额度等。这种负向惩戒通过提高失信成本，对当事人的失信行为形成有效约束，促使他们重视并改善自身的信用状况。

（三）信用修复机制

信用信息修复，是指信用主体在意识到自身存在失信行为后，积极采取措施进行纠正,并履行相应的法律义务,随后向认定单位或信用信息归集机构提出申请,由这些机构按照规定的程序和标准,对失信信息进行移除或终止公示的活动。②

对于个人而言,信用修复机制为其提供了重塑信用的机会。通过纠正不良信用记录,提高信用评分,在商业合作、贷款申请、信用卡办理等方面获得更多选择和优惠条件。信用修复成功后,个人的信誉形象将得到重塑,不仅能够增强社会对他们的信任度,而且有助于他们在社交和职业发展中获得更多的机会和资源。

对于企业而言,信用修复同样具有重大意义。企业信誉是企业生存和发展的基石,如何进行信用修复,是失信企业长期重点关注的问题。[13]良好的信用记录能使企业在与合作伙伴的交往中赢得更多信任,有助于稳固和拓展业务关系。更重要的是,信用修复有助于企业规避潜在风险,确保业务持续稳定发展。

通过事前信用评价、事中信用奖惩、事后信用修复的协同运作,旨在构建一个全面、动态的信用调解体系,将信用管理手段贯穿于涉企纠纷调解的全过程,精准有效化解涉企矛盾纠纷,不断优化法治营商环境。③

四、我国信用调解的实践探索

(一)信用调解是各地推进诚信体系建设的重要举措

"枫桥经验"是我国基层社会治理的一面旗帜,其核心在于依靠群众就地化解矛盾纠纷。在新时代背景下,我国将"枫桥经验"进一步延伸和发展,提出源头治理的新理念。源头治理旨在预防和高效解决纠纷,减少诉讼案件的发生,从而减轻司法压力,提高社会治理效率。信用调解作为源头治理的重要组成部分,通过柔性手段促使企业及时履行义务、修复信用,有效化解矛盾纠纷。

为深入贯彻我国信用体系建设战略,我国多个城市和地区积极响应,纷纷设立了企业信用纠纷调解委员会(简称信调委)。信调委的工作重点聚焦于企业,致力于处理货款拖欠、债务纠纷、不良资产追回等经济纠纷调解案件。[14]这些机构的设立基于市场需求,大量案件源于企业间的经济纠纷,借助社会力量为企业服务,巧妙化解市场纠纷。信调委坚守公正、高效、专业的原则,以法律为基石,以信用为纽带,通过调解手段化解矛盾,维护企业间的和谐稳定。[15]对于积极履行调解协议的企业,信调委提供信用修复和激励措施,[16]帮助企业重建信誉,促进商业环境的良性发展,推动构建企业间和谐稳定的商业环境。

同时,我国多个城市和地区扎实推进诚信体系建设,创新推进"信用+联动"方面的应用工作,[17]为居民和企业广泛建立信用档案,更加全面、准确地记录居民和企业的信用行为,为后续的信用评价、奖惩措施等提供数据支持。此外,一些地区的司法局积极响应国务院关于加强社会信用体系建设,深入推进"放管服"改革,进一步发挥信用在创新监管机制、提高监管能力和水平方面的基础性作用,更好激发市场主体活力的号召,④将信用元素植入调解实务中,增加事前"信用承诺制",以公示信用信息引导企业诚信经营、履约践诺,实现了人民调解工作与社会信用建设的深度融合。[18]

(二)信用承诺制的引入

所谓事前"信用承诺制",是指在正式开始调解工作之前,工作人员通过要求当事人签署承诺书等方式,引导当事人在调解前郑重承诺"不提供虚假材料、不虚假陈述事实、不虚假调解,并自觉履行调解协议"。[19]这一机制的设立旨在进一步强化当事人的诚信意识,确保调解过程的公正性和调解结果的有效性。在调解结束后,对于那些在调解过程中提供虚假材料、隐瞒事实真相,且经规劝拒不改正、不配合调解工作的当事人,或者在达成调解协议后无正当理由而拒不履行调解协议的当事人,信调委将对其进行严格的信用监督,同时结合社会信用体系建设,采取失信联合惩戒措施,包括公示其失信信息以及通过其他渠道进行信用惩戒。⑤这些措施旨在发挥信用信息的威慑力,引导企业诚信经营,同时迫使失信主体履行承诺、践行诺言。

近年来,在党委领导、政府主导的源头治理框架下,多地信调委积极行动,构建了由政法委牵头引领、法院发挥核心作用,并广泛吸纳相关部门积极参与的诉前调解联动机制,[20]开展涉企纠纷调解工作。通过定期或不定期到企业开展信用宣传讲座、排查矛盾纠纷，及时发现风险隐患予以化解，灵活运用情理法相结合的方式，促成当事人达成调解协议，实现案结事了。[21]同时，信调委通过法院、司法局对接合作，深入扩展"信用＋调解"机制，启动信用监管、联合惩戒，对达成协议的涉事企业可以直接向法院申请司法确认，免收诉讼费用，提高企业的司法满意度，降低企业经济成本，进一步提升矛盾纠纷化解质效。

五、完善信用调解的举措

（一）深化信用信息共享是关键

面对以新技术、新业态、新模式为代表的"数字经济"的崛起，信息不对称的情形也日益凸显，对信用机制的内在需求相比传统经济更为强烈。信息技术为信用发展提供了更强的技术可能性，借助于对市场主体在网络上产生的海量数据信息，信用评价主体可以更快捷和低成本地获取、评估与监测。[22]

为推动政务信息整合共享和支持全国中小企业融资综合信用服务平台建设，自 2017 年起，市场监督管理总局就与国家发展和改革委员会建立了信息共享合作关系，向全国信用信息共享平台推送企业基础信息，为各部门依法履职强化数据支撑。⑥截至 2024 年 6 月，共推送企业基础信息 1.04 亿条，为 15 个中央部门和 31 个省级地方政府累计提供查询和验证接口使用量 16.76 亿次。[23]

社会信用信息归集的基础是政府机关、市场主体、自然人以及社会组织等多种社会角色的协调配合，以社会共治为纽带。然而，通过对全国性信用信息法规、规范性文件和各省市地方性信用法律文本的梳理可以发现，社会信用立法在信息归集主体的制度安排上仍然存在亟待完善之处。[24]因此，完善社会信用立法、深化信用信息共享，加强制度保障至关重要。

（二）推进企业信用评价的统一

国家市场监督管理总局局长罗文⑦指出，针对企业信用评价中一些地方利用地方标准以及信用评价构筑新的隐性壁垒的行为，加大清理力度十分必要。因此,需推动《企业信息公示暂行条例》的修订实施,全面强化信用信息共享共用,着力推进企业信用评价公平统一。新修订的《企业信息公示暂行条例》自 2024 年 5 月 1 日起施行,明确将"严重违法企业名单"明确为"市场监督管理严重违法失信名单",增加对信用修复制度的原则性规定,加强对公示行为的监管,强化法律义务的落实,防止"劣币驱逐良币",为更好保护公民、法人或者其他组织的合法权益提供更加有力的法治保障。[25]

(三)坚持联动联调

多部门协同参与在信用调解机制中扮演着至关重要的角色,它通过整合各部门的资源和优势,形成工作合力,共同推动矛盾纠纷的有效化解。以漠河市为例,该市人民法院与营商局联合创新"信用调解"机制,通过建立日常沟通机制、纠纷化解机制和信息共享等协调联动机制,将信用管理手段贯穿涉企纠纷调解全过程。通过加强诉前调解工作,将工作着力点放在前端治理、前期处置上,确保涉企纠纷源头治理、诉前化解。为推广这一成功模式,各地应积极响应,建立常态化的沟通协调机制。通过定期召开联席会议,各部门可以共同探讨调解工作中遇到的难题与挑战,分享经验,寻求最优解。这样的交流与合作,将进一步巩固部门间的工作关系,为信用调解机制的持续发展和优化奠定坚实基础。

(四)加强信用调解与诉讼的衔接

近年来,我国多地积极响应,深入贯彻党的二十大精神和习近平法治思想,从统筹发展与安全的高度出发,坚持并创新发展新时代"枫桥经验",创新性地提出打造新时代社会治理典范城市的目标。通过切实落实"预防在前、调解优先、多元参与、运用法治、就地解决"的原则,[26]进一步夯实了社会和谐稳定的基础,确保人民群众安居乐业、社会持续安定有序、国家实现长治久安。[27]

诉调对接是源头治理的关键环节,人民法院通过建立案例指导机制、加强巡回审判、推送类案裁判规则以及建立定期答疑制度等措施,更有效地指导调解员的工作实践,提升其调解能力和司法素养,从而推动了人民调解工作的规范化、专业化方向迈进,以增强社会治理的整体效能。

六、结论

信用调解不仅是对传统社会治理模式的一种创新,而且是应对复杂社会纠纷、促进市场公平交易的重要抓手。其双职能的运作方式,既凸显了信用建设的长远意义,又体现了调解机制的即时效果,通过第三方征信公示平台的权威性与公信力,有效促进了企业自律和信用修复。

展望未来,信用调解机制将继续发挥其在社会治理中的独特作用,以柔性方式引导市场主体自觉遵守规则、履行义务,维护市场环境的公平与正义。我们期待信用调解能够在更广泛的领域得到应用和推广,为构建和谐社会、促进经济健康可持续发展贡献更多力量。

【注释】

① 以佛山市禅城区信调委为例,2023 年,该信调委精准地为 1000 家企业提供"人民调解＋信用建设"服务,帮助企业收回欠款 1 159.28 万元,全国有 10 个城市来禅城实地考察学习,超过 50 个城市复制了佛山"信用调解"模式"禅城样本"。

② 国家发改委《失信行为纠正后的信用信息修复管理办法(试行)》(第 58 号文件)。

③ 漠河市人民政府:《漠河市人民法院与漠河市营商局联合创新"信用调解"机制实施方案》(2023 年 9 月 20 日)。

④ 国务院办公厅:《国务院办公厅关于加快推进社会信用体系建设构建以信用为基础的新型监管机制的指导意见》(2019 年 7 月 16 日)。

⑤ 国务院:《国务院关于建立完善守信联合激励和失信联合惩戒制度加快推进社会诚信建设的指导意见》(2016 年 6 月 12 日)。

⑥ 自 2021 年起,市场监督管理总局向国家发展和改革委员会共享企业登记注册、企业年报、经营异常名录情况、严重违法失信名单等 10 项信息,使金融机构能够更加全面、准确地判断企业经营状况和信用水平,推动解决金融机构对中小企业不敢贷、不愿贷的问题。截至 2024 年 6 月,国家发展和改革委员会已调用接口 773.28 万次。

⑦ 2024 年 3 月 8 日,第十四届全国人民代表大会第二次会议结束后,国家市场监督管理总局局长罗文走上"部长通道",就加快全国统一大市场建设、维护公平竞争的市场秩序、加强标准引领和质量支撑、增强产业链供应链韧性和竞争力等方面的热点问题,回答媒体记者的提问。

【参考文献】

［1］ 郭惠心. 深耕诉源治理,书写"枫桥经验"新答卷[N]. 内蒙古法制报(汉),2024 -

06-26.

[2] 刘旭杰. 东北营商环境优化中信用调解的构建路径[J]. 辽宁公安司法管理干部学院学报,2022(4).

[3] 廖永安,侯元贞. 发展社会调解的现实意义[J]. 光明日报,2014-07-16.

[4] 廖永安,江和平. 构建中国特色多元化纠纷解决机制[J]. 人民法院报,2021-04-06.

[5] 陈宜芳,危浪平."枫桥式人民法庭"创建的理论基础与实践进路[J]. 法律适用,2024(4).

[6] 艾尔肯,贾振兴. 医疗纠纷第三方调解原则及特征[J]. 辽宁师范大学学报(社会科学版),2019(2).

[7] 张宏梅. 做群众的"公正人":记辽宁省"沈阳市王公正调解室"主任王金福[J]. 人民调解,2020(5).

[8] 肖荣辉. 信用赋能社会治理创新的逻辑、需求与路径[J]. 学术交流,2023(6).

[9] 张铁薇,刘旭杰. 信用调解:营商环境优化驱动化解债务纠纷对策研究[J]. 北方论丛,2021(6).

[10] 闫志刚. 从信用监管迈向信用治理:机制、类型与边界[J]. 行政管理改革,2023(10).

[11] 刘宇飞. 信用奖惩机制规制研究:运用前提与基本遵循[J]. 北京化工大学学报(社会科学版),2022(4).

[12] 方霞、林俐. 企业信用好可获金融优惠[N]. 嘉兴日报,2010-11-17.

[13] 信用城市"诚"风破浪[N]. 马鞍山日报,2024-06-26.

[14] 张铁薇,刘旭杰. 信用调解:营商环境优化驱动化解债务纠纷对策研究[J]. 北方论丛,2021(6).

[15] 北京市社会公信建设促进会. 信调委简介[EB/OL]. [2024-06-19]. http://www. bjgongcuhui. org. cn/xinyongtiaojieweiyuanhui. html.

[16] 北京市社会公信建设促进会. 北京市社会公信建设促进会信用调解及信用监督服务管理办法[EB/OL]. [2024-06-19]. http://www. bjgongcuhui. org. cn/xinyongtiaojieweiyuanhui. html.

[17] 浙江省发展和改革委员会. 我省"信用+"十大联动场景应用正加快推进[EB/OL]. [2024-06-19]. https://fzggw. zj. gov. cn/art/2019/7/23/art_1621003_36019552. html.

[18] 盐城市司法局. 建湖:"三式"推进信用体系建设工作[EB/OL]. [2024-06-25]. https://sfj. yancheng. gov. cn/art/2023/10/11/art_1301_4070202. html.

[19] 武清发改委."信用+调解",纠纷巧化解[EB/OL]. [2024-06-25]. https://credit. tjwq. gov. cn/news/MC8rNDE.

[20] 罗翔. 罗甸县法院:创新推进"诉讼劝导",促进矛盾纠纷化解[N]. 贵州法治报,2024-06-27.

[21] 谯喜龙. 市政协调研全市中小企业法律服务体系建设情况[N]. 兰州日报,2023-07-01.

[22] 闫志刚. 从信用监管迈向信用治理:机制、类型与边界[J]. 行政管理改革,2023

(10).

[23] 市场监管总局与国家发展改革委深化信息共享[EB/OL]. [2024 - 07 - 30]. http://credit. puershi. gov. cn/ggxy/66331.

[24] 季玉冰. 社会信用信息归集立法问题探析[J]. 市场周刊,2022(7).

[25] 《企业信息公示暂行条例》[EB/OL]. [2024 - 07 - 20]. http://scjg. liaoyang. gov. cn/qyxyjg/20240419/a9fc2317-7578-428f-8dcc-c406ad58a93f. html.

[26] 史兆琨,高可. 谱写新时代"枫桥经验"新篇章[N]. 检察日报,2023 - 11 - 09.

[27] 黄仕明. 综合治理是我党创新社会管理的成功经验[N]. 中国贸易报,2011 - 03 - 10.